本书系2015年国家社会科学基金项目"交易网络视角下民间金融群体性信用风险研究（项目编号：15BJY151）"阶段性成果

陈志新 著

供应链融资与
农户信贷

Supply Chain Financing and
Farmer Credit

ZHEJIANG UNIVERSITY PRESS
浙江大学出版社

摘　　要

　　信贷交易是一种跨时间的价值交换。在交易过程中,借贷双方的信用对减轻未来的不确定性、降低信用风险、保障资金安全、保证信贷交易正常开展等都起到至关重要的作用。作为典型的信用弱势群体,中小企业和农户由于信息非对称及抵押物缺乏,往往面临严重的信贷约束。如何在信息约束与抵押不足的情况下,通过信贷交易治理机制创新,改善信用弱势群体的信用状况,从而缓解其信贷约束?供应链融资为中小企业提供了一种有效的融资解决方案。但是,现有研究并没有对这种融资模式的内在机理、外部效应及其对农户的适用性等问题给出令人满意的解答。本书从动态信用入手,通过对现实各种融资模式的深入剖析,从理论和实证两方面回答了供应链融资如何解决农户融资难的几个关键性问题:

　　(1)理论上,供应链融资信用形成机理是怎样?在信用能力不足的情况下,供应链融资如何对农户进行授信?在司法制度不完善与信用体系不健全的情况下,如何建立负债履约机制以控制信用风险?信用的基础与条件是什么?

　　(2)实践中,农户供应链融资的可行模式有哪些?应用效果如何?影响借款农户授信水平的关键因素有哪些?

　　通过对上述问题的研究与回答,本书得出了以下结论:

　　(1)供应链网络治理是供应链融资动态信用形成的外部条件。在一定的供应链网络治理条件下,可以建立授信准入、结构授信、信用捆绑、团体授信等授信管理机制及贷前甄别、现金流控制、担保替代、贷款再清偿等负债履约机制,将交易主体之间通过交易互动关系所形成的动态信用转换成银行信用,以提高主体的信用等级,并最终达到提高银行授信额度的目标。同时,供应链网络治理可以在一定程度上转变主体的交易特征,直接或间接提高银行授信额度。

(2)基于担保授信农户供应链融资模式可以显著提高借款农户的授信水平。其中,不同的担保因素组合是影响担保能力以至影响贷款申请人授信水平的关键因素。

(3)基于农产品质押授信农户供应链融资模式可以显著提高借款农户的授信水平。其中,农产品价值控制是影响贷款申请人授信水平的关键因素。

(4)基于订单质押授信农户供应链融资模式可以显著提高借款农户的授信水平。其中,交易伙伴的信用能力、价值控制水平及不同供应链金融教育水平是影响银行信贷员对贷款申请人授信水平的关键因素。

总体而言,本书在有机结合理论研究与实证分析的基础上,对供应链融资信用形成的条件与机理进行了研究,验证了基于担保授信、农产品质押授信及订单质押授信等农户供应链融资模式的可行性、应用效果及关键因素。本书可能在以下几个方面对现有研究作出了贡献:

(1)从供应链视角解决了农户借贷中激励完全相容的难题,证明了在供应链产业组织模式中,供应链的网络治理机制可以替代农户的自我约束,实现激励完全相容约束,从而降低贷款风险和缓解信贷配给。

(2)构筑动态信用理论,证明了在一定的供应链网络治理机制下,可以将交易伙伴在交易互动中形成的动态信用转化为银行信用,为解决农户等信贷群体普遍存在的"授信难"问题提供了一种新的思路。

(3)证明了借贷双方可以在不进行关系专用性投资的情况下,充分利用现有的供应链网络来进行信贷交易治理,为信贷交易治理提供了一种新思路。

(4)证明了供应链融资对农户的适用性,而且通过构筑供应链融资的动态信用理论,对供应链融资的信用基础、信用形成内在机理等理论问题作出了初步解答。

(5)证明了作为农户业务伙伴的供应链核心企业与专业合作社,往往比农村信用社更有信息优势,由其提供第三方信用担保,能较好地起到信号补充作用。

(6)证明了供应链融资可以利用嵌入交易网络的动产质押弥补农户抵押物不足的缺陷,为扩大有效担保范围提供了一种有效途径。

(7)证明了不同供应链金融认知水平对授信活动的影响,从供应链金融教育视角,初步探讨了由于某些银行自身原因造成信贷约束及银行授信难的可能性,可以为缓解信贷配给提供一种新的视角与思路。

目　　录

1 绪论

现有研究表明,我国农户面临信贷约束,农村金融的主要问题是农民贷款难。但事实上,农村金融不缺资金(董晓林和吴昌景,2008)。据测算,在我国,20 世纪 90 年代初,每年由农村流向城市的资金总量达 3000 亿元(黄季焜和马恒运,1998);21 世纪初,每年由农村外流资金数量达 6000 亿元(张杰,2003)。那么,究竟是什么原因导致农民贷款难? 林毅夫(2006)认为,造成这一问题的主要原因是农户缺乏银行可接受的抵押物,银行信贷风险无法控制。为了解决合格抵押物不足而导致的贷款难问题,理论界提出了各种担保方式,如在农户与金融机构之间引入"中介—担保人"(辛德树等,2005),建立不同形式的农村信贷担保组织模式(董晓林和吴昌景,2008)等。然而,在实践中,由于诸多条件的制约,现有的几种主要贷款担保方式并不能适应我国农村信贷市场的现实需要,反而加剧了农村信贷约束(胡士华和李伟毅,2006)。事实上,现有绝大多数研究,往往是基于单个农户的信用状况,从单一农户视角对普通农户的融资问题进行的研究,其前提假设是小农的单一性与分散性,而没有从供应链视角研究种养大户、家庭农场主等现代农业经营主体的融资需求问题。

中小企业供应链融资理论研究与实践探索,在改善中小企业借贷条件、缓解中小企业信贷约束等方面,取得了极大的成功。对农户而言,供应链融资能否有同样效果呢? 虽然,有学者注意到供应链可以改善合同农户的借贷条件(朱娟和胡定寰,2007),供应链融资可以缓解农户信贷困境(马九杰,2008);在实践中,各地也通过推广"龙头企业+担保公司+银行+农户"的方式,来解决农户的融资困境(林毅夫,2004)。但是,从供应链融资视角解决农户融资问题,尚缺乏统、完整理论研究。因此,从理论上进一步深入探讨涉农供应链融资问题,对解决农户信贷约束问题具有重要的理论与现实意义。

1.1 研究背景、问题提出与研究意义

1.1.1 研究背景

近二十年研究成果表明,发展中国家农村金融市场效率非常低下,农户金融抑制普遍相当严重。相比之下,我国农户金融抑制,则更显严重(李锐和朱喜,2007)。究其原因,除早期工业化主导战略以及"压榨农业"政策导致农业资金外流、农村金融管制等原因外(陈军和曹远征,2008),由信息不对称引发逆向选择、道德风险、高审查成本及高实施成本等问题,导致农村信贷市场失灵,也是一个重要原因(左臣明和王莉,2006)。

改革开放后,随着农业家庭经营体制的广泛实行,农户成为独立的财产所有者和生产经营者,对资金的需求急剧增加,逐步产生了多样化的金融需求。为了适应农村经济的发展和金融形势的变化,20世纪80年代以来,国家对农村金融体制进行了三轮重大改革,逐步放松农村金融管制,明确提出培育竞争性农村金融市场的改革目标,允许直接服务"三农"的多种所有制金融组织的存在和发展,启动以解决农村融资问题为目标的改革(周立,2006)。经过几度改革调整,国家逐步形成了"分类指导、层次演进"的市场取向性农村金融体制改革思路,并取得了初步成效。可以说,通过市场化改革来实现农村金融体制转轨,是解决农村金融抑制和促进农村金融发展的必然要求(陈军和曹远征,2008),也是建立现代农村金融制度的必然选择。然而,农村金融问题的特殊性与复杂性,不仅源于工业化和城市化发展战略下歧视性的金融制度安排(陈军和曹远征,2008),同时也面临着由于银行与贷款者间信息不对称所导致的"逆向选择、道德风险、审计成本、契约执行"等问题的挑战。而这些问题,恰恰是银行信贷配给、农村信贷市场失灵及农村金融资源低效配置的根源所在(章元,2004)。在发达国家,完善的市场机制使得农户可以提供各种抵押品来解决上述问题。在我国,由于市场机制不健全、产权制度缺陷及法律体系不完善,银行能够接受的抵押品种类较少,导致农户难以获得正规金融的融资(左臣明和王莉,2006)。

随着农业产业结构调整、农业规模化及专业化水平的提高,农村出现了一大批种养大户、家庭农场等新型农民群体。这些新型农民群体的出现,使得农村金融对农资等小额信贷需求不断降低,对产业结构调整、专业化养殖、特色经济作

物种植、农副产品加工的大额信贷需求不断增加(中国人民银行张家界市中心支行课题组,2005)。然而,由于农村金融改革成效不明显、金融产品创新不足、金融产品与服务单一,农村金融已经无法满足新形势下农村经济发展的需要,农村信贷市场失灵与金融资源配置低效率的问题更显突出(胡小良,2007;杨连波,2007)。在这种形势下,设计有效的制度和机制,以解决农村信贷市场失灵与金融资源低效配置等问题,就成了农村金融体制进一步改革的关键。其中,在信息约束及抵押约束条件下,通过信贷交易治理创新,建立可行的授信管理机制与负债履约机制,防范农村金融市场的机会主义行为,有效控制银行信贷风险,就成了制度与机制设计的首要命题。由此,政策实践者开始更多地关注农村金融市场底端的运行基础和具体信贷机制的设计(陈军和曹远征,2008)。

2008年召开的十七届三中全会对"防止农村资金持续外流、涉农贷款定向税费减免及放宽呆账核销条件"等农村金融问题提出制度设想,2009年中央"一号文件"也就"扩大农村有效担保物范围、开展抵押质押贷款"等问题给出了具体的政策引导。但是,有效解决农村信贷市场失灵与金融资源配置低效率问题,逐步形成农村金融市场的微观运行基础,进一步促进农村金融体系发展和农村金融深化,还有很多难题需要破解。

1.1.2 问题提出

如前所述,如何在信息约束及抵押约束条件下,通过信贷交易治理创新,建立可行的授信管理机制与负债履约机制,防范农村金融市场的机会主义行为,并有效控制银行信贷风险?中小企业供应链融资为解决这一问题提供了一种很好的思路。与农户一样,中小企业在信贷过程中,也往往存在由于有效抵押担保不足与信贷市场信息不对称等原因而导致的信贷约束问题。为了解决这一问题,深圳发展银行等商业银行为中小企业量身定做了一种新型融资模式——供应链融资。"这种融资模式顺应产业竞争由企业间竞争向供应链间竞争转换的态势,打破孤立考察单个企业静态信用的思维模式,将与其相关的供应链上下游企业作为整体,根据交易中形成的链条关系和行业特点设定有效的融资方案,不但能有效地解决由于信息不对称、逆向选择与道德风险等原因导致的中小企业融资难的问题,而且可以提升整个供应链的群体竞争力。"(陈晓红和陈建中,2008;闫俊宏,2007)从供应链角度对中小企业开展综合授信,并将针对单个企业的风险管理转变为供应链的风险管理,可以有效解决中小企业的有效抵押担保不足等问题,改善借贷条件,缓解信贷约束。

可是对农户而言,供应链能否起到同样的作用呢?实证研究认为,现代化农产品供应链可以带动合同农户发展,可以改善农户的借贷条件,并促进农村金融服务水平的提高。在现代化农产品供应链带动下,生产规模的扩大、农业投入的增加及声誉机制的建立,会使合同农户从正式机构获取贷款变得相对容易(朱娟和胡定寰,2007)。在现实中,银行与地方各级政府更倾向给供应链农户提供信贷支持,也是一个较为普遍的现象。然而,为何供应链可以改善农户信用状况?在信息约束与抵押约束情况下,如何对农户进行授信?其融资的信用基础是什么?信用形成机理如何?授信管理机制与负债履约机制是如何建立的?基于供应链的农户融资行为,在实践中有哪些可行模式?不同的农户供应链融资模式下,主体信用水平如何?关键影响因素是什么?关于这些问题,现有理论并没有作出系统、完整的解答。

1.1.3　研究意义

供应链融资对解决农户信贷问题具有重要的理论及现实意义。

在理论上,供应链融资可以形成农户融资研究的新领域,具有重要的理论意义。从供应链视角研究农户融资问题,打破了孤立考察单个农户静态信用的思维模式,把与农户相关的供应链上下游企业作为整体,根据交易中形成的链条关系和行业特点设定有效的融资模式及风险控制方式,可以为解决供应链农户融资问题提供理论借鉴与指导。

在现实中,供应链融资有助于缓解农户信贷约束并提高农村金融市场的资金配置效率,具有重要的意义。一方面,农村金融市场失灵是造成农户融资难的重要原因。供应链融资能够较好地治理由于信息不对称而导致的农村金融市场失灵问题,从而克服农户融资难问题,缓解信贷约束;另一方面,农产品供应链及其中的农户是农村经济中较有活力的部分,为其提供良好的融资服务,不但可以提升整个供应链的群体竞争力,而且可以提高农村金融市场的资金配置效率。

1.2　研究目标、研究思路与技术路线

1.2.1　研究目标

本书的研究目标,主要是通过理论研究与实证分析,构建供应链融资的动态信用理论,并深入剖析农户供应链融资的具体模式及其授信管理与负债履约的形成机理。具体而言,通过研究,本书旨在达到以下几个目标:

(1)阐明在信息约束与抵押约束的情况下,供应链融资对农户的授信方式、授信的基础与条件。

(2)阐明农户供应链融资模式信用形成机理,信贷交易治理、授信管理与负债履约机制。

(3)研究实践中农户供应链融资的可行模式及基本做法。

(4)研究不同供应链融资模式下的主体信用水平及影响的关键因素。

为了进一步明确研究目标,有必要对上述研究目标所涉及的对象与范围,做出进一步的界定与说明。

(1)本书研究目标所指的对象主要是供应链农户。所谓供应链农户,主要是进入产品供应链中的种养大户、家庭农场主、合同农户以及农产品经营户等,而非普通农户,这些农户往往与供应链上下游企业有着长期的合作关系。换言之,本书研究所关注的是供应链主体间长期合作关系的性质及其对融资主体信用的影响。

(2)本书研究的目标是解决供应链农户的融资问题,这里的融资问题具有以下特点:

第一,在融资的方式上,是指供应链融资。本研究的融资是指通过供应链上下游企业间关系所开展的融资,而非普通的融资,如不动产抵押信贷等。

第二,在融资的期限上,是指短期融资。农户的融资有长期融资与短期融资,但本研究主要聚焦于短期融资,研究的是如何通过融资方式的创新,以解决农业生产经营过程中运营资金短缺的问题;而不是通过长期融资,以解决农户长期资本投入的问题。

第三,在融资的渠道上,主要是指从正规金融部门融资,重点探讨在信息约束与抵押约束情况下,农户贷款过程中的银行信用如何形成。农户融资渠道既可源于正规金融,又可源于非正规的民间金融,但本研究主要解决如何获取银行等正规金融部门的外源性融资问题,而非通过民间信贷解决融资问题。笔者在研究过程中会涉及供应链上下游之间的内源性融资,但这并非本研究的主体及所要解决的主要问题。

1.2.2 研究思路与技术路线

本课题的研究思路,主要体现于以下几个方面:

第一,对现有农户供应链融资与融资信用的研究成果进行综述。

第二,在访谈与实地调研得到的经验模式基础上,结合已有研究成果,提出动态信用理论模型及相关假说。

第三,运用演化经济学、行为金融学等理论构建动态信用生成机理模型并运用博弈模型进行逻辑论证。

第四,通过小样本调查设计完善问卷,在此基础上展开大样本调查,并运用计量模型来验证动态信用生成机理及相关理论假设。

第五,验证不同授信供应链融资模式下主体信用水平及其影响关键因素。

最后,根据上述理论研究和实证分析,得出结论与启示,并提出相关政策建议。

1.3 研究内容、研究方法与数据来源

1.3.1 研究内容

第一大块:供应链融资的动态信用理论。分为两个部分:①供应链融资动态信用的概念内涵、基本命题、形成条件与逻辑体系;②供应链融资动态信用机理模型与相关假说。

第二大块:基于动态信用农户供应链融资模式的具体内容、信用水平及其关键影响因素。分为两个部分:①根据农民的特征差异和行业特点设定有效的融资方案,提出基于动态信用农户供应链融资的具体操作模式;②分析评价不同供应链融资模式下农户信用水平及其关键影响因素。

本书的具体研究内容及章节安排如下:

第一章:绪论。介绍研究背景,提出本书所要研究的主题及其研究意义。阐述研究目标、技术路线、具体研究内容与全书结构安排,以及研究方法和数据来源。总结本研究的可能创新与不足之处。

第二章:文献综述。以中小企业供应链融资的理论与实践为基础,围绕农户信贷约束问题,对农村金融抑制、农户借贷行为、信贷配给、信用问题及其治理、农户供应链融资等相关理论的研究进展进行综述,着重对信贷配给的原因与解决方法进行述评,并指出供应链融资对现有理论的发展及缓解农户信贷约束的现实意义。在此基础上,进一步明确本书的研究方向与重点。

第三章:产业组织演进中的供应链管理与供应链金融。论述在产业组织演进过程中,供应链管理演变发展及供应链金融形成深化的过程。首先,详细论述在产业组织的演进过程中供应链形态结构化与网络化的趋势、供应链管理模式的变化,阐明供应链网络治理是供应链金融产生的背景与供应链融资开展的基本条件,提出供应链网络治理的分析框架,并分析农产品供应链网络治理的特殊性。其次,从产业组织演进视角分析核心企业主导的财务供应链管理的局限性和商业银行为主导的供应链金融服务产生的必然性,阐述供应链网络治理与供应链金融深化的关系,并提出通过供应链网络关系治理来优化产业金融

生态、改善宏观金融生态的思路与方法。最后,介绍涉农供应链金融的实践与典型案例。

第四章:供应链融资动态信用理论及其基本假说。在相关理论文献综述的基础上,结合中小企业供应链金融的实践,提出供应链融资的动态信用理论,详细阐述动态信用理论概念内涵、基本命题、形成条件与逻辑体系,提出动态信用形成的内在基础与外部条件,进而用博弈模型论证动态信用形成的内在机理。在此基础上,提出本书的待检理论研究假设。

第五章:现场实验研究设计。详细介绍现场实验的研究目标与内容、研究现场及参与人员选择、研究过程与问卷设计、变量测量指标构建以及数据收集与分析等。

第六章:理论模型及相关假设检验。运用调研数据,对农户供应链融资的动态信用理论及相关假设进行实证分析与检验。首先,运用描述性统计方法,对样本结构及数据变量特征进行分析;其次,运用现场实验数据对动态信用下主体的信用水平进行检验;最后,运用结构方程模型,验证动态信用理论模型及相关假设。

第七章:基于担保授信的农户供应链融资模式。阐述基于担保授信的农户供应链融资模式的基本做法,深入考察基于担保授信的农户供应链融资模式下的主体信用水平、授信管理及负债履约机制,并就不同担保主体与担保方式与农户供应链融资主体信用水平之间的关系进行分析。

第八章:基于农产品质押授信的农户供应链融资模式。阐述基于农产品质押授信的农户供应链融资模式的基本做法,深入考察基于农产品质押授信的农户供应链融资模式下的主体信用水平、授信管理及负债履约机制,并就产品价值控制与农产品质押授信农户供应链融资下主体信用水平关系进行分析。

第九章:基于订单质押授信的农户供应链融资模式。以粮食订单质押为例,阐述基于订单质押授信的农户供应链融资模式的基本做法,深入考察基于粮食订单质押授信的农户供应链融资模式下的主体信用水平、授信管理及负债履约机制,并就产业金融教育及粮食订单质押授信与农户供应链融资下主体信用水平关系进行分析。

第十章:研究结论与研究展望。对全书研究结论进行系统总结,对本研究的不足及后续研究提出初步设想。

1.3.2　研究方法

（1）现场实验法

随着管理对象和管理情境的日趋复杂,管理研究日益面临着取样的随机性、测量的精度及因果逻辑性等问题的挑战。普通的调查方式往往由于同一时点测量及无法控制其他因素对因变量产生交互作用等局限性,而无法更好地提高管理研究效度(苗青,2007)。实验研究可以通过操纵和调节自变量的不同水平、控制对因变量可能产生影响的其他变量,更精密地观察自变量对因变量产生的影响(Punnett,1998)。

现场实验是指在自然情境下,研究者操纵自然情境中的某种条件,以观察这种条件变化在被试行为上自然效果的一种实验研究。与实验室实验相同,现场实验也是一种操纵研究策略,可以对研究情境中某些变量进行操纵,以达到预期的研究目的。现场实验的实施虽然无法像实验室实验一样,做到严格的随机化抽样,但是,现场实验的一个很大优点是在自然情境下进行的,具有较高的生态效度,对反映经济社会生活中自然发生的现象具有更大的意义。因此,现场实验(field experimentation)日益受到人们的重视(王凡,2008)。

另外,农户供应链融资是一个新生事物,现实中仅作了初步探索,有些融资模式并无十分成熟的做法,所以很难用一般的调查方法来进行研究,而现场实验则可以用模拟的方法来开展研究,不但可以获取高质量的数据,而且可以对不同农户供应链模式做一些试验性的研究,为实际操作提供宝贵的经验与数据。

(2)案例研究

案例研究受到了越来越多学者的重视(郑伯埙,2008)[1]。本研究采用案例研究的方法主要基于以下考虑:

首先,农户供应链融资相当复杂。在不同的行业、不同的农户特征条件下,农户供应链融资的动因、模式及其风险控制方式具有相当大的差异性。案例研究可以对农户供应链融资进行较为细致的描述,能更好地把握供应链融资现象的丰富性。

其次,各种研究方法都有其局限性。为了提高研究效度,本研究在定性研究与定量研究相结合的基础上,通过全循环的研究方法,将归纳法与演绎法结合起来,以提高理论的类推性(郑伯埙,2008)[2]。运用案例研究与比较分析方法,深入剖析农户供应链融资动态信用的影响因素、演化过程,提出供应链融资的动态信用假说,并详细阐明各种不同类型供应链融资的差异及其信用形成的内在机理。

(3)博弈分析

真正把一般意义上的"信用"作为经济学的一个基本范畴来进行研究是信息

---

① 陈晓萍等.组织与管理研究的实证方法.北京:北京大学出版社,2008.

② 同上.

经济学与新制度经济学兴起后的事,而博弈论工具在经济研究中的应用,无疑使这一研究更加深入和富有创造性。博弈论(game theory)主要研究决策主体的行为发生直接相互作用时的决策及其均衡问题(张维迎,1996),是对智能决策者之间冲突与合作数学模型的研究(迈尔森,2001)。在经济活动中,人与人之间的选择是相互影响、相互作用的,为了实现目标,人们既需要合作又面临冲突。因此,理性经济人在决策时,必须考虑他人的影响,通过相互合作、化解冲突来实现自身偏好的最大化。在研究个人决策时,传统微观经济学假设"市场参与者数量足够多从而市场是竞争性,同时参与人之间不存在信息不对称"。在这种假定下,所有其他人的行为都被总结到价格这一参数中。因此,个人的决策就变成了如何在给定价格参数和收入条件下最大化其效用。当这种假定得到满足时,价格制度可以有效地解决冲突并实现合作。所以,传统的新古典经济学实际上是价格理论,它主要以价值制度为研究对象。但是,在现实中,市场参与人数量往往非常有限,因此市场不可能是完全竞争的,同时参与人之间普遍存在信息不对称。在这种情况下,价格制度常常不是实现合作和解决冲突的最有效的制度,这时往往需要引入非价格制度。"而非价格制度最显著的特征是参与人之间行为的相互作用。因此,20世纪70年代经济学家开始将注意力由价格制度转向非价值制度,博弈论逐渐成为经济学的基石。"(张维迎,1996)

在运营管理领域中,研究者过去往往专注于经济主体个体行为的研究,注重对经济主体个体行为的优化。随着市场全球化及竞争的加剧,供应链逐渐成为产业组织的主流模式。在这种模式下,产品通过供应链中不同企业相互合作的方式来实现生产与交付。为了提高供应链的整体绩效,运营管理的重点开始从单个企业的研究转向了多企业研究。供应链模式下运营决策的主要特点是,决策由供应链中独立企业根据个体目标最优原则来作出,而决策的结果却会对供应链中的其他成员产生影响。因此,在决策控制分散化、决策影响交互作用的情况下,就需要通过协调供应链成员活动,提高供应链的整体绩效。而博弈论为研究供应链中的合作、协调与竞争提供了方法、工具与模型。因此,许多学者纷纷采用博弈论来进行供应链问题研究。

(4)结构方程分析

在本书的研究中,除了运用普通的统计分析方法(如描述性统计分析、信度效度分析、相关分析、均值分析与检验等方法)对调研数据进行分析处理并验证相关理论假设,还运用了结构方程分析法。与传统的统计分析方法相比,结构方程模型有其优势,主要体现在以下几个方面:

首先,结构方程模型在潜变量的处理上更具优势。在经济、管理、社会及心理学等领域,有很多变量都不能进行直接的、准确的测量,通常将其称为潜变量。

传统的统计分析方法不能很好地处理这些变量,而结构方程模型则能很好地处理潜变量及其指标。

其次,结构方程模型在测量误差的处理上符合实际。传统的线性回归分析容许因变量包括测量误差,但要求假设自变量的测量上没有误差,假设自变量是一个非随机变量,但实际上自变量是一个随机变量,是有测量误差的,或者说自变量是潜变量,是不能直接测量的。当一个方程的自变量与因变量都不能准确测量的时候,线性回归方程就无法用来估计变量之间的关系。

第三,结构方程模型能处理多变量之间的关系。在实际问题中,多变量之间关系非常复杂,变量之间往往会存在着间接影响,而对于间接影响传统线性回归并不能够解决,而结构方程模型则可以解决。

第四,结构方程模型可以放宽潜在因子之间完全相互独立的假设。传统的因子分析方法要求潜在因子之间相互独立,但实际问题中潜在因子之间往往是存在一定的关联与依存关系,而结构方程模型对潜在因子之间相互独立的要求并不严格。

第五,关于模型比较。传统的因子分析并未涉及不同模型的比较与检验,而在实际问题中,往往可以通过不同的理论假设进行拟合各种模型。传统的分析方法并不能对此进行比较,而结构方程模型则可以进行比较。

1.3.3 数据来源

本书的数据有三个来源:

(1)统计数据。本书部分数据主要来自地方统计年鉴,如《浙江常山县统计年鉴(2009年)》等;还有部分数据来自各类政府文件或相关资料。

(2)现场实验数据。本书所用的三种不同授信方式下农户供应链融资数据主要来自笔者现场实验研究。笔者从2010年2月开始做预调研及小样本访谈后,先后于2010年6月至8月,对浙江省兰溪市、绍兴市及常山县进行了大规模现场实验研究及访谈测试。共计对300余个参与者分别进行了前测与后测两次问卷测量,获得有效前测样本与后测样本各271个,其中在兰溪市获取担保授信供应链融资有效前测样本与后测样本各103个,在绍兴市获取农产品质押授信供应链融资有效前测样本与后测样本各86个,在常山县获取粮食订单质押授信供应链融资有效前测样本与后测样本各82个。除了大规模现场实验测试以外,笔者还对一些重点样本进行了多次深入细致的访谈。

(3)文献数据。笔者从相关文献中,获取了关于产业集群供应链中上下游企业间关系的数据,如濮院羊毛衫产业集群相关数据,这些数据弥补了调研数据的不足,为本书有关观点的验证提供了依据。

1.4 可能的创新

在研究视角上,现有研究往往基于单个农户的信用状况、从单一农户视角对普通农户的融资问题进行研究,其前提假设是小农的单一性与分散性。本研究则从供应链视角,以农户与供应链交易伙伴的合作关系为基础,研究种养大户、家庭农场主等现代农业经营主体的融资需求问题。

在研究方法上,现有农村金融研究,绝大部分都采用普通问卷调查的方法进行事后总结性研究,鲜有运用现场实验方法进行研究的。而本研究则运用了现场实验的研究方法,对供应链融资在农户的适应性等问题进行了事前的探索性研究。

在研究结论上,相对现有研究而言,本书可能的创新之处主要体现在以下几个方面:

第一,证明了在供应链产业组织模式中,借款农户完全有可能实现激励完全相容约束。激励相容是借款人归还借款的充要条件。现有绝大多数研究往往分散、孤立地来考察农户与中小企业,其研究前提假设是主体的单一性与分散性,因此,对于企业与农户来说,内部激励完全相容往往是一个难以满足的约束条件。因为,在现实中,就中小企业而言,自身特点决定了其较难满足内部激励完全相容的约束(周中胜和罗正英,2007;文远华,2003);农户也是如此,很难期望通过道德规范来实现自我约束。但是,从供应链视角来研究上述问题,本研究证明:在供应链产业组织模式中,通过供应链的网络治理机制,企业与农户等主体完全有可能实现激励完全相容的约束,即:在供应链融资中,网络治理替代了中小企业内部约束与农户的自我约束,可以满足激励完全相容约束,使银行可以通过供应链网络治理降低贷款风险和缓解信贷配给的作用。

第二,证明了在供应链网络治理机制下,基于交易伙伴互动关系所形成的动态信用完全可以转化为银行信用。现有研究大多基于完全理性的假设前提、采用静态的或者是比较静态的研究方法来研究信用问题。银行也侧重于通过静态授信的方式来满足借款申请人的融资需求。本研究则通过构筑动态信用理论,着眼于运用动态信用来考察授信对象的信用状况,解决农户等信贷群体普遍存在的"授信难"的问题。动态信用是一种基于关系互动的熟悉人信用,其动态均衡特点决定了其会产生间断性的均衡效应,很难达到银行信用的单向、高位均衡的要求。但是,本研究证明:在一定的供应链网络治理机制下,基于交易伙伴互动关系所形成的动态信用完全可以转化为银行信用。

第三,证明了借贷双方可以在不进行关系专用性投资的情况下,充分利用现有的供应链网络来进行信贷交易治理。现有研究认为,借贷双方的关系及其对共有信息的建设是一种专用性投资,这种专用性投资只有当借款者续借时才有价值,一旦离开了特定的放款者就变得毫无价值(周中胜和罗正英,2007)。但是,本研究证明:借贷双方完全可以在不进行关系专用性投资的情况下,充分利用现有的供应链网络来进行信贷交易治理。在供应链融资中,融资主体已经与上下游企业通过长期交易互动建立起了稳定的业务关系。也就是说,融资相关主体事先已经在长期交易关系中,通过信息共享及内部交易联合治理进行了一定的专用性投资,这种专用性投资不但可以用于今后产品交易活动的开展,而且可以为供应链中的经济主体向银行融资服务。因此,在某种意义上,供应链融资是关系型融资的一种拓展。

第四,分析了农户供应链融资信用基础、信用形成内在机理等理论问题,对供应链融资的理论问题作出了初步的解答。关于农户供应链融资,特别是对于供应链融资对农户的适应性问题(刘仁和等,2008)以及供应链融资信用基础、信用形成内在机理等理论问题学术界尚未进行深入研究。本书的研究,不但证明了供应链融资对农户适应性,而且通过构筑供应链融资的动态信用理论,对供应链融资的理论问题作出了初步的解答。

第五,证明了作为农户业务伙伴的供应链核心企业比农村信用社更有信息优势,由其提供第三方信用担保,能较好地起到信号补充作用。现有研究认为,由于财富积累能力有限,中小企业及农户等主体可供抵质押的实物和权利较为匮乏,因此第三方信用担保的作用往往更为显著(李毅和向党,2008)。然而,在信贷市场中,农村信用社与农户的接触是最直接和充分的,具有信息优势,很难证明作为第三方的担保中介机构在获取和处理借款人信息方面能比银行更具比较优势(周中胜和罗正英,2007)。本研究证明,作为农户或中小企业的业务伙伴的供应链核心企业,可能会比农村信用社更有信息优势,由其提供第三方信用担保,能较好地起到信号补充作用。

第六,证明了供应链融资通过提供嵌入交易网络的动产质押,可以弥补农户抵押物不足的缺陷。现有研究认为,由于我国农户与中小企业的规模弱势,普遍缺乏有效的、足够的抵押物(周中胜和罗正英,2007),加之我国现行的产权制度、法治环境,导致与抵押物相关的交易成本过高(文远华,2003),无法实现抵押物的信号替代。国内实践与研究从农村不动产抵押(如农村住房抵押)视角来探索"扩大农村有效担保物范围"虽然是可行的,但是,农村住房抵押尚不能突破现在法律制度框架,且会带来诸多社会问题。而本研究证明,供应链融资通过提供嵌入交易网络的动产质押可以弥补中小企业与农户抵押物不足的缺陷。可以说,探索在一定供应链网络治理机理下的动产抵押,不失为一种扩大有效担保范围、提高农户信贷能力的有效办法。

第七,证明了不同供应链金融认知水平对授信活动的影响,探讨了银行自身原因造成信贷约束及银行授信难的可能性,为缓解信贷配给提供一种新的视角与思路。造成农户融资难困境的既有农户方面的原因,同时也有银行授信方面的原因。现有研究大都只从农户方面来研究,很难揭示银行信贷配给的内在机理。本研究从供应链金融教育视角,初步探讨了由于某些银行自身方面原因造成信贷约束及银行授信难的可能性,可以为缓解信贷配给提供一种新的视角与思路。

2 文献综述

2.1 关于供应链融资研究

2.1.1 中小企业供应链融资研究

供应链融资是专门为中小企业量身定做的一种新型融资模式。这种融资模式从供应链角度对中小企业开展综合授信,将单个企业的风险管理转变为供应链的风险管理,可以有效地解决中小企业的信用不足问题,改善借贷条件(闫俊宏,2007)。虽然中小企业供应链融资是一个新兴的研究领域,但国内学者已取得不少研究成果。深圳发展银行与中欧国际工商学院"供应链金融"课题组[①](2009)系统地论述了供应链金融的概念、产生背景、产品细分与组合、营销模式、风险管理、开展供应链金融业务的组织架构及其对金融生态的影响等相关问题;陈晓红和陈建中(2008)等系统地论述了供应链融资的理论基础及实务流程;宋炳方(2008)从实务角度对供应链融资业务对商业银行的价值、基本业务模式、操作流程、管理要求及相关金融工具等问题进行了系统论述。

杨绍辉(2005)从商业银行业务模式的角度,介绍了供应链金融服务的内容和操作模式,指出供应链金融服务为中小企业融资提供了很好的机遇;王光石等(2005)分析了供应链金融业务的内涵及运其作过程中的风险控制,提出了商业

---

① 注:为了便于引用,以下简称深欧"供应链金融"课题组.

银行发展供应链金融服务模式应当建立的七个子系统;姚莉(2005)指出物流金融服务的开展为银行、中小企业和物流企业提供了多方共赢的机会;陈祥锋、朱道立等(2000)对融通仓服务模式的由来、概念、发展、系统结构及运作模式等方面进行了深入研究;闫俊宏和许祥秦(2006)对基于供应链金融的中小企业融资模式进行了比较研究,分析了其在解决中小企业融资难问题方面的潜在优势。

关于供应链融资的理论解释,国内学者的论述还不多。赵建与霍佳震(2009)认为,供应链融资的理论核心是通过金融机构和供应链企业之间的分工协作以控制融资风险。在具体操作中,一般沿着以下两个思路展开:

(1)以供应链上的核心企业信用为基础开展融资活动。也就是说,以供应链上的核心企业为中心,监控供应链主体间货物流转过程及合约履行情况,根据生产经营要求提供融资服务及相关配套结算。这种融资模式实质上是一种供应链上下游企业之间的信用迁移,银行信贷风险主要源于核心企业自身的信用基础。

(2)以供应链中流转的商品价值控制为基础开展融资活动。也就是说,银行直接控制流转中的商品价值,并以此为基础提供融资服务。这种融资模式实质上是一种信用替代,即以商品信用代替企业信用,银行信贷风险主要源于对物流的控制能力及商品的变现能力。

闫俊宏(2007)从交易成本理论与委托代理理论两方面进行了总结:

(1)交易成本理论。闫俊宏(2007)认为,随着供应链的发展,供应链成员之间逐步建立起长期的合作关系。不同于完全市场关系及一体化科层结构,这种长期合作关系是一种成员之间相互信任、彼此协调的关系,有利于促进供应链的整体绩效最大化。基于这种长期合作关系,为供应链节点上的中小企业提供融资服务,商业银行可以有效地降低交易成本,提高交易效率。具体体现在:

第一,有利于交易各方主动沟通,强化信任关系,稳定重复交易,提高交易频率,降低单位交易成本。

第二,有利于建立一种"共生、共赢"机制,强化共同利益,增进彼此协调,减少信息不对称,遏制交易中的机会主义,降低交易的不确定性,从而降低交易成本。

第三,有利于促进成员相互间的专用性资产投资,降低了企业之间违约的可能性。同时,中小企业专用性资产融资也可以降低银行信贷风险,提高融资的效率。

(2)委托代理理论。闫俊宏(2007)认为,一般的银企委托代理关系中,委托方商业银行与代理方融资企业之间,往往存在严重的信息不对称。但是,供应链金融并不是孤立地考察中小企业的信用状况,而是将其放在整个供应链中加以考察,因而可以有效降低银企之间的信息不对称程度。具体体现在:

第一,供应链企业间广泛紧密的联系,有利于企业间信息的聚集与传递,可以降低银行的信息收集成本,便于银行随时掌握与控制潜在的风险,可以降低信贷过程中的逆向选择风险和道德风险。

第二,供应链中稳定的上下游关系、良好的运营环境及明确的产业发展方向,便于银行对其信贷风险进行预测。

第三,为中小企业提供融资服务时,银行可以获得供应链内其他企业的合作与支持,降低信用风险。如物流企业的参与,可以协助银行共同监管和控制信用风险,通过与授信中小企业的上下游企业签订反担保或回购协议条款,可以转嫁和分担商业银行的信贷风险,提高融资效率。

国外关于这方面的研究还比较少,Aberdeen 公司利用实证研究方法分析了公司金融运作中的问题及开展供应链金融业务的环境、必要性、业务模式,并提出了未来供应链金融发展的对策(谢圣涛,2009)。Leora Klapper(2004)研究了供应链融资中的反向保理问题。

然而,现有研究主要侧重于实务操作,对供应链融资信用基础、授信管理与风险控制机制、缓解信贷约束的机理等理论问题缺乏深入研究与探讨。

2.1.2　农户供应链融资研究

对农户而言,供应链融资能否起到同样的作用呢?对此,国内学术界尚缺乏深入研究。也有学者从理论上关注了农户供应链融资问题,如供应链融资对农户的适应性问题(刘少波,2008),现代化农产品供应链可以改善农户的借贷条件(朱娟和胡定寰,2007)及供应链融资对缓解农村中小企业和农户信贷困境的意义(马九杰,2008)等;实践中也有许多地方通过推广"龙头企业＋担保公司＋银行＋农户"的"四位一体"的融资模式,来解决此类农户融资困境(林毅夫,2004)。

在国外的研究与实践中,早在 1905 年的俄国沙皇时代,就出现了农民用谷物进行质押贷款业务,这不但可以解决生产生活中的资金问题,而且也可以缓解农产品价格波动对农产品销售的影响。美国也在 1916 年颁布的《仓储法案》(U. S. Warehousing Act)的基础上,建立起了一套仓单质押的系统规则,促进了仓单的广泛签发与流通,不但可以用于结算,也可以用于向银行质押贷款。但是,这种融资只是一种自偿性的贸易融资,仅是供应链融资元器件,还不是真正意义上的供应链融资(深欧"供应链金融"课题组,2009)。

虽然国内外研究与实践中,已经或多或少地接触到了涉农供应链金融,但是,为什么供应链融资可以改善农户信用状况?其缓解农户金融抑制与信贷配给的内在机理是什么?农户供应链融资的信用基础是什么?影响供应链融资的因素有哪些？融资信用如何形成？供应链融资在实践中有哪些可行模式？供应链融资风险如何控制？这些问题目前都没有给出系统、完整的解答。

2.2　关于信贷配给研究

农户与中小企业信贷约束的根本原因是银行的信贷配给。下文着重从信贷配给的产生原因及解决方法对现有研究进行述评。

2.2.1　信贷配给的产生原因

主要从以下四个方面解释：

一是不完全信息。20世纪70年代中期，经济学家开始在信贷配给现象的分析中引入了不完全信息理论。一般而言，根据所处阶段及其后果，信息不对称可分为事前的逆向选择、事后的道德风险两种类型。在事前非对称信息理论方面，Jaffee 和 Russell(1976)将借款者区分为"诚实的"和"非诚实的"，并认为因为不能将两种类型的借款者区分开，所以均衡的贷款利率必须满足借款者的零利润条件或者必须等于或超过贷款者所借资金的机会成本。Stiglitz 和 Weiss(1981)建立了 S-W 模型，从信息结构角度，全面系统地分析了信贷配给现象：

首先，由于信息不对称，信贷市场存在逆向选择，借款者了解自己项目的预期收益与风险，而贷款者只知道借款者项目的平均预期收益与风险，如果银行利率超过一定水平，只有高风险借款者愿意留在市场内，而稳妥的借款者自我选择退出信贷市场，证明了在不完全信息下，逆向选择会使信贷配给作为长期均衡现象存在。

其次，论述了信贷合约中的道德风险问题，认为在合约实施之后，贷款者不能观察到借款者的行为，也不能监督贷款的使用，理性的借款者会利用其信息优势采取利己行为，此时提高利率将会降低还款激励。

部分学者从事后信息不对称的角度进一步拓展了信贷配给理论。Bester(1987)对事后借款者的道德风险行为造成的信贷配给现象作了补充；Williamson(1986,1987)认为即便不存在逆向选择和道德风险，只要存在信息不对称及监督成本，就会有信贷配给的产生，并提出了信贷分配和金融崩溃理论；Hart 和 Moore(1994,1998)在其所提出的相关模型中也假设借款人存在隐藏信息的道德风险。

二是交易成本。信贷交易成本是某些农户，尤其是小额借款农户受到正规金融信贷配给的根本原因。从借款人角度而言，与较大额借款人相比，小额借款人所承担正式贷款借贷成本往往会大幅提高,并使一些低收入国家的穷人很难从正规金融机构贷款(Adams,1979),而这里的借贷成本除名义利率、货币购买力的变化等外,主要就是借款人的信贷交易成本。从贷款人角度而言,信贷交易成本主要是指手续费、交通费用以及所花费的时间和精力等贷款利率之外的其他费用,包括审查成本与实施成本。一方面,如果贷款人难以了解借款人项目的实际运行状况、不能轻易地证实借款者因丧失还款能力而无法还款的陈述的真实性,就会导致高审查成本,并导致信贷配给(Stiglitz & Weiss,1981;Townsend,1979)。由于信息不透明的程度较高,中小企业在获取资金时必须支付较高的风险补偿,资金成本远远高于大企业,导致我国多数中小企业排除在直接融资市场之外(林毅夫和李永军,2001)。而对于地区偏远、基础设施匮乏和人口稀少的农村,高审查成本往往不可避免,因而信贷配给也无法避免;另一方面,当借款人违约时,契约执行中的高实施成本,也会导致信贷配给(左臣明和王莉,2006;章元,2005)。

三是信贷合同的执行及法律制度。Fried 和 Howitt(1980)证明了信贷配给是银行与借款者间风险分担的合约均衡结果,因为借贷双方通过借贷合约分担未来的不确定性风险,在此过程就可能导致信贷配给。Gale 和 Hellwig(1985)通过一个借款和贷款间信息不对称模型(G-H 模型),通过债务契约破产条款的必要性及效率损失等问题,分析信贷配给发生的机理,证明了最优的、激励相容的债务合同是标准的债务合同,即:公司无力支付固定清偿款时,可以要求其宣告破产,破产时允许贷款者从公司资产中取得尽可能多的债务补偿。Padilla 和 Pagano(1999)认为,如果债权人之间能共享借款人违约信息,则会缓解银行信贷配给,增加信贷供给。这是因为:一方面债权人之间共享借款人违约信息可以帮助识别不良借款人;另一方面,如果借款人已知债权人违约交换有关数据,则必须考虑对当前贷款人的违约将会破坏他们与所有其他贷款人的信用评级,并由此增加借款人履约激励。La Porta 等(1997)运用 49 个国家的数据,验证了如果由于一国法律制度及执行力度等原因而导致投资人权利受到保护程度较低,则外部融资的渠道会相对较为狭小。林永军(2005)认为,债务履约机制的缺失会使债务人行为偏好严重偏离市场经济所需要的"交易"、"契约"和"信用"特征,导致信贷群体逃废债情况普遍,从而形成银行的信贷配给。

四是产权。产权经济学认为,借贷关系导致了一种残缺的产权关系,如果在现实中缺乏一个完备的制度体系来保护这种残缺产权,就会导致信贷配给。梁鸿飞(2005)认为,信贷市场上资金让渡的首要条件是借款人具有偿还贷款的信用能力。而要具有信用能力,借款人必须对自己的财产享有独立的所有权,这是由财产所有权的性质和市场经济的本质决定的。在我国,所有制等原因造成的产权残缺性,使中小企业及农户等经济主体往往缺乏合格的抵押物,信用能力普遍不足,并由此产生信贷配给。同时,我国金融产权制度缺陷,加之法治环境不佳,地方政府干预及社会信用体系建设滞后等原因,造成基于法律等第三方负债履约机制低效甚至失效,使得负债对债务人难以产生强约束力(谢德仁和张高菊,2007),也会使银行出现"惜贷"、"惧贷"情况。

在上述信贷配给的影响因素及生成机制的理论解释中,Stiglitz 和 Weiss (1981)以信贷市场信息不对称为基础所建立的 S-W 模型最具影响力。然而,由于模型设定的简单化,S-W 模型将利率视为信贷配给过程中唯一的内生决策变量,忽略了抵押品、审查监督成本及贷款规模等其他条件(王霄和张捷,2003)。因此,后继研究者在此基础上分别考察了抵押品(Wette,1983;Bester,1985,1987)、监督成本(Williamson,1987)及贷款规模(Schmidt-Mohr,1997)作为信贷配给机制的可能。而在我国,产权制度与法治环境也是不容忽略的因素。

2.2.2　信贷配给的解决方法

主要有以下几个方面:

一是中小金融机构观。该观点认为,由于中小金融机构较大型金融机构具有信息上的优势,因而比较愿意为中小企业提供融资服务。对此,Banerjee 等(1994)提出了两种假说。一是"长期互动"假说,该假说认为,作为服务地方中小企业的地方性金融机构,中小金融机构可以通过长期的合作关系,增加对地方中小企业经营状况的了解,有助于解决存在于中小金融机构与中小企业之间的信息不对称问题;二是"同伴监督"假说,该假说认为,即使不能通过直接了解地方中小企业的经营状况以实现对中小企业的有效监督,但中小金融机构可以利用中小企业之间的自我监督,来间接实现对中小企业的有效监督。林毅夫(2001)在综合考虑了各种因素之后,也提倡大力发展和完善中小金融机构,以解决我国中小企业融资难的问题。周中胜和罗正英(2007)认为,这种理论观点忽视了大银行与中小企业之间实际上已存在的种种联系,更多的是解释银行专业化分工的原因,而不是中小金融机构融资的信息优势。笔者认为,无论是大型金融机构还是中小金融机构,具有信息优势的一个前提应是机构本身是否嵌入了产业的发展,是否嵌入当地的人缘、地缘关系或其他商业关系。如果有,则自然具有信息获取优势;如果没有,则无论大小还是不会具有信息获取的优势。这种嵌入性实质上反映了银行社会资本的积累、社会关系网络的营造。供应链融资解决农户融资问题就是以金融机构对产业组织的嵌入性为基点的,通过嵌入供应链产业组织,金融机构与供应链成员可以建立"长期互动"关系,并利用供应链成员间的"同伴监督",以获取信息优势并有效解决主体融资难的问题。

二是关系型贷款。现有研究表明,银企间的长期固定的借贷关系使小企业更容易获得贷款,以减少信贷配给(Petersen & Rajan,1994)。然而,借贷双方的关系及其对共有信息的建设是一种专用性投资,这种专用性投资只有当借款者续借时才有价值,一旦离开了特定的放款者就变得毫无价值,而且只有当长期合作可预期时,银行才会提高信贷数量(周中胜和罗正英,2007)。笔者认为,这一问题可以在供应链融资中很好地得到解决。在供应链融资中,融资主体已经与上下游企业通过长期交易互动建立起了稳定的业务关系。也就是说,融资相关主体事先已经在长期交易关系中,通过对信息共享建设进行了一定的专用性投资,这种专用性投资不但可以用于今后产品交易活动的开展,而且可以为供应链中的经济主体向银行借款服务。

一般而言,供应链上下游间建立的长期交易关系在信贷中可以起到以下几方面的作用:第一,关系的专用性得到进一步拓展。这种长期交易关系不但可以继续用于供应链的产品交易,还可以用于与银行的信贷交易,使关系的价值得到进一步体现,并有利于降低信贷的交易成本。第二,起到"信贷门槛效应"。在供应链融资中,只有与供应上下游企业建立了稳定交易关系的成员才能得到信贷的支持。而建立长期稳定交易关系的过程,本身就是对借款者信息的充分获取过程,也是一个风险识别的过程,可以将那些不守信用、风险较高的借款者从供应链成员中识别出来,并将守信、风险较低的成员作为授信的备选对象,从而对信贷风险起到一定的屏蔽作用。第三,加大借款者的违约成本,降低交易中机会主义产生的可能性。由于供应链中的借款者已经对关系进行了前期的投资,一旦违约就会受到供应链的惩罚,甚至可能会被淘汰出供应链,这就加大了借款者的违约成本,对违约起到一定的预防作用。总结以上几点,笔者认为,从某种意义上说,供应链融资是对关系型融资的一种拓展,它既具备了关系型融资的优势,又使关系型融资的内涵得到了进一步的拓展,局限性得到了一定的克服。

三是利率市场化。Wood(1975)认为,利率变化是对银企关系的一种替代,通过提高利率,银行能够在一定程度上补偿信贷风险、增加贷款供给并降低信贷配给的程度。然而,利率市场化降低银行贷款风险需要一定前提条件。如果银行和企业的治理结构健全、赏罚机制严明、激励机制相容,那么逆向选择就可以基本消除(文远华,2005)。但是,内部激励完全相容对于银行和企业来说都是一个较强的约束条件。且不说银行,就中小企业而言,其自身特点决定了较难满足内部激励完全相容的约束(周中胜和罗正英,2007);农户也是如此,很难期望通过道德规范来实现自我约束的目的。笔者认为,在供应链产业组织模式中,通过供应链的网络治理及核心企业对上下游主体的约束惩罚机制,银行和企业完全有可能实现激励完全相容的约束。可以说,在供应链融资中,网络治理替代了中小企业内部约束与农户的自我约束,可以满足激励完全相容约束,使银行可以通过利率提高来实现降低贷款风险和缓解信贷配给的作用。

Stights 和 Weiss(1981)建立了经典的 S-W 模型,证明提高利率会导致逆向选择问题,并不能降低银行的贷款风险及缓解信贷配给。因为风险越大的借款人往往愿意出更高的利率,如果提高贷款利率,剩下的将是高风险借款者;同时,高利率会促使借款人选择高风险项目,并导致道德风险。因此,为了实现预期收益最大化,银行不会进一步提高利率,只会在一个低于竞争性均衡利率水平上对贷款申请者实行配给。Lensink 和 Sterken(2002)在考虑企业具有等待投资权利的基础上,建立了一个两期等待型期权模型,对 Stights 和 Weiss 的理论提出了质疑,并得到了截然相反的结论:高利率将使高风险企业离开信贷市场。章元(2005)也从现实中发现了与经典理论相悖的现象:在团体贷款中,一些高风险团体获得贷款后并没有降低还款率,对高风险企业加息反而提高了企业还款率。因此,当具有等待或贷款的选择权时可能会出现信贷配给逆转。笔者认为,在供应链中,借款者也具有等待或选择权,因此也会出现信贷配给的逆转。

四是抵押物。关于抵押物在借贷合约中的作用,主要有两种观点:一种观点认为,通过抵押可以形成一种“过滤机制”,将“高品质的借款者”与“低品质的借款者”分开。因为“高品质的借款人”可以提供更多的抵押品,而“低品质的借款人”者因所拥有的财富较少,无法提供贷款所需的足额抵押物,因此抵押物可以作为借款者质量的信号反映(Besank & Thakor,1987;Chan & Thakor,1987)。另一种观点则认为,“抵押过滤”在将“低品质的借款者”筛选出局的同时,也向那些无力抵押的“高品质的借款者”收取较高的风险补偿,或将其拒之门外。因此,抵押物价值不能作为贷款质量状况的信号。抵押财富的过滤作用正如利率一样,并非越高越好,而应有一个最优的标准(Stigliz & Weiss,1981)。周中胜和罗正英(2007)认为,这两种观点都忽视了农户与中小企业的一个显著特征:规模弱势,缺乏有效、足够的抵押物。而且,我国现行的产权制度使可资抵押的财产范围狭窄,法治环境使与抵押物相关的交易成本居高不下(文远华,2005),因而无法实现抵押物的信号替代。笔者认为,供应链融资通过提供嵌入交易网络的动产质押可以弥补中小企业与农户抵押物不足的缺陷,并可解决抵押交易成本过高的问题。

五是第三方信用担保。担保是消除不对称信息的有效机制之一(Akerlof,1970)。为了防范信息不对称所引发的违约风险,商业银行普遍要求借款人提供诸如实物抵押、权利质押或第三方信用保证等担保条件。在实践中,中小企业及农户等主体由于财富积累能力有限,可供抵质押的实物和权利较为匮乏,因此第三方信用担保的作用往往更为显著(李毅和向党,2008)。然而,在信贷市场中,银行与中小企业间的接触是最直接和充分的,具有信息的优势,很难证明作为第三方的担保中介机构在获取和处理企业信息方面能比银行更具比较优势(周中胜和罗正英,2007)。笔者认为,作为农户或中小企业的业务伙伴的供应链核心企业,往往比中介担保公司与银行更有信息优势,由其提供第三方信用担保,能较好地起到信号补充作用。

2.3   关于农户借贷行为研究

在研究视角上,现有研究往往从农户着手并将研究建立在个体收益或效用最大化的假设条件下,认为农户的借款需求行为取决于自身的风险偏好、项目收益率与贷款利率的对比,受地区、收入、借款规模等农户个人特征内生影响。

在研究方法上,主要以调查数据对模型的简单估计和检验为主。国外学者的实证研究许多采用印度的数据。国内学者的研究,大部分都只局限于对调查数据的简单描述,有些样本规模相对较小且分布较为分散(韩俊等,2007),也有一些大样本的实证研究,如国务院发展研究中心农村经济研究部 2005 年进行的针对全国不同地区的调查研究等。

在研究内容上,不仅包括农户的正规借贷,而且对非正规借贷也给予了高度重视。正规借贷制度中,农户小额信贷成为学者们普遍关注的焦点(熊学萍等,2007)。

然而,现有绝大多数研究的前提假设是小农的单一性与分散性,往往分散、孤立地来考察农户,侧重于从单一农户视角研究农户融资问题,很难破解目前普遍存在的信息不对称及抵押物不足困境,从而无法解决银行授信难与农户融资难的问题。笔者认为,供应链融资从供应链视角研究农户融资问题,打破了孤立考察单个农户静态信用的思维模式,把与农户相关的供应链上下游企业作为整体,通过结构授信及动产授信的方式,可以有效破解信息不对称难题,解决银行授信难的问题;同时,根据交易中形成的链条关系和行业特点,设计有相应的融资模式及风险控制方式,可以有效破解抵押物不足难题,解决农户融资难的困境。

另外,造成农户融资难困境的既有农户方面的原因,也有银行授信方面的原因。现有研究大都只从农户方面来研究,很难揭示银行信贷配给的内在机理。因此,有必要从银行方面进行深入研究,探讨银行信用形成的机理,破解银行授信难的问题,以达到缓解信贷配给的目的。

2.4　关于信用的研究

信用是包含于交易行为的基本要素,也是交易能否成功的关键所在。关于信用的研究,古今中外成果颇丰。但是,对信用问题的研究,不同学科有不同的研究视角与研究方法,对信用的理解也往往不一致,得出的结论也不尽相同。以下,本书从信用的概念与范围、信用产生的条件、信用问题及其治理等方面对信用研究成果进行综述。

2.4.1　信用的概念与范围

关于信用的概念与范围,不同学科有不同的认识与理解。哲学、社会学和伦理学等学科主要侧重于从社会道德的角度来解释,把信用看成人的一种品行,表明人们的认同程度。从经济学视角来看,信用是与契约关系紧密相联的,并有狭义与广义之分。广义的信用是指经济主体在经济互动中,基于一定的契约关系而对自己所做承诺的兑现,即契约的履行。这里的契约既指法律意义上的契约,也指经济学意义上的契约;既包含显性契约,也包含隐性契约。狭义的信用主要指有债信用,即以债务关系为基础的按约支付行为,如银行信用、商业信用等。

传统上,经济学所重视的是有债信用的研究,如斯密、杜尔阁、魁奈、西斯蒙第等古典经济学家所论述的信用往往是指有债信用,凯恩斯、弗里德曼、萨缪尔森等经济学家研究的也主要是有债信用,而且倾向于银行信用。然而,由于理性经济人与完全信息假设的研究假设,以及静态的或比较静态的研究方法,传统经济学都未能将广义的信用及信用问题纳入研究范围。信息经济学、新制度经济学等学科以经济人假设为前提,并假定个人具有机会主义倾向,将广义信用及信用问题纳入研究范围;同时,以博弈分析的方法对信用进行了解释,认为信用本质上表现为一种博弈的均衡,即人们在既定的约束条件下,在相应的策略空间内都选择了守信这一策略(龙游宇,2006)。

就本研究而言,研究重点主要是如何将一般主体在经济互动中所形成的信用转换为银行信用,因此,本研究的范围既包括了狭义的有债信用,也包括了广义的一般信用。另外,在研究方法上,主要沿用博弈分析的方法,从博弈均衡的视角,探讨一般信用转换为银行信用的机理与条件。

2.4.2　信用的产生条件

基于信息不对称及机会主义等假设,Williamson(1985)认为,自利的经济人往往会利用信息不对称谋求个人利益最大化,如果缺乏有效的监督和处罚机制,交易方完全按照事先的约定行事是不可置信的。因此,在经济活动中,信用的产生就必须具备相应的条件,如抵押、第三方规制或一体化科层控制、结束合作的威胁、有成本的执行监督、外在的法律约束等等。

从博弈视角分析,也可得出同样的结论。既然信用的本质是一种博弈均衡,那么,博弈的均衡必须具备一系列条件。这些条件既包括局中人、博弈信息、博弈次数及博弈方式等博弈内因素,也包括第三方约束、不确定性等博弈外条件。其中一个重要条件就是局中人预期的一致性,也就是说,经济活动中的局中人相互都预期到对方会采取守约合作的策略的同时,还相互预期到对方相信自己也会采取守信策略(龙游宇,2006)。

从契约角度来看,信用是契约的履行。而产权契约是其他经济契约的基础。因此,梁鸿飞(2005)认为,信用的产生也必须具备一定的产权基础,并探讨了不同主体财产权向信用能力转化的条件。

然而,不同类型的信用,由于其履约的性质及均衡的特点不同,信用的形成所需的条件或信用风险也不尽相同。以银行信用为例,陈兴荣(2000)认为,与一般信用相比,其在履约性质与均衡特点上具有显著的差别:

在履约性质上,银行信用具有履行的始末分离的特性,而有些合约承诺与履行可以同时进行。如一般产品交易中,如果合约双方可能在做出承诺的同时就履行承诺,就基本上不存在履约的信用风险;而在银行的信贷交易中,在授信时授信人和被授信人同时承诺,但银行在合约开始时履行承诺并给予授信,而被授信人则在合约终结时才履行承诺,归还授信涉及的本息,因此容易产生履约的信用风险。

在均衡的特点上,银行信用具有单向高位均衡的特点。根据不同类型的信用要求,信用均衡的方式与结果也有所不同。一般企业,如果产品销售不能及时清算,出现应收账款,就可以通过延迟进货清算,增加应付账款来平衡,从而实现信用的低位均衡,因而这种信用均衡是一种弹性的、互动式的均衡。但是,银行信用则完全不同:第一,均衡是单向的,即"银行对存款人的信用"与"贷款人对银行的信用"是无法达成互动式均衡的,均衡是完全刚性的,不可能因为被授信人对信用降低而调低银行对存款人的信用;第二,信用均衡必须在高位达成,即银行必须100%对存款人讲信用,否则,就会导致信用等级下降,甚至失去生存能力。

综上所述,关于信用产生的条件现有研究已有诸多论述。但是,供应链主体在交易互动中所形成的信用能否转化为银行信用,需要具备什么条件? 关于此,现有研究尚未有明确的论断,而这也是本研究的重点所在。

2.4.3　信用问题及其治理

首先,信用问题的由来。现有研究一致认为,信用问题的内在根源是自利经济人的机会主义倾向。但是,是否应建立防范措施来确保信用实现? 关于此,学者们的意见产生了分歧。Williamson(1985)认为,为了防止机会主义而产生的信用问题,必须采用各种防范措施以确保信用得以维持;而 Woolthuis 等人(2002)则认为,防范措施本身就代表了不信任,而信任不可能建立在不信任的基础之上。但是,Zucker(1986)通过实证研究支持了前者的观点,认为正式控制与信任并没有相互替代性,相反,它们之间是紧密相关的。Noorderhaven(1999)提出了人性内核分裂模型,认为人天生具有信任与机会主义的双重属性,在交易的实践中究竟表现出信任还是机会主义,不能仅靠个人自律与道德行为,还须依赖交易的环境因素。

现有研究认为,信用问题的外部诱因是信息不对称。机会主义倾向是信用问题的内在动因,而信息不对称则为信用问题的产生创造了外部条件。关于此,学者们分别从二手车市场和柠檬市场存在(Akerlof,1970)、劳动力市场与雇佣双方信用问题(Spence,1973)等视角进行了研究。而关于信贷市场的信息不对称问题,前面已有论述,在此不再赘述。

其次,信用问题治理。主要有三种途径:

一是信息甄别,即通过某种信号机制来有效地传递信息,以实现可分离的均衡。在劳动力市场中,主要通过受教育程度(Spence,1973)或严格测试(Sitiglitz,1975)等方式让雇员显示自己的能力,以实现分离均衡;在保险市场上,主要通过设计不同保费与保险范围保险合同,以实现不同风险的分离均衡(Stiglitz,1976);在产品市场上,主要是通过定价传送产品质量信号,以实现分离均衡,解决信用问题(Klein & Leffler,1981;Wilson,1980);而在信贷市场上,则主要通过设计不同借款规模和利率组合的贷款合约,并通过借款人的自我选择来显示不同的风险类型(Milde & Riley,1988),也可选择前面所述的抵押物、信用担保等其他途径。

二是声誉机制。声誉是保证契约忠实执行的重要机制。Lazear(1979)最早运用博弈论模型研究了声誉,认为在长期的雇佣关系中,"声誉抵押"制度可以遏制员工的偷懒行为。Kreps(1982)等人认为不完全信息对均衡结果有重要影响,通过将不完全信息引入有限次重复博弈中,他们建立了标准声誉模型(也称KMRW 定理),证明只要重复博弈次数足够多(不一定是无限次),合作就可以达成。标准声誉模型的意义在于:声誉不仅被正式纳入经济模型,而且证明了"声誉效益"确实存在,并会影响人的行为决策。但是,标准声誉模型仅是对声誉的初步经济学分析,尚存在均衡的多重性、模型条件限制等问题。声誉交易理论从声誉的"资产"特性、声誉的资本效益及声誉的可交易性等几个方面发展了标准声誉理论,但是受"产权变化不可观测"的假设前提所限,仍然无法解释市场信息比较完美时声誉交易中的租金问题。声誉信息理论将声誉看成一种包含历史记录的信息,并从信息角度研究了声誉的价值及传送机制,认为声誉具有减少信息扭曲、强化承诺力度、提高市场交易效率等作用。但是,声誉信息理论在不同声誉传送机制的有效性及其影响因素等问题上尚须作进一步研究(余津津,2003)。

三是制度约束。制度约束是经济主体履约守信的基本前提。在消费品市场上,Leland(1979)认为质量恶化是一个普遍的现象,可以通过最低质量限制或发放许可证等外在制度约束来防止此类现象的发生。在保险市场上,Dionne和Laserre(1985)认为,通过依靠多期合同和一个自我选择机制,诱使被保险人在第一时间公布自己的真实风险,从而消除由于逆向选择的低效率。在信贷市场上,信贷配给是规避高风险贷款的有效途径(Jaffee & Russell,1976;Stiglitz & Weiss,1987;Williamson,1987)。另外,信用评级、专款专用等一些控制措施,也是规避风险的重要途径。

如前所述,信贷市场上资金让渡的首要条件是借款人具有偿还贷款的信用能力。在我国,由于所有制等原因造成的产权残缺性所导致的信用能力普遍不足也是产生信贷配给的重要原因。然而,在研究信贷市场的相关问题时,现有西方学者研究往往"习惯性"地忽略掉信用能力(梁鸿飞,2005);国内的实践与研究,也主要从不动产抵押(如农村住房抵押)视角来探索"扩大农村有效担保物范围"的可行办法。笔者认为,农村住房抵押尚不能突破现行法律制度框架,且会带来诸多社会问题,而供应链融资中的动产抵押却不失为一种扩大有效担保范围、提高农户信贷能力的有效办法。

现有研究大多基于完全理性的假设前提、采用静态的或者是比较静态的研究方法来研究信用问题。但是,信用产生以后并不是一成不变的,而是伴随着社会经济环境的变化而不断地发展演进(龙游宇,2006)。笔者认为,供应链融资注重动态考察授信对象的信用状况,有助于解决传统静态授信模式下农户信贷普遍存在的"授信难"的问题。

3 产业组织演进中的供应链管理与供应链金融

随着产业组织的不断演进,供应链形态日趋结构化与网络化,不但逐步形成了供应链的网络治理模式,而且为供应链金融的产生与发展创造了良好条件。这一章通过论述产业组织演进与供应链管理、供应链金融产生发展的关系,来阐明供应链金融产生的背景与供应链融资开展的基本条件。

3.1 产业组织演进的基本趋势

3.1.1 制造业产业组织演进趋势

20 世纪 80 年代以前,纵向一体化是制造业产业组织的主流模式。然而,纵向一体化模式面临不适当技术的锁定风险,容易导致企业失去灵活性。从 20 世纪 80 年代起,一些产业出现纵向一体化解体的趋势,许多企业纷纷通过建立业务伙伴关系来获取更适合技术,通过改善市场条件来提高应对的灵活性。虽然转换业务伙伴关系比较困难,但与纵向一体化模式下的投资回收相比,要显得容易一些(Harland,1996)。迫于竞争压力,许多企业不得不集中资源,专注于核心竞争力,并通过联合投资、买卖双方建立战略伙伴关系,技术许可以及结盟等形式,外包低附加值环节、剥离非核心资产,以降低价值链中各个环节的成本(Zaheer & Venkatraman,1995)。在上述背景下,作为纵向一体化的替代,一种中间治理模式开始在各种商业环境中得到广泛应用,并在数量上呈现出迅速增长的态势(Harrigan,1988)。这种模式不同于传统的治理模式,它介于市场与科层模式之间,被称为混合模式(Williamson,1991)或网络治理模式(Eccles & Crane,1987)。

3.1.2 涉农产业组织演进趋势

传统上,大多数农产品仅仅被看作是一种商品。因此,许多农产品流通都采用以批发市场为基础的现货交易模式,交易者只能追求眼前利益而无法考虑长期利益,交易双方只存在单纯的竞争关系,不可能存在合作与协调。在这种交易模式下形成的农产品供应链是一条断裂的短链,必然会阻断产品供求的信息链,不但会导致需求信息的不确定性,加大农民的市场风险,而且会导致供给信息的不确定性,农产品(食品)质量不稳定、安全性缺乏可靠保障(张敏,2004)。因此,随着众多食品安全丑闻和事件的一再发生,加之食品加工复杂性的不断提高,消费者与政府管理部门对农产品(食品)质量安全日益关注。但是,基于批发市场的现货交易模式无法确保农产品质量安全,这就要求对传统的农产品生产供应链条进行再设计,使农产品供应模式由传统的现货交易模式转向纵向协调的供应链模式,从而使整个农产品供应过程具有透明性及可追溯性(Hanf,2005)。

3.2 产业组织演进与供应链管理发展

如上所述,随着产业组织的演进及产品供应链形态的变化,供应链治理模式也会相应地发生变化。网络治理是一种提高供应链管理水平的有效模式。许多学者运用交易费用经济学和社会网理论对供应链网络治理进行了分析,并取得了广泛的成果。但现有研究视角不利于充分揭示供应链网络治理中的社会因素及其作用机理与功能。本书试从"虚拟社区"的视角,利用"社区治理"的理念,来剖析供应链网络中存在的自我选择、横向监督及内部约束等的社会机制,构建基于"主体—关系—功能"的供应链网络治理的分析框架。

3.2.1 产业组织演进与供应链网络治理

供应链网络是伴随着产业组织演进而形成的一种结构化的产业组织模式。在这种产业组织模式下,企业之间的关系呈现出网络化的格局,二元的供应关系转变为供应链网络关系,产业组织形成了一种以核心企业为主导的"虚拟社区"。同时,供应链管理模式也相应地由"市场型"的二元供应关系管理转变为"社区型"的供应链网络治理。

3.2.1.1　产业组织演进与供应链网络形成

在供应链产业组织模式中,产品生产环节与价值链条由单个企业扩散到了多个企业,产业组织逐步形成了以大企业为主导的产业链分工模式和以稳定交易与利益共享为特征的价值链体系。在这种产业组织模式下,大企业专注于核心能力的创造与提升并承担整个价值链的主体与核心,中小企业则利用自己的专项优势来完成价值链中的低附加值环节,企业之间的关系也由二元供应关系向供应链网络关系转变,形成了一个以核心企业为中心的整体性功能网链结构。事实上,供应链网络是在传统产业组织模式的基础上逐渐发展演化而来的。在此过程中,产业组织结构不断演化,功能逐步完善,主要体现在:

(1)在组织结构上,由单维、松散的二元供应关系或线型供应链条关系向多向链接、紧密关联的网络结构转化。

传统产业组织模式下,企业间的联结通常呈现出单维的二元供应关系或线型供应链条关系;企业之间的利益关系往往也是基于市场的、平等的买卖交易关系。

在供应链网络模式下,企业间的联结是以核心企业为中心的多向链接、网状交错的多维结构,很多中小企业依赖于一个大企业而生存,并形成一个具有伴生关系的企业群。在这种结构中,成员企业在交易、利益及信息等方面存在着很强的关联性,任何一个企业要实现自身的利益最大化,必须以整个供应链的价值增值和合作伙伴的共赢为基础。

(2)在组织功能上,逐渐由单纯的物流、信息流管理向物流、信息流和资金流管理的高度整合转化。

在二元供应关系模式下,供应链管理主要侧重于质量、交付与价格等方面,信息交换等供应链管理的功能相当有限。虽然参与者可以直接与供应商和客户沟通,但往往会产生信息传递的"牛鞭效应",即越到供应链的上游,信息扭曲程度越高。为了避免由此形成的上游公司库存量的过度累积,减少运营资本占用(海因里希和贝茨,2005),物流与信息流的管理就成为供应链管理的主要功能及重点。

随着产业价值链的全球化配置,供应链中的核心企业在缩减产品成本的同时,也削弱了企业对财务供应链的控制能力,从而影响供应链的资金使用效率、削弱竞争优势并带来新的经营风险。在这种背景下,供应链管理的功能及重点,逐渐由物流与信息流的管理转向了资金流的管理。在供应链网络模式下,多向链接的网络结构,可以建立高度集成的信息共享平台,不但有利于成员企业迅速掌握上下游各节点的库存状况、生产计划及市场需求等信息,准确及时地协调供应链物流,而且有利于整合供应链金融资源,实现对供应链财务资金流的管理。

3.2.1.2　虚拟社区与供应链网络治理

在现实世界中,信息不充分是市场失败和政府失败的重要根源,而社区则可以为纠正市场和政府失败提供极为重要的组织载体。社区是在加强人际关系和相互信任基础上在自然人间建立的自愿合作组织,最典型的就是通过血缘、地缘关系连接起来的部落和村庄,或者通过共同兴趣爱好联结在一起的俱乐部等(速水佑次郎,2003)。作为一个利益共同体,社区的显著特点是具有一定的内部规范和成员资格的限定,并在抑制败德行为、建立合作关系及地方公共产品的供给上有着独特的优势。

多向链接的网络结构、紧密关联的企业间伴生关系及由此形成的企业间的信任、合作关系,使供应链网络也具有了社区的性质。供应链网络是一个以核心企业为主导的"虚拟社区"。与普通社区一样,这种"虚拟社区"不但具备一定的形式(如商会、行业协会、企业俱乐部等),同时也具备相应的社会机制并在供应链网络运行中发挥作用。具体体现在:

第一,成员资格与社区资源共享。在成员资格方面,核心企业往往有明确的交易伙伴准入和退出制度,并根据完成商务合同的准确性、及时性、结算的信用、服务承诺的兑现等情况决定供应商或分销商的进入与退出;另外,上下游企业对核心企业往往具有较强的从属性,从而有利于核心企业实施成员资格排斥。作为一个利益共同体,核心企业与上下游企业为了实现共同利益,往往可以共享社区成员提供的各种有形或无形资源,如市场渠道、商标、知识、技术等,以及核心企业提供的排他性的特殊优惠政策,如订单保障、涨价跌价补偿、销售返点、品牌支持等。

第二,社区规范及败德行为治理。组织学用结构性嵌入来说明组织间与共同第三方的联系及多个主体间的互动关系(Jones et al.,1997)。事实上,供应链网络中的企业关系就是一种典型的结构性嵌入。结构性嵌入使得交易伙伴可以从交易互动中不断强化成员企业的信任关系与互惠合作规范,并培育横向监督、内部约束等社会机制,如根据供应链成员的销售额的完成、价格政策的遵守、结算的及时性等设定奖励和惩罚措施。企业间互惠规范及社会机制可以加大违约成本并有效抑制败德行为,有利于降低交易风险与减少交易费用,实现供应链内部交易的治理。

总之,"虚拟社区"客观存在,使得供应链网络不但可以利用市场机制来建立交易合作机制,而且可以利用成员间的相互信任、内部规范约束、成员资格排斥等社会机制实现交易的联合治理,从而有效减轻各种形式的契约风险并实现供应链网络治理的目标。

3.2.2 供应链网络治理的分析框架

"虚拟社区"的形成,使供应链网络不但具有经济性特征,而且具有社会性特征。这种社会性特征是解释供应链网络治理的有益补充(Zaheer & Venkatraman,1995)。因此,我们有必要整合经济性因素和社会性因素(Harland,1996),全面地揭示供应链网络治理的影响要素与功能机制,构建基于网络主体特征、网络关系治理、网络功能效益的"主体—关系—功能"分析框架。

3.2.2.1 主体交易特征

供应链网络主体既是"虚拟社区"的成员又是治理的对象,既有一定的经济性特征又有一定的社会性特征,这些特征不但会直接影响供应链网络治理的结构与过程,而且会最终影响供应链网络功能的发挥与效益。这里我们从资产专用性与相互投资等方面考察其经济性特征,从权威与信任等方面考察其社会性特征。

资产专用性。在用交易费用来解释纵向一体化的研究中,资产专用性有着广泛的应用。Williamson(1985)认为,资产专用性的高低直接影响治理模式的选择,不存在资产专用性的交易往往由市场来完成,资产专用性程度很高、交易频繁且不确定性很高的交易往往由科层组织来完成,而处于两者之间的可以通过除市场与科层之外的混合治理模式来完成。资产专用性越高,交易者之间相互依赖的程度就越高,就越需要相应的治理模式来消除可能由此引致的机会主义行为的影响(Zaheer & Venkatraman,1995)。

相互投资。相互投资可以看作是交易双方的互惠行动及对交换关系所做的可信承诺。这种投资可以有效平衡交易方的专用性资产投资,为建立稳定、长期的交易关系提供一种信号与隐含保证(Anderson & Weitz,1991)。交易双方的互惠行动及对交易关系的承诺不但可以加强相互之间的联系,而且可以扩大合作的程度与范围,同时可以有效保护核心企业的专用性投资,降低交易的道德风险(Zaheer & Venkatraman,1995)。

不确定性。不确定性是影响交易费用的决定性因素(John & Weitz,1988)。由于经济人的有限理性,他们不可能完全预见契约达成之后的各种或然情况,因而不可能签订完全契约。同时,因为交易中存在机会主义的可能性,双方的合作面临讨价还价甚至中断的威胁。因此,有必要根据不确定性的大小采用最优的治理结构来最大限度地减少不完全契约造成的潜在的和现实的风险,并最大限度地节约事前与事后的交易费用。

权威。权威可用于表示核心企业在供应链网络中的地位,是治理特殊契约关系的一种特殊手段(Sauvée,2002),其本质是决策权力的配置,包括决策的制定者及决策类型的确定。这种决策权力的配置往往决定了供应链网络成员的地位及责任。不同于等级制度与市场关系,供应链网络中的权威是独立企业之间建立的一种"私人秩序",其来源与产权没有直接关系。Sauvée(2002)认为,通过权威,核心企业在供应链网络中能起到关键性的作用,因此,权威是测量网络结构的一个重要指标。同时,根据其形式的正式性,权威可以被区分为影响、信任、领导与特殊制度四种模式。若在一个供应链网络中,当有一定权威的核心企业已经形成,供应链网络治理趋向成熟。核心企业的地位越高权威越大,对网络成员的约束与治理能力越强,则越有利于供应链网络内部的协调一致与整体发展。

信任。信任是关系治理的必要条件(Granovetter,1985),它不但可以促进供应链主体间的合作、改善组织网络关系,还可以降低交易费用、减少组织间冲突乃至提高供应链整体的反应速度(杨静,2006)。

3.2.2.2 网络关系治理

网络关系治理是供应链网络中社会性要素与社会机制的重要体现,也是供应链网络治理的核心所在。Zaheer 和 Venkatraman(1995)认为,供应链网络中企业间的关系治理包括关系结构与关系过程两个维度,它们同等重要。治理结构从静态着眼,是指交易所处的企业间架构,代表了准一体化的程度;治理过程从动态着眼,是指在这种架构下企业间所进行的交易活动,代表了独立组织之间行动的联合程度。Sauvée(2002)也认为,网络治理是权威结构与组织间机制相结合的一种体制,它通过"私人秩序"(Williamson,1996)的建立以及机制(契约或非契约)的设计,来持续调整集体行动,确保合作者的私人行为能够遵循集体行动的秩序。基于以上认识,这里我们从关系治理结构、过程协调机制等两个维度来考察供应链网络的关系治理。

(1)关系治理结构。关系治理结构反映了交易结构的市场化或科层化程度,可以用交易的准纵向一体化程度来表示。准纵向一体化程度越低,交易结构越接近市场;准纵向一体化程度越高,交易结构就越接近科层组织。准纵向一体化程度可以用主体之间利益联结的紧密程度来反映(Zaheer & Venkatraman,1995)。供应链网络主体间的利益关系分为三种类型:第一种是松散型,即主体间联系的纽带是市场,产品现货交易,价格随行就市,交易结束主体之间就不再有其他的经济联系。第二种是半紧密型,主体间联系的纽带是契约。多数情况下,主体间事先签订产品购销合同,到期按照合同进行交易结算。第三种是紧密型,主体间联系的纽带是产权关系,即通过参股、收购、重组等方式,交易的一方被"部分内化"为核心企业的有机组成部分,成为核心企业的资产所有者,并对交易过程中形成的经济利益有分割权。

(2)过程协调机制。在一个供应链网络中,要想充分发挥关系治理结构的作用,还必须建立有效的组织间的网络协调机制。这些机制可以看成弥补契约不完全性及保证契约执行的决策程序,其目的是促进成员间的有利行为以及预防成员间的不利行为(Sauvée,2002)。达到这一目的的方法很多,如进行专用性资产联合投资、联合治理计划、分享信息、共同解决问题(Pérez & Martínez,2007)、联合制定战略、共同开发产品、事先确定规模(Zaheer & Venkatraman,1995)等,但这些方法侧重于交易内容及合作方式,具有一定的局限性。笔者认为,要完整地认识供应链网络的交易治理与协调机制,需要结合"虚拟经济社区"治理理念,揭示自我选择、横向监督、内部约束等社会机制。

自我选择。供应链网络合作伙伴关系的确定在一定程度上是供应链成员自我选择的结果。Varian(1990)认为,通过长期的交易互动,交易伙伴会逐渐掌握合作者的经营状况、经营历史以及个人能力,因而了解交易伙伴声誉的情况或能够获取进行监督的第一手资料。在供应链网络中也是如此,成员会根据自己在交易过程中所掌握的信息,逐渐将一些不守信或高风险类型的交易者排除在供应链网络之外,选择低风险类型的交易者为自己的同伴,并将这种交易关系稳定下来以降低交易中的机会主义行为,减少交易风险。

横向监督。横向监督是与委托人和代理人间的纵向监督相对的一种横向监督机制,其目的也是为了激励团队成员的努力。但是,在纵向监督中,委托人和代理人间往往存在信息不对称,在实施监督过程中信息收集处理的成本往往很高。而在横向监督中,代理人之间可以利用相互间的私有信息实施监督,信息收集和处理的成本往往要低得多(章元,2004)。供应链生产本质上是一种团队生产。在一般团队生产中,由于不能精确度量每个成员的真实贡献,从而不能根据每一个成员的贡献去支付其真实努力的报酬,往往会给偷懒者提供"搭便车"的机会。在供应链这种团队生产模式中,"搭便车"问题可以通过供应链成员间的横向监督加以解决。

内部约束。在供应链网络中,合作者通过长期的交易关系可以培育出一定的互惠规范或内部控制机制。供应链的内部约束既包括对违约者成员的经济约束,如销售渠道的控制、产品质量控制及资金流控制等,又包括对成员的非经济约束,如资格排斥、集体惩罚等。Besley(1995a)认为,非经济约束在契约执行方面,往往具有约束范围更广和约束力度更强的比较优势。因此,在供应链网络中,"虚拟社区"的非经济约束可以成为对成员偏离团队规则的一个可置信的威胁。

3.2.2.3　网络功能

对供应链网络功能的评价主要侧重于利润率、增长率(如 Claro & Zylbersztajn,et al.,2004)及成本、附加值、顾客满意度(如 Pérez & Martínez,

2007)等经济性指标。这些经济指标是通过信息获取、资源共享、风险规避等供应链网络本身的功能实现的。笔者认为,供应链网络功能效益的发挥,很大程度上取决于"虚拟社区"的嵌入性结构及其社会机制,因此,需要结合这些特点对供应链网络的功能效益进行研究。

信息利用。如上所述,多向链接供应链网络结构是一种典型的嵌入性结构。这种嵌入性结构可以将不同的交易参与者连接起来,使得信息可以在网络成员中更好地传递,帮助供应链成员实现有效沟通。研究表明,网络的一个关键性功能与效益是网络提供了获取信息与建议的渠道。在投资创业过程中,许多创业者利用网络的嵌入性结构来获取创意,并通过收集信息来识别创业机会。在经营过程中也是如此,企业经营者可以持续利用网络来获取商业信息、建议、问题解决方案以及其他多种资源(Hoang & Antoncic,2003)。由于供应链网络所形成的"社区性"关系,成员间不仅可以获取显性信息,而且可以通过分享彼此间对信息的理解与解释,以获取一些更有价值的隐性信息,并有助于形成共同的信念与价值观,增强彼此间的一致性及降低机会主义风险。

资源共享。供应链网络的组织间关系可以看作是获取其他成员所掌握各种资源的一种媒介,除了可获取物质资本(Zimmer & Aldrich,1987)外,还可通过网络获取各种社会资本以弥补人力资本及金融资本的不足(Bruderl & Preisendorfer,1998),从而帮助企业获得持续经营的能力。因此,供应链成员可以利用网络形成的特殊资源从而形成竞争力。而"虚拟社区"的形成,使供应链网络在共享资源供给与利用上更具独特的优势。因为共享资源供给的一个最大问题是如何克服免费搭车问题。而"社区"成员在交易过程中所形成的信任与约束关系可以有效地解决这一问题,并使共享资源的供给与利用接近最优水平。

风险规避。商业环境的不确定性(如供给与需求的波动、市场竞争的加剧、产品与技术生命周期的缩短)以及合作伙伴间的信任缺失,使供应链运行面临市场、财务及供应链中断等诸多风险(Christopher & Lee,2004)。供应链网络可通过网络信息获取功能及内生的社会机制来有效地规避这些风险。首先,供应链网络具备携带信息的功能,可以更有效地治理供应链风险(Brookes & Singh,2008)。特别是在条件变动以及因素不确定的情况下进行投资时,资源持有者会合理地利用供应链网络关系含有的声誉与信号发布功能(Shane & Cable,2001),并通过可信的成员的协助或证明,评估项目的潜在风险,减轻投资风险(Hoang & Antoncic,2003)。其次,供应链网络内生的自我选择、横向监督及内部约束等社会机制都可以抑制交易中的道德风险及机会主义行为,并最终达到规避、降低交易风险的目的。

交易费用节约。交易费用的大小是评价治理形式优劣的最重要因素之一

(Williamson,1991)。最优的治理结构能最大限度地节约事前和事后的交易费用,因此交易费用的节约也是供应链网络治理的重要功能。首先,社区成员资格的限定,减少了交易伙伴数量变化所引起的合作各方在期望、技能、目标等方面的变异(Jones et al.,1997),并可以通过重复博弈抑制机会主义行为,降低协调成本;其次,社区成员间信任关系的建立必然替代昂贵的监控程序,因此就不需要签订明确契约来规定成员的行为方式;同时,基于信任关系而建立的内部约束等社会机制的作用,可以进一步降低协调成本。

3.2.3 涉农供应链网络治理的特殊性

传统上,许多农产品流通都采用以批发市场为基础的现货交易模式。但是,现货交易无法确保农产品质量安全,这就要求对传统的农产品生产供应链条进行再设计,使农产品供应模式由传统的现货交易模式转向纵向协调的供应链模式。然而,在多个企业间分工协作进行食品生产加工制造的情况下,保证食品质量安全仍然是一件相当困难和复杂的任务(Hanf,2005)。因为供应链生产本质是一种团队生产模式。这种模式由于生产的不可分割性,自然会产生避责问题(Alchian & Demsetz,1972)。当问题出现时,往往很难找出责任主体。因此解决问题的关键在于是否能建立一定的责任追究机制。一种较为普遍的观点认为,核心企业应当为供应链中的食品安全的一些具体事项负责(Hanf,2005)。如果核心企业为供应链中食品生产安全负起连带责任,就可以建立以核心企业为主体的供应链管理体系,有效防止食品安全事件的发生。因为只有连带责任机制的建立,核心企业才有积极性利用其在供应链中的优势地位和便利条件,掌控食品生产流通的关键环节,并保证整个生产供应过程的可溯性和透明性。对于食品安全而言,这一点尤为重要。连带责任机制是一种利益协调机制,通过连带责任,可以克服各自为政的格局,将各方利益紧紧地联系在一起。当然,连带责任机制必须建立在利益一致的基础上。没有利益相关性,核心企业不可能承担连带责任。但是,这种连带责任的承担有时是自愿的,有时也是需要相关的法律制度外在强加的。

3.3 产业组织演进与供应链金融发展

在全球化背景下,供应链正在取代纵向一体化,成为国际产业组织的主流模式,供应链竞争已经逐渐成为市场竞争的重要方式。在供应链模式中,大企业专注于品牌、客户关系管理及创新性技术等核心能力的创造与提升,中小企业则利用自己的特殊技能、单项专利技术、特别渠道及成本优势等专项优势来完成低附加值环节,因而具有更高的生产效率,并能大幅度地降低生产成本。但是,在供应链模式中,企业间日趋复杂的信息流、物流与资金流,不但会导致交易成本大幅上升,而且使供应链企业面临日益严峻的财务资金流问题的挑战(吴敬琏,2008)①。

　　供应链金融是供应链生产模式下商业银行为系统解决供应链整体财务成本问题而提供的一种新型金融服务,它对于降低供应链成员的交易费用、缓解中小企业与农户等信用弱势群体的融资压力、提升供应链的整体竞争力都具有重要意义。但是,现有对供应链金融的研究大多侧重于实务操作,对供应链金融产生的条件及其内在演化发展规律缺乏足够的关注。供应链金融服务是伴随着供应链生产模式的兴起而产生的,同时也伴随着产业组织的演进而不断深化与发展。下文从产业组织演进视角,分析核心企业主导的财务供应链管理的局限性和商业银行为主导的供应链金融服务产生的必然性。在阐述供应链网络治理与供应链金融深化关系的基础上,研究通过供应链网络关系治理来优化产业金融生态并改善社会宏观金融生态的思路与方法,分析供应链网络功能与供应链金融授信模式转变的关系。

3.3.1　产业组织演进与供应链金融产生

　　随着产业组织逐渐由纵向一体化向供应链生产模式转变,采购与生产外包成为一种商业趋势(Harland,1996)。但是,以采购与外包为主导的供应链生产模式,使贯穿于整个产品价值链的信息流、物流和资金流的管理变得更为复杂,有可能导致交易费用的大幅上升。为了降低交易费用、提高运作效率,运营管理的范围由单个企业逐步转向产品价值链所涉及的企业群,供应链管理应运而生。在供应链模式下,企业利用供应链获取、储存原材料,并通过供应链储存、分销产品。因此,供应链管理的重点就是如何通过物流与信息流的管理(Chen & Paulraj,2004),确保企业能持续得到高质量、低价格的材料供应,并将高质量与低成本的产品和服务传递给顾客(海因里希和贝茨,2005)。随着新自由主义对各国市场准入门槛的逐一击破,跨国公司开始在全球范围内优化其价值链的区位配置(胡跃飞等,2009)。价值链的全球配置在缩减产品成本的同时,也削弱了企业对财务供应链的控制能力,从而影响供应链的资金使用效率、削弱竞争优势并带来新的经营风险。在这种背景下,供应链管理的重点由物流与信息流的管理逐渐转向了资金流的管理。然而,以核心企业为主导的财务供应链管理模式

---

① 引自吴敬琏为《供应链金融:新经济下的新金融》(深欧"供应链金融"课题组,2009)所写的序.

存在诸多局限性,并不能从根本上解决供应链财务资金问题,为了彻底解决供应链的财务资金问题,必须在供应链中引入金融机构及其供应链金融服务。

3.3.1.1 核心企业与财务供应链管理

传统上,为了获得差异化竞争优势和降低运营成本,供应链中的核心企业会选择全权掌管整条供应链。如此,核心企业不但可以实现信息流的无缝连接,而且可以全盘控制经营活动。但是,这种做法也存在明显的局限性:首先,全权掌握供应链往往意味着大量投资,企业必须在采购、基础设施建设、营运等方面注入大量资金;其次,这种经营模式迫使企业不得不分摊一些资源,以支持一些自己不擅长的领域或不具领先优势的非核心业务(SCLead,2007)。

信息技术与运输技术的进步,使得供应链中的核心企业能以相对低的信息成本来获取信息流,并以较低的物流成本来组织远程生产。核心企业不必将整条供应链"揽为己有",转而将那些非核心业务外包给合作伙伴,从而达到专注于核心业务、提升竞争优势的目的。因此,供应链中的品牌持有者和 OEM (Original Equipment Manufacturer)厂商逐步将厂房、设备、营运等方面的资金投入转移到海外的业务伙伴,从而使供应链和分销渠道的配置呈现出"成本洼地"导向。但是,随着采购和生产的全球化,多个供应链参与者的介入,交付时间(Lead Time)的延长以及增值税、关税、交付延误、供应链中断、安全法规等问题的产生,使供应链中资金流和现金管理变得更加复杂,削弱了供应链的资金使用效率,且增加了资金成本(SCLead,2007)。同时,供应链的"成本洼地"往往正是经济和金融欠发达地区,这也导致了供应链成员的资金流瓶颈,进而影响到整个供应链的稳定性和财务成本(深欧"供应链金融"课题组,2009)。在这种背景下,能否很好地应对供应链财务现金流问题的挑战成为决定企业经营成败的关键因素之一,如何优化和控制资金流也成了维系供应链运转的根本所在。由此,财务供应链管理的重要性也愈显突出。

财务供应链管理是核心企业通过对供应链上下游企业间的资金筹措与现金流的统筹安排,合理安排供应链各个节点的流动性,以控制和优化资金流,并实现整个供应链财务成本最小化的一种供应链财务资金管理模式。然而,财务供应链管理的实施者及最终的受益者是供应链中的核心企业。因为在实践中,为实现自己的财务经济性,核心企业财务供应链管理的具体做法往往是推迟对供应商付款或加快向分销商转移库存(胡跃飞等,2009)。受制于竞争中的弱势地位,中小企业往往不得不向核心企业提供信用(徐晓萍和李猛,2009)。虽然财务供应链管理可以使核心企业在一定程度上解决离岸制造给财务供应链带来的隐性成本和风险,但是,这种核心企业主导的、基于个体理性的财务成本策略与现金流优化方案,往往是通过挤压上下游的资金来实现的,实际上是一种以损害上下游财务利益为代价的供应链团体非理性。这种做法不但会导致资金成本的成员间转移,导致上下游企业及供应链整体的融资成本上升,而且可能导致供应链推迟对核心企业交货或者分销商延期结算,从而给整个供应链运营增加风险(胡跃飞等,2009)。

另一方面,随着核心企业财务能力日益增强或资金实力变得雄厚,核心企业资金愿意站在整体供应链角度对整个供应链的资金流进行优化配置,以解决供应链成员的财务资金问题。但是,这种做法会使核心企业承担巨大的资金压力及上下游的信用风险,进而加大供应链整体的系统性风险。阮建青(2009)通过对浙江濮院羊毛衫产业集群企业的资金财务情况的调查发现(见表 3.1):在濮院羊毛衫产业集群供应链中,上下游企业的赊欠现象十分普遍。供应链上下游企业间通过资金赊欠形成了一个资金压力传递链条:一方面,通过资金赊欠,供应链中下游企业利用资金链条关系,变相地获得了资金支持;另一方面,通过资金赊欠,下游企业将自身的资金压力传递给了上游的核心企业——毛纱生产企业。虽然核心企业可以利用自身的资本与信用优势为供应链提供运行资金,从而大大降低供应链中的中小企业对日常运营资本的需求与资金压力,但是,这种以供应链中核心企业为主导的资金财务解决方案,会使上游的核心企业——毛纱生产企业承担巨大的资金压力与信用风险。同时,通过资金相互赊欠,供应链上下游企业的资金链会被环环相扣地拴在一起,从而增加供应链的系统性风险。一旦经济出现紧缩下行,个别企业资金周转不畅引发的经营风险,便会通过供应链传递给上下游企业,形成多米诺骨牌效应,影响更大范围的企业形成产业风险,甚至演变成区域经济系统风险。

表 3.1　濮院羊毛衫产业集群供应链上下游企业资金赊欠情况

类型	赊欠上游企业的比例(%)	被下游企业赊欠的比例(%)
毛纱生产	—	100.00
毛纱销售	100.00	90.91
编织家庭作坊	—	100.00
染色企业	—	80.00
后整理企业	—	100.00
印花作坊	—	100.00
整烫作坊	—	100.00
成衣销售	94.88	76.92

数据来源:阮建青.基于产业集群模式的农村工业化萌芽与成长机制研究.杭州:浙江大学,2009.

3.3.1.2　金融机构与供应链金融业务

如上所述,通过核心企业主导的财务供应链管理来优化供应链的整体资金流管理存在着较大的风险。为进一步优化供应链的财务资金管理,我们有必要在供应链中引入金融机构及其专业化的服务,主要原因是:

首先,以核心企业主导的财务供应链管理只是一种局部的资金优化,只有引入金融机构才能系统地解决整个供应链财务资金问题。深欧"供应链金融"课题组(2009)认为,自身财务稳健性要求以及自身面临的资金压力,使得核心企业乃至供应链成员在大多数时候并不是站在整体供应链角度来优化整个供应链的资金配置,相反却有挤占上下游资金与转移资金成本的冲动。这种做法,只会将供应链中的合作伙伴置于竞争的对立面,并没有体现供应链成员之间利益共享的原则。而金融机构则完全可以站在供应链全局的高度对供应链的资金流进行整体优化,从而系统解决供应链财务资金问题。

第二,由核心企业主导的供应链的资金管理往往缺乏专业性与效率性(深欧"供应链金融"课题组,2009),而以商业银行为代表的金融机构有助于提高资金管理的专业性与效率性。供应链财务资金管理并不同于单个企业的财务资金管理,大多数企业并不擅长。而采用供应链生产模式的初衷主要是通过外包将非核心业务剥离,从而达到专注于核心业务、提升竞争优势的目的。因此,以核心企业为主导的财务供应链管理势必导致核心企业进入自己并不擅长或不具优势的资金管理领域,从而违反了供应链生产的效率与优势原则。引入金融机构,将其一整套专业、系统的金融服务引入到供应链的资金管理领域,便可较好地提高供应链财务资金的管理效率。

第三,在核心企业主导的财务供应链管理模式中,核心企业承担了较大的资金压力与上下游的信用风险。而引入金融机构,可将银行信用引入到供应链上下游的交易之中,取代原有商业信用下的赊销并形成银行信用支持下的赊销(深欧"供应链金融"课题组,2009)。这样不但可以降低核心企业的资金压力与信用风险,而且可以大大降低供应链整体的系统性风险。

基于上述原因,我们在供应链财务的解决方案中必须引入能提供专业化的资金管理服务的金融机构。除此之外,提供一个面向供应链全体成员的系统化的资金优化与解决方案也是彻底地解决供应链的资金财务问题必不可少的。由此,商业银行及其供应链金融服务应运而生。

所谓供应链金融是指商业银行站在供应链全局的高度,为协调供应链资金流、降低供应链整体财务成本与系统风险而提供的系统性的金融解决方案(吴敬琏,2008)。与核心企业主导的财务供应链管理相比,这种基于金融机构的供应链资金财务问题解决方案具有以下特点:

第一,供应链金融是一种面向供应链全体成员的整体性、系统性的资金解决方案。

首先,供应链金融的服务对象是供应链全体成员而非仅仅是核心企业。供应链金融服务中银行除了向供应链中的核心企业提供融资和其他结算、理财服务外,同时向这些核心企业的供应商提供贷款及时到达的便利,并向其分销商提供预付款代付及存贷融资服务。因此,供应链金融为特定供应链的特定环节或全链条提供定制化的财务管理解决方案。

其次,供应链金融提供的是一整套系统的金融服务而非单一的贸易融资产品。供应链金融除了向供应链成员提供融资等授信业务外,还提供诸如代理、结算、顾问等非授信业务。授信业务除了应收账款融资与贷款融资等贸易性融资产品元件外,还根据供应链成员的实际需要提供了涉及多个企业的产品元件组合融资方案,进而将产品元件和产品模块进行有机整合,形成了服务于供应链和交易链集群企业的系统性解决方案。上述两类业务及其系统性的服务方案不但能有效地满足供应链主体的各种财务资金需求,而且对于供应链运行的稳定性、成本的节约及风险的降低都有实质性的帮助。

第二,供应链金融是一种金融机构主导、多方参与的财务资金问题联合治理模式。

首先,供应链金融是一种以金融机构为主导而非核心企业为主导的供应链资金流管理模式。如上所述,从理论上讲,基于利益共同体的原则,核心企业及供应链成员应该站在供应链整体的立场上,兼顾供应链全体成员的利益,协调供应链资金流,降低供应链整体财务成本与系统风险。但是,在现实中,核心企业及供应链成员自身也常常面临资金与成本的压力,加之股东与投资人对企业财务稳健性的要求,往往会引发核心企业及供应链成员对上游延长账期及对下游压货的冲动。因此,以核心企业为主导的财务供应链管理不仅不能解决供应链财务资金问题,反而会进一步恶化上下游的资金链乃至损害供应链合作的基础。相反,以金融机构为主导的供应链金融服务则完全可以站在供应链全局的高度,不但能为供应链中的核心企业提供贸易资金服务,而且可为供应链的弱势企业提供信贷融资服务。运用各种金融产品,金融机构可以向供应链的所有企业,特别是中小企业提供财务资金服务,组织和协调供应链中的货币资金运作,从而达到提高供应链资金运作效率的目的(深欧"供应链金融"课题组,2009)。

其次,供应链金融是一种多方参与的联合治理模式而非单方治理模式。供应链金融体系的参与主体包括了供应链节点企业,商业银行为代表的金融机构,物流监管、仓储公司、担保物权登记机构、保险公司等支持型机构以及各级银监部门,是一种多方参与的供应链财务资金问题的联合治理模式。相对于核心企业为主导的财务供应链管理,这种治理模式不仅可以有效整合信息流、物流与资金流等供应链金融资源,而且可以大大提高风险控制的能力。

3.3.2 供应链网络治理与供应链金融深化

供应链网络治理是伴随着产业组织结构化与网络化而出现的一种成员交易的联合治理模式,它通过建立供应链内部秩序,来持续调整供应链成员的集体行动过程,以确保供应链成员的私人行为能够遵循集体行动的秩序,不但可以节约交易费用,而且能有效降低各种形式的契约风险(Williamson,1996)。供应链网络治理是供应链金融深化与发展的基础。随着供应链网络治理水平的提升,供应链网络关系治理不断完善,供应链金融生态不断地改善,金融服务对象从个别企业逐渐渗透到供应链全体成员;同时,随着供应链网络治理水平的提升,供应链网络功能逐步得到发挥,网络信任不断地发展,供应链金融的授信模式逐步发生转变。

3.3.2.1 网络关系治理与金融生态优化

金融生态是各种金融主体相互之间、金融主体与其生存环境之间在长期的密切联系和相互作用中,通过分工与合作形成的具有一定结构特征和功能作用的动态平衡系统(徐诺金,2005;周小川,2004)。良好的金融生态不但可以为金融业的生存与发展创造一个良好的环境,而且会形成"磁场效应",增强区域经济金融的吸引力与竞争力(中国人民银行张家界市中心支行课题组,2005),对于优化金融资源配置、规范金融体系运行、防范与化解金融风险等都有重要的现实意义(李正辉 2008)。一个地区金融生态的核心是债权人债务人市场的主体性和负债合约履约机制的有效性。良好的金融生态的首要条件是债权人债务人具有真正的市场主体地位,同时要建立包括基于声誉的自我履约机制和法院等独立第三方监督履约机制在内的有效的债务合约履约机制(谢德仁和张高菊,2007)。我国金融市场的非效率性和金融深化的困难在于债务履约机制的缺失及众多信用弱势群体信用能力的不足。

第一,负债履约机制缺失。法治环境不佳,加之金融产权制度的缺陷、地方政府干预及社会信用体系建设滞后等,使得负债对债务人难以产生强约束力,负债合约的第三方监督履约机制低效甚至失效。另一方面,主体信用意识淡薄、地方诚信文化的缺失,使得依靠债务人声誉的自动履约机制也无法发挥作用(谢德仁和张高菊,2007)。债务履约机制的缺失,使得债务人的行为偏好严重地偏离市场经济所需要的"交易"、"契约"和"信用"特征。由此,信贷群体逃废债情况普遍,并给金融机构带来巨额不良资产,从而使银行发放贷款变得异常谨慎,出现"惜贷"、"惧贷"情况(林永军,2005)。

第二,主体信用能力不足。在债务履约机制缺失情况下,银行为了保证信贷安全,传统上往往通过信用授信、保证担保授信和抵质押授信等方式进行授信。信用授信往往对主体的资产水平、经营规模和盈利能力都有比较高的要求,保证担保授信往往要求第三方提供担保。因此,中小企业与农户等信用弱势群体往往难以获得上述两种方式的授信。至于抵质押授信,往往要求提供不动产作为抵质押。但事实上,中小企业的资产比例中,能作为抵押的不动产往往很少。对于农户而言,由于产权制度的制约,其不动产如宅基地、农用地等资产属集体所有,在现行法律下不能用作抵押,即便用作抵押也往往不能变现或处置,因此农户能提供的合格抵押物也是很少。这样,信贷主体担保、抵押等信用能力不足,加之信贷市场本身的"逆向选择"和"道德风险",更加强化了信用弱势群体行为偏好的"非交易"、"非契约"和"非信用"特征,并被挤出商业信用关系,使得农户与中小企业的金融交易长期只能由基于地缘和血缘的非正规信用关系来维系。

基于上述原因,现有关于优化金融生态的研究,主要侧重于宏观层面及社会整体视角,通过完善金融及相关法律制度、加强金融监管、建设社会信用体系等措施,来支持和维护整个金融生态的建设和发展(韩廷春等,2008;周小川,2004)。笔者认为,完善金融及相关法律制度、加强金融监管及建设社会信用体系等措施,对于强化债权人债务人市场主体性、建立和完善负债合约履约机制、优化宏观金融生态都是非常必要的。但是,宏观金融生态的优化还必须依赖于局部的、中观层面的产业金融生态的优化。随着产业组织演进及供应链网络关系治理结构的完善,我们可以通过改变交易治理结构和强化交易过程治理,提高主体信用能力及建立履约机制,达到优化中观、局部产业金融生态、促进金融深化的效果。

第一,利益聚合、治理结构转变与主体信用能力。

供应链金融的一大特色是对核心企业采用信用捆绑技术或通过合作方式引入其他风险承担者(深欧"供应链金融"课题组,2009)。通过信用捆绑技术或合作方式引入风险承担者是提高主体信用能力、解决融资问题的有效方法。但是,通过信用捆绑技术或合作方式引入风险承担者来提高主体信用能力有一个前提,就是主体之间的关系治理结构必须得到改善。

在供应链产业模式下,产业组织逐步演变成为大企业为主导、中小企业参与协作的产业链分工模式及以稳定交易、利益共享为特征的价值链体系(吴敬琏,2008),共同市场利益及贯穿于生产全过程的产品价值链将供应链上下游企业的利益紧密地联结在一起。随着相互投资增加、资产专用性提高、合作程度与范围扩大,供应链成员间相互依赖程度不断提高,交易关系日趋持久稳定,并逐渐由松散型、向半紧密乃至紧密型关系转变;同时,随着核心企业的地位及影响力的提高,供应链网络会逐步形成以核心企业权威为中心的准纵向一体化的关系治理结构,不但可以增强对供应链成员个体行为的约束与治理,而且有利于供应链内部的协调一致与整体发展。随着治理结构的转变,供应链成员特别是核心企业为了实现自身利益最大化,也会考虑到合作伙伴价值增值和利益共赢,愿意通过信用介入或信用合作的方式,来帮助合作伙伴解决资金财务问题,从而降低交易费用、提高运作效率。主要有以下两种模式:

第一种方式,信用介入模式。在供应链中,核心企业往往财务实力突出,不但自身信用水平较高,而且融资信用资源比较充分,一般不会存在资金财务问题。但是,供应链中的小企业或农户往往信用基础薄弱(深欧"供应链金融"课题组,2009),会遇到资金流瓶颈。为了保证持续得到高质量、低价格的材料供应,或将高质量与低成本的产品和服务传递给顾客,核心企业愿意通过赊销或信用捆绑等方式进行信用介入,以帮助合作伙伴解决资金财务问题,从而保证供应链的稳定性和销售渠道的畅通。事实上,浙江濮院羊毛衫产业集群供应链上下游企业间普遍存在的赊欠现象,就是这种意愿的一种表现。如上所述,赊销仅仅是通过商业信用来解决成员的资金财务问题,核心企业会为此承担一定的资金压力与上下游的信用风险。而信用捆绑则通过连带责任将核心企业的信用嵌入在银行授信风险管理之中,从而赋予核心企业以外的供应链成员融资的可行性,并最终将银行信用引入供应链上下游的交易之中(深欧"供应链金融"课题组,2009)。通过信用捆绑在交易中引入银行信用是一种较商业信用下的赊销更为安全可靠的资金财务解决方案,不但可以降低核心企业的资金压力与信用风险,而且可以大大降低供应链整体的系统性风险。

第二种方式,信用合作模式。供应链成员还可以通过信用合作的方式建立信用共同体,共同解决供应链成员的财务资金问题。这种方式在一些地方已经作了积极的尝试。如泰山钢材大市场的"信用共同体"实践就是一个典型。具体做法是:依托商会,通过大小结合的方式,将地域集中、行业一致的企业共同纳入信用共同体,并以章程、协议等形式将银行、企业与商会三方的责权利契约化,充分利用商会与大企业的信息与信用优势,解决银企信息不对称及中小企业信用弱势所造成的信贷困境。实践证明,作为一种内生的信用集合方式,信用共同体可以在不加入外部担保或抵押情况下,有效解决中小企业的资金瓶颈,发展壮大成员企业,同时也为优化产业金融生态、建立新型银企关系提供了一条新的市场化思路(宋辅良等,2009)。

从表面上看,上述两种模式似乎完全不同,信用捆绑在解决资金问题过程中引入核心企业信用,而信用共同体则是对供应链成员信用进行整合并形成供应链整体信用。但实质上,二者都是通过在银行与借款人之间引入第三方来实现的。只不过,前者是在银行与借款人之间引入核心企业及其信用,而后者是对成员进行信用整合的基础上,在银行与借款人之间引入信用共同体及成员的整体信用。这种在信贷中引入第三方的做法,不但改变了银行与借款人间的关系治理结构,而且引入了第三方信用。因此,与纯粹的个体信贷相比,上述两种模式有一个共同之处,就是通过引入一个关联第三方来改变银行与借款人之间的治理结构,以优化局部或整体产业金融生态,提高个体的信用能力,从而达到解决个体融资困境的目的。

第二,联合治理、交易过程协调与负债履约机制。

供应链金融的另一项重要创新是信用风险屏蔽技术,即通过物流、现金流的控制获得授信的自偿性并达到授信对主体信用等级的隔离(胡跃飞等,2009)。信用风险屏蔽技术的实质是通过建立负债合约履约机制来隔离主体信用等级、实现授信的自偿性。同时,这种负债合约履约机制是建立在交易过程联合治理的基础上的。因为在供应链金融的融资模式中,参与方不仅仅有金融机构、融资企业,还包括供应链上的核心企业、上下游企业以及物流企业。在相互协调、共担风险、共享收益的基础上,各个参与主体充当着不同的角色,发挥着不同的作用,实现对供应链金融交易的联合治理,不仅解决了中小企业短期的融资困境,同时也提高了各自的收益(胡跃飞等,2009)。如上所述,随着产业组织的演进,供应链网络会逐步形成以核心企业权威为中心的准纵向一体化的关系治理结构。这种关系治理结构为供应链的交易治理奠定了基础。但是,关系治理结构反映的只是静态的交易治理框架。在此基础上,还必须建立供应链成员间的网络协调机制,才能更好地弥补契约的不完全性,从而促进成员间有利的行为以及预防成员间不利行为并保证契约执行(Sauvée,2002)。为了达到这一目的,许多学者提出了各种可能的机制,如进行专用性资产联合投资、联合治理计划、分享信息、共同解决问题(Perez & Martinez,2007)、联合制定战略、共同开发产品、事先确定规模(Zaheer & Venkatraman,1995)等。但笔者认为,除了从交易内容及合作方式等方面来建立成员间的协调机制外,供应链网络还可以通过自我选择、横向监督及内部约束等方式建立整个交易过程的协调机制,从而实现交易全过程的治理。这种交易过程协调机制不仅可以用于协调与治理产品与服务的交易,而且可以协助银行对信贷交易的全程进行联合治理,建立负债合约履约机制。供应链金融的信用风险屏蔽技术正是交易过程协调机制实现的。通过自我选择、横向监督及内部约束等交易过程协调机制建立信贷合约的负债履约机制,从而控制信用风险并实现授信的自偿性。

第一,贷前甄别。供应链网络治理是一种联合治理模式。在这种治理模式下,银行可以获取核心企业或其他信用合作伙伴的协助,并利用其所掌握的信息,对受信申请人进行筛选,并选择低风险类型的交易者作为授信对象,将一些不守信或高风险类型的交易者排除在授信范围之外,从而达到降低信贷交易中的机会主义行为、减少信贷交易风险的目的。

第二,现金流控制。在供应链网络治理模式下,可以把供应链各环节的参与者尽可能地纳入银行的监控范围,并提供了资金回流控制的解决方案,使现金流从企业的采购资金到原材料、成品销售、销售资金回笼的全过程得以控制。

第三,信用捆绑。供应链融资中的另一个重要特色就是对核心企业的信用捆绑技术,即通过合作方式对供应链上下游有实力关联方的责任捆绑,并引入其他风险承担者,使风险敞口沿着供应链延伸过渡转移而不再集中于单个客户,分散到供应链条上的风险将以合同、协议、票等手段实现对相关客户群体的责任捆绑,从而达到分散和降低风险的目的。

第四,信贷再清偿。在供应链治理模式下,银行贷款可以建立稳定的第二还款来源。受信人因故不能偿还贷款,可以通过连带责任使供应链团体的交易伙伴(如龙头企业等负责还款连带责任的第三方)或其他主体(如保险公司)代为偿还。同时,由于供应链内生的惩罚机制,可以有效地限制受信申请人的不守信行为,交易伙伴代偿后,农户与银行间的债务变成了农户与交易伙伴间的债务,并可通过农户日后与交易伙伴的交易收入或其他方式偿还。

3.3.2.2 网络功能效益与授信模式转变

传统流动资金授信看重的是受信企业的主体信用水平、财务实力以及担保方式(宋炳方,2008)。在传统的授信模式下,中小企业由于信用级别较低、风险控制不力,一直被排斥在信贷市场之外。随着供应链网络治理结构的完善及交易过程协调机制的建立,供应链网络的信息获取、资源控制及风险分担等功能逐步得到发挥及网络信任的不断发展,银行等金融机构可以从不同视角考量企业的融资需求、信用支持和风险控制,并由此导致授信模式的转变。

第一,从不动产授信到动产授信。利用流动资产提供的信用支持为供应链中小企业成员解决融资需求是供应链融资的基本出发点(胡跃飞等,2009)。中小企业或配套企业往往固定资产比重很小而且信用评级普遍较低,因此很难获得以固定资产抵押担保方式提供的银行贷款服务(宋炳方,2008)。中小企业或配套企业资产的主要表现形式是流动资金、库存、原材料等流动资产,从单个企业孤立的角度看,流动资产在形态和规模上会随着企业经营活动而不断变化,银行难以有效监控。因此,传统融资方式较少利用流动资产作为信用支持。但是,供应链网络是交易信息流、物流和资金流的集成,而且这种集成相对封闭,这为银行监控提供了条件(胡跃飞等,2009)。随着供应链网络关系治理的完善,供应链网络便可充分发挥信息获取、资源控制等功能,从而使动产授信成为可能。因为在这种情况下,银行便可在核心企业或其他信用合作伙伴的横向监督及合作监管的协助下,通过流程模式、产品运用、商务条款约束等要素的设定,实现对不动产监管与控制,从而控制还款现金流,确保还款来源的可预见性、操控性和稳定性。如此,银行便可以利用预付账款、存货及应收账款三个科目作为企业贷款的信用支持,形成预付融资、存货融资与应收融资三种基础的供应链融资方案。在此基础上,根据企业生产和交易过程的特点与需求,三种融资方式还可以组合成更为复杂的整体解决方案(胡跃飞等,2009)

第二,从静态授信到动态授信。在信贷市场上,中小企业资信度不高,信用观念淡薄,由于虚假财务信息及较高的信息采集成本,银行往往无法了解企业真实的财务经营状况,银企之间存在较为严重的信息不对称。贷款合约签订之后,中小企业会利用信息优势采取利己行动,银行面临道德风险(陈晓红和陈建中,2008)。因此,在传统的融资模式下,银行很少利用静态的财务报表信息对中小企业进行授信,而更倾向于保守地"惜贷"。在供应链融资模式下,供应链中的交易信息可以弥补中小企业信息不充分、信息采集成本高的问题。随着供应链网络治理的完善及网络信息功能的发挥,通过来自核心企业的综合信息和供应链成员的交互信息,银行可以对供应链成员企业的经营状况、资信、盈利能力等作出基本的判断。通过动态地关注、分析授信对象真实贸易背景、所处产业链的稳固性及目标企业的市场地位等信息,银行决定是否安排融资。因此,在供应链融资模式下,银行更加强调动态授信管理,强调贷后的实时监控和贸易流程的规范操作(宋炳方,2008)。

第三,从单一授信到整体、结构授信。在传统融资模式下,中小企业本身的资信对于银行来说并没有多少价值。然而,在供应链模式下,通过与值得银行信赖的大企业进行业务交往,中小企业资信变得富有价值。由于供应链网络治理的存在,使得银行可以依靠核心企业的实力和资信,将金融服务向上或向下拓展,形成一个以大企业为核心、众多中小企业参与的供应链金融服务体系。在这种情况下,银行的授信模式也必须从原先的单个中小企业的单一授信模式转变为面向整个供应链进行团体、结构授信模式。一方面,供应链金融是围绕一个产业链的核心企业,针对中小企业提供的全面金融服务,因此,供应链金融下银行的信用风险评估也必须从对单个中小企业静态的财务数据的评估转到对整个供应链交易风险的评估。另一方面,在供应链金融为某个个体成员提供融资的同时,往往也会涉及交易对手的流动性问题,因此,银行必须将所有成员视为一个融资需求的整体,不以满足所有个体的孤立需求为导向,对授信资金注入节点的选择及注入量的控制,必须基于系统论的考量,以避免局部甚至整体的授信过度或不足。由此,授信模式由单一授信向整体、结构性授信转变。

3.3.3 涉农供应链金融的实践与探索

随着农业产业结构调整、农业规模化及专业化水平的提高,农村出现了一大批种养大户、家庭农场等新型农民群体。这些新型农民群体对农业信贷投入的需求发生了变化,主要表现在:对传统农业生产中种子、化肥等农资的小额信贷需求降低,对产业结构调整、专业化养殖、特色经济作物种植、农副产品加工等大额信贷需求增加。因此,以小额农户贷款为主流的传统农业信贷已不能适应农业产业化发展的需要。然而,由于农业生产自然风险较高、农村有效担保抵押物不足、信贷管理责任追究等因素影响(中国人民银行张家界市中心支行课题组,2005),新型农民群体的信贷需求往往很难得到满足,发展面临资金瓶颈制约。

同时,随着市场竞争的态势由单个企业间的竞争转向供应链之间的竞争,供应链上下游主体之间的依赖性日趋增强。如果某一环节出现问题,势必影响整个供应链的正常运转。虽然供应链中的农业龙头企业由于信用度高、产业竞争力强,金融机构往往会给予较高授信额度,但如果处于上下游的广大农户与中小企业得不到银行的信贷支持,同样也会影响整个供应链的正常运作。因此,如何通过信贷模式的创新以破解处于供应链中的广大农户信贷约束,不仅事关农户自身发展,而且关乎整个农产品供应链的群体竞争力及农业产业化发展。

农业产业化发展及农产品供应链的演进,一方面给身处其中的广大农户带来了信贷资金需求问题的新挑战,另一方面也为这一问题的解决带来了新机遇、创造了新条件。因为在农产品供应链中,农户信贷资金问题已经不是单个农户自身的问题,而是整个供应链资金财务问题的一个组成部分;同样,供应链农户信贷资金问题的解决方法、途径及条件也不再局限于农户自身范围,完全可以放在整个供应链中加以统筹协调与解决。正是由于这样的理念与思路,各地结合自身产业发展的实际与条件,进行了初步的实践与探索,并取得了良好的成效。为了更好地说明各地实践探索的经验及其农户供应链融资模式的具体操作,下文以具体案例的形式进行详细介绍。

3.3.3.1 山东无棣县和兴牧农业担保模式[①]

(1)模式背景

"公司+农户"是近年来我国农业产业化经营的主要组织形式,也是农产品供应链的一种实现形式。然而,"公司+农户"模式中的农户却是一个相对独特的弱势信贷群体。因为此类农户往往从事具有一定规模及技术要求的专业种植

---

① 注:案例引自《从信息不对称到权责不对等:和兴牧农业担保案例研究》(李庆胜和郑方敬,2008)一文.

或养殖活动,资金需求量明显多于普通农户。在理论界,林毅夫最早关注了此类农户的融资困境。通过实地考察及多方讨论、沟通,林毅夫提出了"龙头企业＋担保公司＋银行＋农户"的"四位一体"的融资模式,并由新希望集团进行试点。这种模式的核心思想是,选择经营管理良好、有发展前景的龙头企业组建信用担保公司,为农户融资进行担保(李庆胜和郑方敬,2008)。

六和集团地处山东省滨州无棣县,是一家新希望集团控股的综合性农业龙头企业,企业集饲料、种畜、冷藏、肉鸡加工与养殖服务等多种业务于一体。2007年7月,经集团总公司授权,六和集团与无棣县政府共同出资,成立了和兴牧农业担保有限公司,为六和集团的签约农户提供贷款担保。

(2)贷款对象

主要是达到新希望农牧产业链标准的合同养殖户。具体而言,养殖户养鸡规模必须在1万只以上,养猪规模必须在300头以上。

(3)参与主体

涉及主体主要有六和集团、无棣县政府、农村信用合作社。

一是六和集团与无棣县政府。六和集团与无棣县政府负责共同出资,成立了和兴牧农业担保有限公司,专门为与六和集团签约的农户提供贷款担保。公司注册资本2000万元,其中:六和集团出资1500万元,无棣县人民政府下属财政投资公司出资500万元。

二是农村信用合作社联社。和兴牧担保公司与负责提供贷款的金融机构协议约定,信用社以在担保公司所存放的担保基金金额5倍额度内发放贷款。该担保公司提供担保最多可使农户获得总贷款1亿元,覆盖规模养殖户400户。

(4)授信流程与管理

第一,合同养殖户向农村信用社提交保证贷款申请;按照担保约定,合同养殖户必须达到新希望农牧产业链标准,才能提出贷款申请并得到受理。第二,农村信用社受理申请并开展贷前调查、评级与授信;由农村信用社初审,并为合同养殖户评级、授信。第三,担保公司与养殖户签署反担保合同。第四,合同养殖户与保险机构签订贷款保险合同。第五,农村信用社审批后发放贷款;按照担保公司资本金5倍额度计算,与六和集团签约的农户可获得20万至30万元贷款。合同户按照基准利率上浮50％支付贷款利息,非合同户贷款利率上浮100％;按贷款金额的3‰一次性交纳担保费。第六,贷款拨至担保公司账户;担保公司将资金划拨至集团公司用于公司与农户的生产链条。

(5)风险控制与管理

第一,符合六和集团条件的养殖户向担保公司提交贷款申请并与担保公司签订反担保协议,经养殖农户授权,贷款申请等相关手续由和兴牧担保公司统一办理。

第二,农村信用社为养殖农户提供贷款资金账户卡并交于担保公司,担保公司将贷款资金划拨至六和集团的生产链条——相关子公司用于支付养殖户所购买的饲料、兽药等款项。

第三,肉鸡等出栏后,担保公司负责代农户与集团有关子公司结算,从养殖户售货款中代扣贷款本息,用于偿还农村信用社贷款,并将剩余利润划入养殖户个人账户;为了鼓励养殖户与集团建立长期合作关系并将肉鸡等产品卖给集团,集团提供了优惠服务条款,即:在信用担保约定之外,只要达到产业链标准,和兴牧担保公司的出资人六和集团向合同户以低于非合同户 0.2 元/只的价格提供优质种苗,以 50 元/吨的优惠价格提供专用饲料,以高于非合同户 0.05 元/斤的价格收购毛鸡。

第四,借款人出现违约,担保公司负责清偿全部债务,并支付 20% 违约金。

3.3.3.2　河北冀州等地棉花仓单质押贷款模式[①]

(1)模式背景

冀州市棉花种植面积达 40 余万亩,曾被命名为全国棉花生产百强市(县)。但棉花交易市场不健全,造成棉花大量积压,导致棉农售棉难和棉花收购加工企业流动资金周转困难。针对这种现象,冀州市联社在调查研究的基础上,于 2009 年 7 月份尝试开办了新的金融服务品种——皮棉仓单质押贷款。冀州市鑫盛棉业有限责任公司是该市最大的棉花加工企业,于同年 11 月 27 日从该联社获得首笔皮棉仓单质押贷款 700 万元。至此,冀州市联社在信贷支农服务中打开了一片新天地。截止到 2010 年 7 月 21 日,冀州市联社在本年度棉花收购季节共为 63 家棉花企业办理仓单质押业务 147 笔,金额 10833 万元。仓单质押贷款业务的开办及推广,突破了企业因无有效资产抵押办理贷款难的瓶颈,有效地解决了棉花购销加工企业临时性资金需求的难题,也成了冀州市联社支农服务的一个新亮点。通过严格管理,该社办理的 147 笔 10833 万元仓单质押贷款业务无一笔形成风险贷款,回收率、收息率均达到 100%。

东营市作为山东省棉花生产基地,聚集了大量棉花生产和加工企业,周围地区有着巨大的棉花市场。为解决农村中小企业与广大棉户融资难的问题,结合实际情况,东营市于 2004 年推出棉花质押贷款产品。截止到 2007 年年末,东营市累计发放贷款 6.1 亿元,实现利息收入 2500 万元,支持涉棉企业与个人达 127 家。

---

① 注:案例引自《仓单质押贷款——冀州市联社支农服务的新亮点》(唐秀芳和唐永习,2010)一文.

（2）贷款对象

具有一定数量棉花的农村涉棉企业、棉花合作社及广大棉花个体经营户。

（3）参与主体

参与主体主要有农村信用社或商业银行、物流仓储企业、回购担保企业。

（4）授信流程与管理

第一，以棉花经营户或企业所拥有的棉花作为质押物交银行认可或指定的物流仓储公司保管；仓储物资必须参加保险，且在保险合同中贷款信用社为第一受益人。

第二，借款人提出质押贷款申请。

第三，签订贷款银行、借款企业、仓储企业及回购企业四方合作协议。其中，由银行与仓储企业签订委托监管协议，仓储企业负责监管并承担连带监管责任；由银行与回购担保企业签署保证协议，保证借款人不能按时、足额偿还银行贷款时，由回购企业按一定的价格回购所质押的仓单，在此基础上，再向借款人追偿。

第四，农村信用社受理申请，并开展贷前调查、审查与审批。

第五，银行根据棉花市场的价值确定折扣率，发放短期流动资金贷款。

（5）风险控制与管理

第一，严格限定贷款期限和质押率。为防止产品价格波动和质量发生变化，规定每笔仓单质押贷款期限最长不超过 8 个月；分期提货的货单，每笔贷款的到期日不得超过提单分期提货的日期；期限在 6 个月内的贷款，质押率最高不得高于 70%，6 个月以上的贷款质押率最高不得高于 65%；市场价格波动较大的物资质押率不得高于 60%。同时还规定了质押物资的最低平仓价，以规避质押物资随市场价格下调的风险。

第二，严格办理"三单"。每一笔仓单质押贷款都要求严格办理仓单、质检单和保险单。仓单必须由仓储公司保管人员和信用社监管人员共同签定；质检必须由国家认可的权威检验机构进行；保险险种为财产险，除不可抗拒的自然灾害外，其余一切损失由保险公司全额赔付，且第一受益人为联社。户外仓储还增加了盗窃险，同时增加了反担保措施，要求贷款企业或个人增加保证担保，或由仓储公司提供保证担保。

第三，严格签订"四方协议"。在仓单质押贷款的具体操作过程中，信用社取得"三单"后，借款时必须与出质人、保管人、保证人签订"四方协议"等相关手续，才能予以办理。

第四，严格稽核督查。在建立驻企信贷员制度的基础上，信用社对质押的仓储物资和管理情况每月检查不少于 1 次，联社信贷管理部门每季必须专项检查 1 次，联社稽核部门每年至少专项稽核 1 次，以保证风险隐患得到及时暴露、整改。

3.3.3.3　浙江常山县粮食订单质押贷款

（1）模式背景

常山县是个山区县，土地资源较为丰富，特别是近年来随着土地整理工程的深入推进，全县基本农田质量得到明显提高，加上国家对粮食生产的扶持政策不断加强，近年来涌现出了一大批种粮大户。然而，贷款难、融资难一直是困扰种粮大户的首要问题。2009年常山县十四届人大四次会议上，县人大代表、县种粮大户李涌泉向县政府提交了"关于加大对种粮大户贷款支持力度的建议"，得到了县政府的高度重视。县政府在深入调研的基础上，出台了《常山县种粮大户粮食订单质押融资管理实施办法》。

（2）贷款对象

全县种粮面积100亩以上的种粮大户和粮食专业合作社。

（3）参与主体

成立种粮大户粮食订单质押融资协调小组，县政府分管领导任组长，成员为财政局、粮食局、农业局、人民财产保险公司常山支公司、农村信用联社、种粮大户所在乡镇政府负责人。由协调小组负责全县种粮大户粮食订单质押融资工作的组织指导工作，组织实施种粮大户粮食订单质押融资工作；协调小组成员负责审核贷款扶持对象资格和粮食种植面积的真实性，规范贷款操作流程，监督贷款使用范围，并通过成员间的协作配合，做好贷款回收工作，包括：将粮食订单收购和奖励资金、种粮直补资金、理赔款划入县财政在信用联社开设的财政涉农贴补资金专户中的个人或专业合作社法人账户，防范和降低贷款风险；定期进行检查评估，粮食收割后及时督促种粮大户和专业合作社按订单入库，不得外卖。

（4）授信管理及流程

第一，种粮大户提出申请，并到所在乡镇农村信用社填制省联社专用的对公、对私借款申请书。贷款农户必须具备以下贷款条件：一是申请质押融资贷款的种粮大户和粮食专业合作社必须具有完全民事行为能力、签订了土地流转种粮协议书，遵纪守法，诚实守信，无不良信用记录；二是与县粮食部门签订了粮食订单收购合同，参加了政策性农业保险；三是承诺同意将种粮直补资金、粮食订单收购和奖励资金、理赔款用于归还粮食订单质押融资贷款。

第二，信用社客户经理接到种粮大户的借款申请后，要在联社承诺的贷款调查时间内深入实地调查，并对是否符合贷款申请额度给出明确答复，并在确保质押融资信贷资金安全的前提下，尽量简化手续，提供方便、快捷的服务。

第三，符合质押融资贷款条件的种粮大户和专业合作社填制《常山县种粮大户粮食订单质押融资贷款申请表》，到当地信用社申请办理，并提供土地流转协议书、粮食订单收购合同、政策性农业保险保单等证明材料。

第四,信用联社根据《常山县种粮大户粮食订单质押融资贷款申请表》,自主选择,独立审贷,对提出借款申请的对象,经调查符合贷款条件的,按照相关贷款操作规程及时发放贷款。质押融资贷款额度根据种粮直补资金、粮食订单收购和奖励资金数额综合确定,原则上按600元/亩确定贷款额度。贷款期限根据粮食生产的季节特点、生产经营周期和综合还贷能力等灵活确定,一般为早稻收割后一个月归还贷款额的50%,年底之前归还全部质押融资贷款。贷款利率在600元/亩的贷款额度标准内享受人民银行公布的同档次的贷款基准利率,超过部分按《常山县农村信用合作联社利率定价机制管理办法》(常信联〔2009〕42号文件)的规定执行。

(5)风险控制与管理

第一,贷款管理。由协调小组成员分工负责,共同配合完成。

一是财政局。负责种粮大户种粮直补资金和粮食订单奖励资金管理和拨付;会同县农业局、粮食局将有粮食订单质押融资的种粮大户种粮直补资金和粮食订单奖励资金划入县财政在信用联社开设的常山县财政涉农贴补资金专户中的个人或专业合作社法人账户。

二是粮食局。负责对种粮大户拟收购粮食总量和保护价总价的核实、确认工作;负责将有粮食订单质押融资的种粮大户粮食订单收购资金划入县财政在信用联社开设的常山县财政涉农贴补资金专户中的个人或专业合作社法人账户;配合县财政局将有粮食订单质押融资的种粮大户粮食订单奖励资金划入县财政在信用联社开设的常山县财政涉农贴补资金专户中的个人或专业合作社法人账户。

三是农业局。负责对种粮大户种粮面积和种粮直补资金的核实、确认工作;督促种粮大户参加政策性农业保险;配合县财政局将有粮食订单质押融资的种粮大户种粮直补资金划入县财政在信用联社开设的常山县财政涉农贴补资金专户中的个人或专业合作社法人账户。

四是乡镇政府。负责核实种粮大户上报数据真实性(土地流转面积、种粮面积);监督种粮大户向县粮食部门投售粮食订单总量。

五是人民财产保险公司。负责为种粮大户提供政策性农业保险;若发生理赔业务,将有粮食订单质押融资的种粮大户理赔款划入县财政在信用联社开设的常山县财政涉农贴补资金专户中的个人或专业合作社法人账户。

六是农村信用联社。农村信用联社对粮食订单质押融资信贷实行专项管理,每半年将粮食订单质押融资信贷的发放、收回情况报送种粮大户粮食订单质押融资协调小组各成员单位。

第二,贷款回收。质押融资贷款须按借款合同约定的时间按时足额归还贷款本息,利息按季结清。粮食订单收购和奖励资金、种粮直补资金和理赔款优先归还贷款,结余部分再返还到借款人的个人账户上。

第三,不良贷款处理。财政局、粮食局、农业局根据获得质押融资的种粮大户的承诺,将资金划入县财政在农村信用联社开设的常山县财政涉农贴补资金专户中的个人或合作社法人账户。粮食订单质押融资产生不良贷款后,各乡镇政府负责对土地流转、种粮面积进行制约;贷款逾期半年以上,经贷款人催收仍无法落实的,种粮大户粮食订单质押融资协调小组成员单位根据职责给予相应制约。

3.4　本章小结

供应链网络治理是伴随着产业组织的不断演进而发展起来的,同时也是分析与评价供应链管理与产业组织演化的一种有效方法,对提高企业的市场竞争力与促进产业转型升级具有重要意义。为了提高评价的准确性与系统性,必须整合经济性以及社会性因素,从供应链网络主体特征、网络关系治理与网络功能效益三个方面来分析、评价供应链网络治理。网络主体特征主要应考察资产专用性、相互投资、不确定性、核心企业地位及信任 5 个要素;网络关系治理则需从网络治理结构、过程协调机制等 2 个维度考察,其中关系治理结构主要应考察主体之间利益联结的紧密程度及联系方式,而过程协调机制主要应考察自我选择、横向监督与内部约束 3 个要素;网络功能效益主要考察信息获取、资源共享、风险规避与交易费用节约 4 个要素。对于农产品供应链网络治理,考虑到其农产品质量安全的特殊性,应在关系治理结构维度中加入连带责任这一要素。

随着产业组织逐渐由纵向一体化向供应链模式转变,供应链财务现金流问题日益突出,供应链管理的重点由物流与信息流的管理逐渐转向了资金流的管理。但是,以核心企业主导的财务供应链管理只是一种局部的资金优化,不但会给核心企业带来资金压力与信用风险,而且可能增加供应链运行的系统性风险,并不能从根本上解决整个供应链财务资金问题。为提高财务资金的管理效率,有必要在供应链中引入金融机构及供应链金融服务。供应链网络治理不但是供应链金融产生的基础条件,也是供应链金融深化与发展的基础。随着供应链网络治理水平的提升,供应链网络治理可以通过改变交易治理结构和强化交易过程治理,达到优化中观、局部产业金融生态、促进金融深化的效果;随着供应链网络治理水平的提升,供应链网络的信息获取、资源控制及风险分担等功能逐步得到发挥,银行等金融机构可以从不同视角考量企业的融资需求、信用支持和风险控制,由此导致银行授信模式由不动产授信、静态授信及单一授信向动产授信、动态授信和整体结构授信转变。

农业产业化发展及农产品供应链的演进,给农户信贷资金需求问题既带来了新挑战,又带来了新机遇并创造了新条件。通过将农户信贷资金问题放入整个供应链中加以进行统筹解决,各地结合自身产业的实际,开发出了农业龙头企业担保融资、农产品质押融资及订单质押融资等不同的模式,并取得了良好的成效。

4 供应链融资动态信用理论及其基本假说

4.1 引言

如前所述,由于缺乏信贷合约的负债履约机制,加之主体信用能力不足,信贷市场上的资金让渡往往会存在较大的信用风险,从而导致金融机构"授信难"以及农户与中小企业等主体"贷款难"并存的状况。这一章要解决的主要问题是:如何在主体信用能力不足及负债履约机制缺失的情况下,对农户与中小企业进行授信,以缓解其信用约束并改善融资难的状况。具体而言,本章主要通过动态信用理论模型的构建及理论假说的提出,来解决四个问题:动态信用的实质是什么?动态信用如何解决"授信难"与"贷款难"之间的矛盾?动态信用产生应具备什么条件?动态信用形成的机理是什么?

4.2 动态信用理论框架

4.2.1 动态信用概念内涵

信用本质上表现为一种博弈的均衡,它表明:在既定约束条件下,主体在各自的策略空间内都选择了守信这一策略。与一般信用不同,银行信用具有两个特点:单向高位信用均衡与合约履行的始末分离性。前者意味着银行对存款人的信用是完全刚性的,不可能因为被授信人对银行的信用降低而调低,否则会降低信用等级,甚至失去生存能力;后者则表示在授信环节,授信人和被授信人同时承诺,但在信贷环节,银行在合约开始时履行承诺,给予贷款,而被授信人则在合约终结时才履行承诺,归还信贷涉及的贷款本息(陈兴荣,2000)。在这种情况下,要使信用主体都选择守信这一策略并实现信用的博弈均衡,必须具备两个条件:第一,在授信阶段,银行应通过一定的授信管理模式以甄别或提高主体信用能力,使借贷双方达成一致性的信用预期;第二,在信贷环节,银行必须借助相应的负债履约机制,以控制信用风险、确保受信人在合约终结时能履行承诺。

一般而言,实现信用博弈均衡的方式主要有两种:一种是一次性静态博弈均衡,另一种是多次重复动态博弈均衡。一次性静态博弈均衡中,主体信用能力往往较强,可以直接借助于合格抵押物或外部第三方担保的力量来建立负债履约机制并达成一致性的信用预期和控制信用风险,因此通过一次性博弈即可实现信用的高位均衡。但是,当主体信用能力较弱,缺乏合格外部抵押物或第三方担保的时候,往往需要通过动态博弈来实现均衡。所谓动态博弈均衡,是指人们通过经济活动的相互交往构成了一系列的博弈行为,在博弈中人们不断学习、了解和选择,局中人逐步形成了一致性信用预期,相互预测到对方会采取守约合作的策略的同时,还相互预测到对方相信自己也会采取守信策略,从而内生信用(龙游宇,2004)。但是,这种均衡是非刚性、双向互动式均衡,它可以在高位达成,也可以在低位达成。同时,这种均衡是一种自发式、非稳定性均衡,会产生时而均衡、时而非均衡的间断性的均衡效应。因此,要达到银行信用所要求的高位均衡并保持均衡的稳定性,除了通过主体授信管理来甄别、提升主体信用能力以稳定一致性信用预期外,还必须建立相应的负债履约机制以控制信用风险。

基于重复博弈的信用实际上是一种动态均衡。为了更好地表述这种信用,本书使用动态信用这一概念。什么是动态信用?本书认为动态信用本质上是基于关系互动的熟悉人信用。与陌生人信用不同,它是在交易互动中形成的,其信用内涵与外延会随着交易过程展开而不断深化与拓展。与传统静态信用信贷交易治理不同,基于动态信用信贷交易治理具有显著的特点,表现在:在授信管理上,注重对交易主体还款价值流意会信息(非数码化信息)的掌握;在风险控制上,侧重于对受信主体自偿能力的动态监控与评估,以实现对信用风险的实时、全过程评估监控。采用这种信用考察方式,主要是想通过授信管理模式与风险控制机制的转换,来改善农户与中小企业等信用弱势状况,从而产生不同的授信效果,并更好地控制信用风险,缓解信贷配给,最终达到改善信贷市场效率的目

的。具体而言,动态信用的内涵主要体现在以下几个方面:

第一,从信用的形成过程看,动态信用在多期而不是单期交易的动态交易互动中产生,在交易双方的反复交易与重复博弈中形成。同时,注重对具体交易业务信用的考察,注重真实交易背景,而不是考察具体的交易对象的资信情况(Granovetter,1985),并以此来达到授信自偿性的目的。

第二,从信用的类型上看,动态信用是一种熟悉人信用而不是陌生人信用。陌生人信用中,信贷双方不需要交易双方相互了解作为基础,往往靠不动产的抵押、担保与外在法律系统就可以形成;而熟悉人信用则是建立在双方相互了解的基础上的,相对来说,对于抵押物与外在法律系统的依赖性会少很多,往往靠社会关系、人际互信、道德习俗与声誉机制来实现。

第三,从信用风险的控制上看,动态信用注重对信贷交易全过程的监控。利用供应链上下游交易关系所具备的事前甄别、事中监督及事后惩罚等功能,可以对嵌入交易治理结构之中的产品价值流进行动态掌握,以实现对逆向选择及道德风险控制等信用问题的动态预防与全程治理。

第四,从信用发展过程看,动态信用注重对信用演化过程的把握。动态均衡也是在一定的内部、外部条件下形成的。随着内外部条件的变化,信用预期一致性有一个不断打破和重构过程,因此,均衡有一个不断打破和重建过程(龙游宇,2004)。因此,基于重复博弈的动态信用实际上是一种动态的均衡。

4.2.2　动态信用基本命题

命题一:如何在主体信用能力不足的情况下进行授信?

由于信用能力不足,在传统的信贷交易模式中,银行无法对农户及中小企业等信用弱势群体进行授信。一般而言,农户以及中小企业信用能力不足主要表现在两个方面:

第一,信息发布能力不足。所谓信息发布能力不足,主要是指数码信息的发布上,中小企业与农户处于弱势地位。主要原因是没有健全的财务报告系统,不能很好地披露其财务状况。而且,即便是有,其发布数码信息的可靠性也是不够的。但这不等于中小企业与农户就没有信息或不能发布信息,其信息的发布可以通过交易过程来实现,而且通过交易过程发布的信息往往较为真实可靠。如果能有效利用交易过程这一渠道,我们往往可以获得关于中小企业与农户的丰富意会信息。

第二,抵押担保能力不足。所谓抵押担保能力不足,是指农户与中小企业往往缺乏符合金融机构规定的合格抵押担保物。金融机构在提供贷款时,往往要求贷款者提供厂房、机器、设备等固定资产或不动产作为担保。但是,在中小企业的资产比例中,能作为抵押的不动产往往很少。农户也是如此,由于农村产权制度的制约,农户的不动产如宅基地、农用地等资产属集体所有,在现行法律下不能用作抵押,即便用作抵押也往往不能变现或处置。因此,农户所能提供的合格抵押物也是不足的。

由此,动态信用所要解决的第一个基本命题是:如何利用供应链中形成上下游交易关系以弥补主体信用能力的不足,对主体进行授信? 包括:采取何种授信模式? 授信额度及授信等级如果确定? 如何通过授信管理来识别、提高主体的信用能力以形成并稳定一致性信用预期?

命题二:如何在司法制度不完善与信用体系不健全的情况下,建立负债履约机制以控制信用风险?

在大多数商品市场上,合约双方同时做出承诺并同时履行承诺,因而基本上没有履约信用风险。在信贷市场中,合约双方同时做出承诺,但不同时履行承诺,合约履行具有始末分离的特性,因此会出现履约信用风险。为了预防违约风险问题、确保信贷资金安全,资金的让渡过程除要求证明借款人具有偿还贷款的信用能力外,还必须建立一定的负债履约机制,以确保在双方约定的时间内借款人能履行其还本付息的承诺。然而,由于法治环境不佳、社会信用体系建设滞后及主体信用意识淡薄等原因,基于声誉的自我履约机制和法院等独立第三方监督履约机制低效甚至失效,不能对负债人产生强约束力,导致债权人风险控制能力的薄弱(谢德仁和张高菊,2007),无法确保信贷资金安全。

因此,动态信用所要解决的第二个基本命题是:如何利用供应链中形成的交易链条关系设计有效的融资方案、建立相应的负债履约机制,从而达到控制信用风险的目的?

命题三:动态信用的基础与条件是什么? 信用形成机理怎样?

如上所述,信用的形成必须具备一定的条件:首先,要证明借方具有偿还贷款的信用能力;其次,必须建立相应的负债履约机制以确保在双方约定的时间内借款人能履行其还本付息的承诺。在信用形成过程中的这两个条件中,信用能力是信用形成的内在基础,负债履约机制是信用形成的外部条件,两者都是信用形成过程中相互关联且必不可少的基本环节,是信用形成的基本要件。当借款人不能证明其具有偿债贷款的信用能力或不能建立负债履约机制时,信用就不能形成。

因此,动态信用所要解决的第三个基本命题是:数码信息发布能力不足及不动产抵押担保能力不足的情况下,主体的信用基础何在? 在外部法治与信用体系不健全的情况下,负债履约机制的建立需要具备什么条件? 动态信用是如何形成的? 其内在机理是什么?

4.2.3 动态信用形成条件

(1)动产的嵌入性

信用产生需要具备一定的财产权基础。龙游宇(2004)认为,产权是信用产生必不可少的前提条件。因为,产权本质上是人们在长期的相互博弈中内生出来的界定人们收益边界的契约关系,其他经济契约几乎都是以产权契约为基础的。产权是决定利益分配的关键因素,信用建立在产权基础上,而良好的信用关系又具有维持并强化产权的作用。

财产权在信用产生中的作用主要是要证明借款人具有偿还贷款的信用能力。梁鸿飞(2005)认为,借款人要想证明自己的信用能力,首先必须对自己的财产享有独立的所有权,这是由财产所有权的性质和市场经济的本质所决定的,并认为企业的信用能力与企业所有者实际拥有的财产价值量成正比。

传统信贷中,借款者通常用以固定资产抵押担保方式获得银行贷款服务。但是,由于资产中固定资产比重很小、产权限制及信用评级普遍较低等,中小企业等信用弱势群体很难以固定资产抵押担保方式获得金融机构的贷款服务。在供应链融资中,商业银行主要利用流动资产提供的信用支持(深欧"供应链金融"课题组,2009),以提高主体信用能力,从而解决信用弱势群体的融资需求。然而,在经营活动中,流动资产在形态和规模上会不断变化,金融机构很难对其财产价值量实行有效监控。因此,要利用流动资产作为信用支持,实现流动资产向信用能力的转化,必须具备相应的条件。在供应链网络中,稳定的上下游交易关系及相对封闭的交易信息流、物流、资金流的集成(深欧"供应链金融"课题组,2009),使成员的部分流动资产具有嵌入性特征,为银行实现对主体财产价值量的监控创造了条件。由此,银行便可以利用流动资产作为信用支持,从而使主体的流动资产向信用能力转化成为可能。

(2)价值可变现性

嵌入价值流的变现,是指各种嵌入性供应链的各种形式的价值物其价值实现并转化为现金流的能力。笔者认为,无论是哪一种供应链融资模式,其基本原理是,将一组嵌入供应链的流动资产或其他价值物所产生的未来现金流按照某种模式转化为信贷合约所规定的还款现金流。因此,深欧"供应链金融"课题组(2009)认为,授信过程中必须在综合考虑借款人的采购或销售网络、上游供货能力、下游的支付能力等因素的基础上,重点考察现金流量与借款人的经营规模和授信支持性资产的匹配关系,从而确定与控制授信限额。如此才能保障银行授信贷资金进入供应链的经营循环后,各种形式嵌入价值物能够产生足够的现金流以抵偿到期债务。

那么,在供应链融资中如何考察各种嵌入性价值流的可变现性？与传统流动资金贷款的理念不同,供应链融资非常注重授信的贸易背景特定化。深欧"供应链金融"课题组(2009)认为,在特定贸易背景下,银行便可以对利润实现和利润分配进行充分的预估,进而评价还款现金流的充分性。在特定的贸易背景下,银行便可以通过综合考虑交易双方履约意愿和履约能力、申请人自身的承债能力、估算该业务申请人自有资金和银行投入的资金比例等方法来实现对受信主体单笔贸易现金流量的计算,也可以依据受信主体过往交易记录及其业务合理发展幅度来匡算受信企业一定期限内的现金流量。

4.2.4 动态信用逻辑体系

综上所述,整个动态信用的理论框架及内在逻辑可以用图 4.1 来表示,主要包括了三个部分:

第一部分是动态信用概念内涵。它表明动态信用本质是借方与贷方间的动态博弈均衡。而均衡的水平则决定了主体信用水平的高低。越是高位、稳定的均衡,则主体信用水平越高;反之,主体信用水平越低。

第二部分是影响主体信用水平的内外条件。主体信用水平形成的内在基础是嵌入性价值流,外在条件是供应链网络治理,主要通过主体信用能力与银行信贷风险来衡量。主体信用能力主要取决于主体嵌入供应链网络的流动资产价值及在一定供应链网络治理条件下的授信管理水平;银行信贷风险主要取决于信贷资金的价值与一定供应链网络治理条件下的信用风险管理水平。

第三部分是在一定的供应链网络治理机理下所形成的授信管理机制与负债履约机制等信贷交易治理机制。供应链网络治理机制主要有自我选择、横向监督、连带责任与内部约束等机制;授信管理机制主要有授信准入、结构授信、担保替代与团体授信等机制;负债履约机制主要有贷前甄别、现金流控制、信用捆绑与信贷再清偿等机制。

动态信用概念内涵

借　方　←　动态均衡　→　贷　方

流动资产　内在基础 嵌入性价值流　信贷资金

信用能力　←　主体信用水平　→　信贷风险

主体授信管理　外部条件 供应链网络治理　信用风险管理

授信管理机制　←　信贷交易治理机制　→　负债履约机制

授信准入	←	自我选择	→	贷前甄别
结构授信	←	横向监管	→	现金流控制
担保替代	←	连带责任	→	信用捆绑
团体授信	←	内部约束	→	信贷再清偿

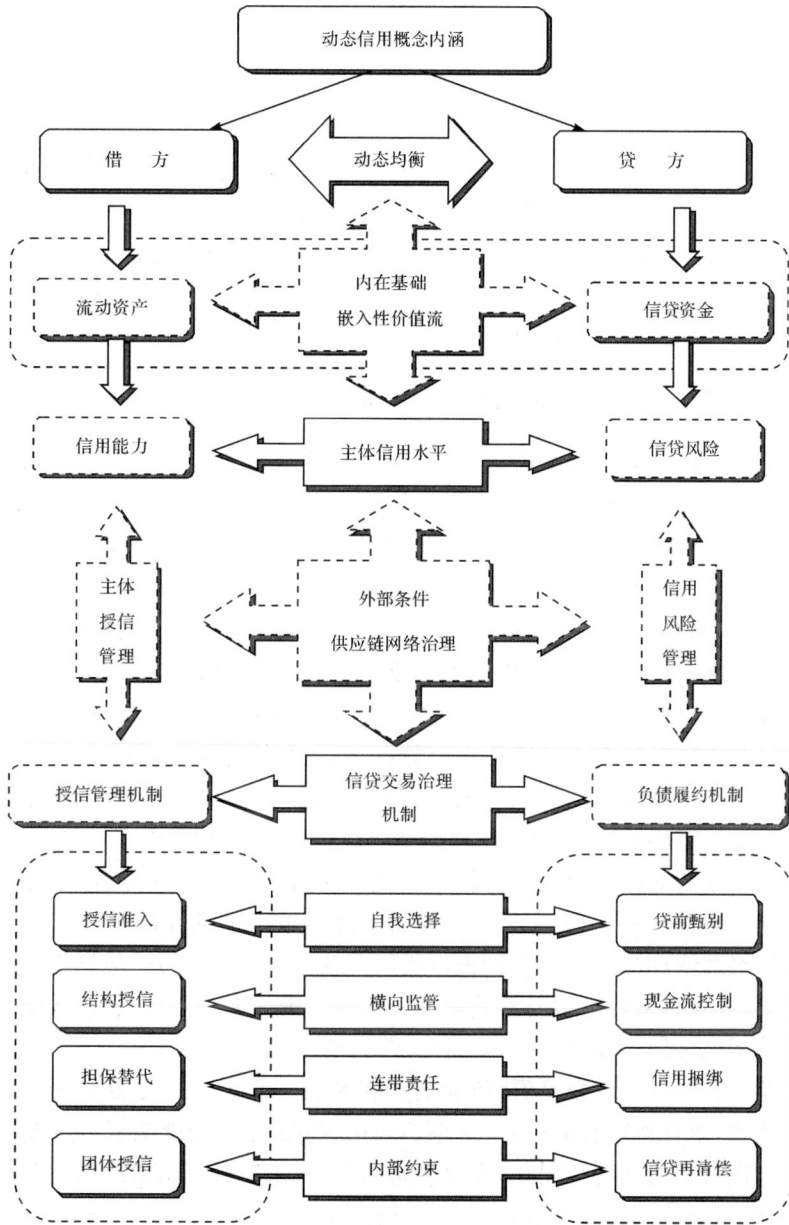

图 4.1　动态信用理论框架

4.3 动态信用内在基础

这一节主要通过假说的提出来回答动态信用形成的一个关键性问题,即:在抵押不足的情况下,农户如何获得银行授信或融资,其信用基础何在? 具体而言,本节主要探讨嵌入性价值流、主体信用能力及银行授信之间的关系,在此基础上提出三个命题:①嵌入价值形式决定授信模式;②嵌入价值量的可变现性决定授信额度;③嵌入价值量的可控性决定授信等级。

4.3.1 嵌入性价值流与主体信用水平

所谓嵌入性价值流,是嵌入供应链网络关系治理结构之中的存货、应收款、预付款等流动资产及相应的资金流。价值流的嵌入性实质上是财产权利的嵌入,即:与价值流相关的财产所有权归债务人,使用权或处置权、控制权嵌入于交易关系之中由债权人或第三方掌握,从而为信用的形成创造了条件。

利用嵌入性价值流,可以以一种全新的视角来考察主体的信用状况与信用能力。现有研究往往静态地、孤立地来考察主体的信用状况,侧重于从单一主体的视角考察融资问题,其前提假设是经济主体行为的单一性与分散性。但是,经济行动是嵌入一定社会关系结构之中的,考察复杂的经济行动时必须考虑到嵌入性问题(Granovetter,1985)。在供应链中也是如此,供应链成员及其交易活动是嵌入于一定的关系治理结构之中的。随着相互投资增加、资产专用性提高以及核心企业的地位与影响力的提高,供应链成员间的相互依赖程度不断提高,交易关系日趋持久稳定,逐步形成以核心企业为中心的准纵向一体化的关系治理结构。这种治理结构可以协助银行进行有效监控并增强对供应链成员个体行为的约束与治理,从而为银行利用嵌入性价值流提高中小企业、农户等信用弱势群体的信用能力以及控制信用风险提供了可能。

从单个企业孤立的角度看,流动资产在形态和规模上会随着企业经营活动而不断变化,银行难以有效监控(宋炳方,2008)。因此,传统融资方式较少利用流动资产作为信用支持。但是,在供应链融资中,银行可以从供应链视角考察主体融资问题,把供应链上下游企业作为整体,根据交易中形成的链条关系及具体交易背景动态考察主体信用水平、设定融资方案。这种融资模式打破了原来孤立地考察单个主体静态信用的思维模式,为银行利用嵌入于供应链网络之中的流动资产作为信用支持进行融资提供可能,并为提高主体的信用能力、控制信用风险提供了一种新思路。

　　首先,嵌入性价值流是对主体授信的依据。传统上,银行往往要求通过第三方担保或不动产抵质押进行授信。但事实上,中小企业与农户等信用弱势群体往往很难获取第三方担保或提供合格抵押物,从而导致其信用能力不足。随着供应链网络关系治理的完善,银行便可将核心企业或供应链其他成员的信用引入,并使动产授信成为可能,为提高主体的信用能力创造了条件。

　　其次,嵌入性价值流是信贷履约与风险控制的基础。在供应链中,相对封闭的交易信息流、物流和资金流的集成,为银行进行监控、降低主体信用风险提供了条件(深欧"供应链金融"课题组,2009)。在这种情况下,存货、应收款、预付款等的流动资产所形成的价值流是嵌入供应链网络治理结构之中的。因此,银行便可通过信用介入或信用合作等方式得到供应链中核心企业或其他合作伙伴的协助,并通过流程模式、产品运用、商务条约约束等要素的设定,实现对不动产形成的价值流进行监管与控制,从而控制还款现金流,确保还款来源的可预见性、操控性和稳定性(深欧"供应链金融"课题组,2009)。

4.3.2　嵌入价值形式与授信模式

　　嵌入性价值流根据交易时间与价值形态可以表现为不同的形式。根据价值形态来分,嵌入价值流一般可以分为存货、应收款、预付款,甚至还可以包括股权等,它一般与企业的流动资金形态有关,主要存在于预付账款、存货及应收款三个科目。根据交易时间来分,嵌入价值流可分为现实的价值流,也包括未来的价值流。现实的价值流是业已形成的价值流如存货、应收款、预付款;未来的价值流是由于长期的合作关系,基于对主体以往各期的价值流的了解,而形成的对未来可能价值流的一个稳定预期。

　　授信的依据必须建立在自偿性基础之上。嵌入性价值流代表了主体的价值创造能力,是信贷自偿性的基础。同时,嵌入性价值流代表了企业的信用能力,是授信的基础。不同的嵌入价值形式决定了不同的授信模式。银行便可以嵌入性价值流作为企业贷款的信用支持。如利用预付账款、存货及应收款三种形式的嵌入性价值流,便可以形成预付融资、存货融资与应收融资三种基础的供应链融资方案。在此基础上,根据企业生产和交易过程的特点与需求,三种融资方式还可以组合成更为复杂的整体解决方案(深欧"供应链金融"课题组,2009)。根据嵌入供应链的价值形式的差异,可以形成不同授信模式。例如,同样是货权的嵌入,若是买方存货质押,则可以形成融通仓融资模式,若是卖方销售货物质押,则可以形成保兑仓融资模式;若嵌入价值形式是应收款则可形成应收款质押融资与应收款让售融资;对于农户而言,若嵌入价值形式是林权,则可形成林权抵押融资。

由上可知,基于嵌入性价值流的动态信用模式,实质上是一种授信模式的转换,利用这种授信模式,可以解除不动产授信的限制,充分利用主体动产进行授信,从而达到提高主体信用能力、降低信用风险的目的。

4.3.3 流动资产嵌入性与信用能力

所谓流动资产的嵌入性,是指供应链成员的存货、应收款、预付款等的流动资产及相应的资金流是嵌入供应链网络关系治理结构之中的。流动资产的嵌入性实质上是动产权利的嵌入,即:流动财产所有权归债务人,使用权或处置权、控制权嵌入于交易关系之中与债权人或第三方掌握,从而为流动资产向主体信用能力的转化创造了条件。通过授信管理技术的创新,银行可以利用供应链网络内生的信息获取、资源控制等功能,实现对动产权利的控制,从而使动产授信成为可能。利用信用准入、结构授信、担保替代及团体授信等授信技术,银行便可以利用嵌入于供应链网络的预付账款、存货及应收账款三个科目所控制的财产价值量,作为企业贷款的信用支持,达到甄别、提高信用弱势群体信用能力的目的。

4.3.4 现金流嵌入性与信用风险

所谓现金流嵌入性,是指还款现金流的可控制性。还款现金流流向与周期的控制是负债履约与风险控制的关键。因为控制住现金流,也就控制住了还款来源,增强了还款来源的可预见性、操控性和稳定性,也就降低了信用风险。但是,对还款现金流的流向与周期控制是以对各种嵌入性价值流的控制为基础的。只有控制了预付账款、存货及应收款等各种形式的嵌入性价值流,才能更好地控制还款现金流的流向与周期。对嵌入性价值流的控制,不但有利于保证受信企业与上下游之间资金与物流相对运动的顺利完成,而且可以实现现金流流向及现金流循环周期的管理;不但可以准确把握信贷资金回流的路径、回流量以及回流时间,以实现银行信贷资金及时回流,提高资金使用的安全与效率,而且可以防止资金不能回流、提前回流或滞后回流,避免不良贷款的发生。在供应链融资中,一般可以通过运用金融产品组合、信息文件约束控制、业务流程和商务条款的控制及财务报表等手段来实现对嵌入价值流的控制。

根据以上分析,我们可以得出以下待检假设:

H_{DD}:动态信用有助于提高借款人的信用能力;

H_{EE}:动态信用有助于降低借款人的信用风险;

H_{XX}:动态信用有助于提高借款人的授信额度。

4.4 动态信用外部条件

如上所述,供应链网络治理是供应链金融深化与发展的基础条件。随着供应链网络治理水平的提升,供应链网络关系治理不断完善,供应链金融生态不断改善,金融服务对象从个别企业逐渐渗透到供应链全体成员;同时,随着供应链网络治理水平的提升,供应链网络功能逐步得到发挥,网络信任不断地发展,供应链金融的授信模式逐步发生转变。

传统的信贷交易治理模式中,银行的授信管理模式与信用风险控制机制存在很大的局限性,不能从根本上解决信息不对称引发的信贷配给、道德风险、高审查成本与高实施成本等信贷交易问题,无法解决信息约束与抵押约束下信用弱势群体的融资难题。在供应链网络治理模式下,可以通过供应链网络内生的自我选择、横向监管、连带责任及集体惩罚等交易过程协调机制,实现对授信全过程的管理,并通过对物流、现金流的控制建立负债合约履约机制来隔离主体信用等级、实现授信自偿性并达到控制信用风险的目的。

4.4.1 供应链网络治理与主体授信管理

(1)传统治理模式下的主体授信管理

授信管理是商业银行对农户及中小企业进行信贷交易治理、防范和控制授信风险的前提和基础。但是,传统信贷交易治理中的授信管理模式是一种静态、片面且孤立的授信管理模式,加之信用评级指标不科学、评级方法不合理以及信息难获取等因素,更增加了资信等级评定的难度,影响资信评级效果,不能解决信贷中借贷双方信息不对称的问题。

首先,在信息披露方面,传统授信模式往往利用静态的财务报表信息对企业进行授信。但是,信贷市场的农户、中小企业等信贷群体往往财务制度不健全,无法像大企业一样提供全面、完整的财务信息,加之普遍存在的税务不规范问题,中小企业对经营信息的披露往往更为谨慎,导致银行无法了解企业真实的财务经营状况,银企之间存在较为严重的信息不对称。因此,利用静态报表数据,银行往往无法充分获取中小企业的财务信息,因而很难对中小企业进行授信,更倾向于保守地"惜贷"。

其次,在抵质押授信方面,传统授信模式往往强调不动产抵押授信。在信息不能或无法充分披露的情况下,合格抵押物往往可以起到信号替代作用。但是,农户与中小企业等信贷群体资产中资产固定资产比重很小,加之传统融资方式较少利用流动资产作为抵押,因此很难获得以固定资产抵押担保方式提供的银行贷款服务(宋炳方,2008)。

第三,在担保授信方面,传统授信模式往往侧重于从单一主体视角孤立地考察主体的信用状况,不能结合具体交易背景、利用交易伙伴关系对主体信用进行具体考察,因而过度依赖担保机构的作用。虽然专业化的担保机构在信息的获取与处理方面可以获得明显的规模经济,减少交易费用,从而可以化解中小企业的信息瓶颈,但是,在信贷市场中,很难证明专业化的担保机构在获取和处理受信人信息方面能比银行更具比较优势。

第四,在授信对象与范围上,传统授信模式仅仅是供应链上部分主体及价值链上的部分环节得到了信贷支持。在传统信贷模式中,银行对供应链上的核心企业往往有较多的信贷优惠政策,而对供应链上的中小企业的信贷政策往往较为苛刻。因此,核心企业及价值增值的核心环节或高附加值环节得到了信贷支持,而供应链上的广大中小企业与价值增值的辅助环节或低附加值环节却得不到银行的信贷支持。

正是上述原因,导致目前在对农户及中小企业等信用弱势群体授信过程中,严重的信息不对称无法缓解,信用弱势群体"融资难"与银行"不授信"矛盾日益扩大:一方面银行无法准确辨别中小企业的信用状况,为了避免授信风险,银行往往采取"不授信"策略;另一方面,农户及中小企业等信用弱势群体拥有绝对的信息优势,同时在现有的治理环境下,违约所承担的机会成本也相对较低,农户与中小企业往往采取"不还款"策略。如此,最终借贷双方博弈的结果就是"不授信,不守信"的策略组合,商业银行对农户与中小企业的授信业务自然无法展开。

(2)供应链网络治理下的主体授信管理

在供应链网络治理模式下,可以通过供应链网络内生的自我选择、横向监管、连带责任及集体惩罚等交易过程协调机制,实现对授信全过程的管理,并通过对物流、现金流的控制建立负债合约履约机制来隔离主体信用等级、实现授信自偿性并达到控制信用风险的目的。通过供应链网络治理,金融机构可以通过授信准入、结构授信、担保替代及团体授信等授信管理技术,解决信息不对称下的"授信难"与"融资难"问题。

第一,授信准入。

对绝大多数农户而言,由于信用体系建设滞后,并没有建立信用管理体系。因此,在信贷市场的信息不对称的情况下,银行等信贷部门就缺乏一个全面了解农户信用情况的平台。如此,在授信时,银行往往没有可靠的依据,而是凭经验、凭感觉选择授信对象,这也使一些有失信行为的借款者有机可乘,从而扰乱了信贷市场的信用秩序,给银行造成了信用风险损失。然而,在供应链中,通过交易伙伴之间长期的交易关系,银行有可能对借款申请人完成商务合同的准确性、及时性、结算的信用、服务承诺的兑现等情况进行全面的了解,并对供应链融资中受信对象建立成员准入与项目准入的双重信用体系。

首先,成员准入与商业信用。供应链融资是面向供应链成员,因此供应链融资的授信准入问题首先是供应链的成员准入问题。而作为供应链成员,其一,必须具备良好的商业信用。根据交易伙伴在交易过程中完成合同的准确性、及时性、结算的信用、服务承诺的兑现等情况,核心企业也具有明确的供应商/分销商的准入和退出制度。其二,供应链成员对核心企业应具有较强的从属性,这有利于核心企业根据日常交易中交易伙伴的商业信用,为银行筛选具体授信对象。

其次,项目准入与融资信用。供应链成员准入流程完成后,将进入具体受信客户准入。供应链融资的产品基础是自偿性贸易融资,而自偿性贸易融资的最大特点是强调授信自偿性,即通过对融资项目物流、资金流控制技术的结构化运用,规避因受信主体的资信、实力欠缺所蕴含的信用风险。鉴于此,供应链融资业务在考察主体自身信用的基础上,还必须强调债项目本身自偿性的评价,并区别融资所涉及的项目收入及交易伙伴资信和实力等供应链交易背景,进行差别准入。

第二,结构授信。

所谓"结构"是指围绕供应链核心企业而形成的,由供应商、制造商、分销商、零售商等连成的一个功能网链结构及价值流循环的组合。如上所述,在传统授信模式中,往往只有供应链上的核心企业及价值增值的核心环节或高附加值环节能得到较多的信贷优惠政策,而供应链上的广大中小企业与价值增值的辅助环节或低附加值环节不能得到银行的信贷支持。深欧"供应链金融"课题组(2009)认为,在供应链融资中,银行以真实贸易为背景,综合考虑结构的抗风险能力、总体资金需求及与核心企业有交易关系的所有成员的融资需求,对结构所涉及的核心企业关联客户进行主动授信,并提供不同的产品组合和差异化服务,并形成了"1+N"型的结构化授信模式。如此,不但供应链上的核心企业及价值增值的核心环节或高附加值环节得到了银行信贷的核心支持,而且供应链中的广大中小企业及价值增值的辅助环节或低附加值环节也得到了银行的信贷优惠。

第三,担保替代。

不同于传统信贷,供应链融资中并不需要不动产抵押或专业担保机构担保,而是用动产担保或核心企业担保的方式替代了传统信贷模式中的担保方式。

首先,动产担保替代了不动产担保。深圳发展银行在开展供应链融资业务中,就可以利用流动资产提供的信用支持为供应链中小企业成员解决融资需求(深欧"供应链金融"课题组,2009)。如此,就可以有效地解决农户与中小企业等信贷群体由于不动产抵押物不足而产生的抵押约束问题,充分利用流动资产作为抵押,以获取银行提供的信贷资金。

其次,核心企业担保替代了专业担保机构担保。农户与中小企业的弱势地位难以获取专业担保机构的担保,加之专业化的担保机构在获取和处理受信人信息方面并不具有比较优势。因此,在信贷市场中专业化的担保机构很难充分发挥其作用。在供应链融资中,核心企业的担保替代了专业担保机构的担保。由于共同的利益关系及长期的业务交往,核心企业不但在获取作为业务伙伴的农户或中小企业的信息方面具有优势,而且愿意为其进行担保。

第四,团体授信。

团体授信是一种小额信贷(microfinance 或 microcredit)的一种授信方式,实质是对一个利益共同体的授信。由于缺乏抵押资产,也不能提供担保,加之缺乏个人信用记录,所以穷人或小企业主无法从正式银行部门那里获得贷款。为了保证本金的安全,银行就将贷款者组成一个团体,团体成员之间实行连带责任,并以此来解决穷人或小企业主的抵押担保约束问题(章元,2004)。供应链融资实质上也是一种团体授信,因为在授信过程中,银行不会只是考虑受信对象个体的资信情况,而是考察与受信对象有利益关联的供应链交易群体的信用。例如,民生银行的"商贷通"通过对同一商圈、同一产业、同一行业协会等的集群客户情况设计贷款方案,并灵活设计联保、互保、市场开发商(或管理者)保证、产业链核心企业法人保证等方式进行团体授信。

一般而言,团体授信具备以下特点:在信用等级上,受信对象的信用等级也受到供应链团体成员信用状况的影响。若受信申请人自身实力和规模达不到传统信贷准入标准,但上下游交易伙伴的实力较强,贸易背景真实稳定,银行可以有效控制资金流或物流,供应链中的农户和中小企业同样可以获得授信;在信用额度上,受信申请人所获取的授信额度,实质有部分或全部是团体其他成员所让渡而来的间接授信。在传统的授信模式中,银行授信往往较为集中,即将大量的授信额度就投放在供应链中的核心企业,而供应链中的中小企业等信用弱势群体却鲜有资金投放。因此,就产生了授信承载主体单一和融资中多主体的实际资金需求与资金使用的矛盾。在供应链融资中,银行根据多主体产生的资金需求、资金实际使用以及市场容量、交易对手资信的判断,通过现金流管理和风险分散、责任捆绑等手段,将信贷资金渗透到供应链中的弱势群体,从而把超过核心企业承受能力的那部分授信额度释放出来,让供应链中的其他成员共同分享。

根据以上分析,可以得出以下假设:

H_{AB}：供应链网络治理有助于建立一定的授信管理机制；

H_{BK}：这种授信管理机制可以提高借款人的授信等级；

H_{BX}：这种授信管理机制有助于提高借款人的授信额度。

4.4.2　供应链网络治理与信用风险管理

（1）传统治理模式下的信用风险管理

在传统治理模式下，商业银行信贷合约的负债履约机制不完善，缺乏一套健全的风险管理体系，忽视了对影响信用风险动态因素的持续监控，无法解决信贷过程中的"道德风险"问题。

在传统的治理模式下，商业银行普遍存在"重授轻管"，信贷风险控制往往是一种静态、间断的模式，具体表现在：第一，事前风险防范和预警能力差，贷前甄别机制不完善；第二，风险测度方法和管理手段落后，授信退出机制不完善；第三，授后管理主动性差，授后跟踪不到位、检查不及时，难以及时了解授信主体的经营现状、授信项目的进展、授信资金的流向及授信风险的变化，未能建立健全的现金流控制机制（李建勇，2008）。

（2）供应链网络治理下的信用风险管理

通过供应链网络治理，金融机构可以建立贷前甄别、现金流控制、信用捆绑及信贷再清偿等负债履约机制，以实现信用风险的动态监控与管理。

第一，贷前甄别。

无论是在信用介入还是在信用合作模式中，核心企业或合作伙伴都会承担一定的信用风险连带责任。因此，为使自身所承担的信用风险降到最低，核心企业或合作伙伴会主动对合作伙伴进行自我选择，利用所掌握的信息进行筛选并选择低风险类型的交易者为自己的同伴。利用这种自我选择机制，银行可以通过供应链内部成员间接地完成贷前甄别工作，并将一些不守信或高风险类型的交易者排除在授信范围之外，从而达到降低信贷交易中的机会主义行为、减少信贷交易风险的目的。

第二，现金流控制。

现金流管理是银行为了实现信贷资金投入后的增值回流，通过对流程模式、产品运用、商务条款约束等要素的设定，对授信资金进入供应链的经营循环的出发点、流量、流向、循环周期等方面的全面管理。控制住现金流，也就控制了还款来源，增强了还款来源的可预见性、操控性和稳定性（深欧"供应链金融"课题组，2009）。在供应链融资模式下，实现现金流的控制，往往需要核心企业或其他信用合作伙伴的横向监督及合作监管。

横向监督是与纵向监督相对的一种代理人之间的信息收集处理机制。在纵向监督中,委托人和代理人间往往存在较为严重的信息不对称,在实施监督过程中信息收集处理成本往往很高。横向监督是一种相对廉价的信息收集和处理机制(章元,2004)。在信用介入与信用合作模式中,银行可以通过信用连带责任将核心企业或其他信用合作伙伴的横向监督引入,不但可以利用核心企业与信用伙伴所掌握的负债人的私有信息对流量、流向、循环周期等方面实施监督,而且可以大大节约信息收集、处理和监督的成本。

合作监管是在供应链金融中新增的风险管理变量。通过合作监管,不但可以有效地利用监管方在供应链中所处的优势地位与便利条件,而且可以将合作监管方的专业化技能引入,协助银行对货押业务进行风险控制。例如,在货押业务中引入物流监管,不但可以利用物流监管企业的现场实时监管的便利为银行提供更多的授信预警信号,而且可以利用物流企业在仓储、运输领域的专业化技能对抵/质押物进行有效的管理,保障银行担保物权的价值和安全性(深欧"供应链金融"课题组,2009)。

第三,信用捆绑。

在供应链融资中,受信申请人本身由于信用等级较低,故需要通过连带责任将作为交易伙伴的第三方(如龙头企业)信用引入,来提高自身信用等级。但是,在这过程中借款申请人与第三方的信用是捆绑在一起的,一旦借款申请人因故不能如约归还贷款,则作为交易伙伴的第三方负有协助银行追索贷款的责任,甚至负有连带还款责任。

第四,信贷再清偿。

供应链中合作者通过长期的交易关系可以培育出一定的互惠规范或内部控制机制。成员通过销售渠道、物流、信息流、资金流控制等措施,甚至通过成员资格的排斥来限制偏离供应链内部规则的行为。通过核心企业的信用介入及成员的信用合作,银行便可利用这种内部约束建立基于第三方的贷后违约惩罚机制。例如,泰山钢材大市场,作为第三方的商会掌握着钢材市场所有企业的 2000 多亩土地的房产证,根据与政府和企业的协议,商会具有处理权,如果企业不守信,商会就采取土地制裁、驱逐出市场等方式对违规企业进行惩罚(宋辅良等,2009)。

根据以上分析,可以得出以下假设:

H_{AC}:供应链网络治理有助于建立一定的负债履约机制;

H_{CK}:这种负债履约机制可以提高借款人的授信等级;

H_{CX}:这种负债履约机制有助于提高借款人的授信额度。

4.4.3 供应链网络治理与信贷交易成本

(1)传统信贷模式下授信成本与收益不匹配,信贷过程中的审查成本及实施成本高

当银行选择性地满足部分贷款要求,而不愿意在高利率水平上满足所有借款人的申请时,信贷市场的信贷配给均衡就出现了。Williamson 演示了即便不存在逆向选择和道德风险,如果贷款人监控借款人要发生成本的话,信贷配给现象也会出现。他的模型和结论是基于事后审查成本的存在所引起的非对称信息。

传统信贷模式对农户与中小企业授信的审查与监控成本过高。在授信前,为避免逆向选择问题,要动用大量的人力、物力和时间来了解企业的经营和财务状况,为授信决策提供依据。授信后,为防范道德风险又要加强对中小企业的贷后监督和跟踪调查。据有关调查,中小企业贷款的频率是大企业的 5 倍,平均贷款数量仅仅为大企业的 0.15%,而贷款成本却在大企业的 5 倍以上(李建勇,2008)。农业贷款也是如此,由于农业贷款涉及面广、地域分散,金额小、笔数多,管理工作量大,农业贷款成本高。根据对浙江平湖合作银行的调查,2006 年该行有农信员 39 名、分管农业信贷副行长 9 名,分管全市 18842 户、41966 万元农户贷款,全年农户贷款利息收入 2946.01 万元,农户贷款的总费用成本为 2989.57 万元,农信员人均创造利润为 −0.91 万元,与该行 2006 年度人均创利 13.96 万元相比,相差 14.87 万元。显然,在传统信贷中,纯粹的农业信贷收益难以支撑信贷成本,因此制约了信用联社、合作银行发放农业贷款的积极性。[①]

(2)通过供应链网络治理金融机构可以实现交易成本的节约与转移,解决信贷过程中的高审查成本及高实施成本

第一,交易成本节约。

Ghatak 和 Guinnane(1999)认识到,在许多情况下,对一个团体中的多个贷款进行管理的成本只比对单个贷款的管理成本稍高一些,所以团体贷款可以降低贷款的平均管理成本。导致交易成本节约的主要原因是团体信贷的规模经济。同样,供应链融资通过将供应链上下游交易伙伴结合成一个团体进行授信,可以节省审计成本及契约执行成本。

同时,相对银行而言,借方的交易伙伴可以以相对低的信息成本观察到借款人的行为。在供应链融资中,通过一定的信用捆绑与连带责任,银行将监督的权力转移至供应链成员,从而可以大大地节约监督成本。

———————————————

① 注:数据源于笔者在浙江省嘉兴市的调研。

第二,交易成本转移。

在供应链融资中,通过信用捆绑,银行实际上将在个人贷款下的部分交易成本转嫁到团体成员身上。虽然这种成本的转嫁并不一定能够导致配置效率的提高,也不一定导致还款率的提高,但是,由于供应链团体成员之间拥有相对于银行的信息优势,所以由供应链成员进行甄别、监督、审计和履约时成本相对较低,并可以提高资金配置效率和信贷还款率。

4.5 动态信用机理模型

4.5.1 模型构建目标

要利用供应链融资解决金融机构"授信难"与农户"贷款难"的矛盾,除了应该认识供应链融资动态信用生成的内在基础、外部条件之外,还应对供应链融资动态信用形成的内在机理有充分的认识,如此才能对供应链融资的基本特点和内在规律有更深层次的把握。动态信用生成机理是供应链融资内在规律的具体体现,揭示动态信用生成机理不仅有利于认识中小企业供应链融资的内在规律,而且有利于指导农户供应链融资实践,是破解"授信难"与"贷款难"间矛盾的核心与关键所在,是本研究的重点内容。

下文将在总体研究目标的指导下,借鉴现有文献及理论研究成果,结合中小企业供应链融资实践,在运用博弈模型进行论证的基础上,构建动态信用机理模型。在这一模型中,将主体交易特征、银行的授信管理机制与负债履约机制作为中介变量,将供应链网络治理作为前置变量,将借款主体的授信额度、授信等级、信用能力与信用风险作为解释变量,通过待检理论假设的提出,初步考察各变量之间的相互影响关系,揭示供应链融资信用生成机理。

为便于构建博弈论模型,根据以上描述的实际情况,提出以下假定:

假定一:贷款本金为 B,利率为 r,借贷双方在整个授信、贷款过程中产生的费用或成本为 C_b,并假设借方成本为 C_{b1},贷方成本为 C_{b2},主要包括审查成本及各种手续费用;假设借方在运营过程中产生的价值流为 V,且有 $V>B(1+r)$,运用贷款产生的利润为 π。

假定二:价值流的可控性用 β 表示,价值流可变现性用 δ 表示。

假定三:基于法院外部治理机制缺失。在这种情况下,贷方通过自己的力量实施惩罚几乎是不可能的,即使可以实施惩罚,惩罚过程中所付出的成本 C_p,往往要超过惩罚所获取得的补偿 P,即 $P-C_p \leqslant 0$。

假定四:存在两种交易治理模式,现货市场交易模式与供应链网络治理模式。在现货市场模式下,假设借款人与其交易伙伴是一次性交易,而且也不存在明确的未来交易的预期,故不考虑未来收益与损失。处于供应链网络治理模式下,借款人与其交易伙伴具有长期的交易关系,存在明确的未来交易的预期。

假定五:借方不能提供不动产抵押或专业担保公司的第三方担保。

4.5.2　现货市场模式下信用缺失机理

由于在现货市场模式下,假定借款人与其交易伙伴是一次性交易,而且也不存在明确的未来交易的预期,一般而言,借款双方的主要特点是:

第一,由于是一次性交易,信息传递的渠道是被阻断的,银行不可能通过借款申请人的交易伙伴来了解借款申请人的基本信息。同时,由于借方信息发布能力及可信度低,加之高审查成本,导致银行对借方所掌握的信息是不可靠的。基于以上两个原因,借贷双方存在信息不对称,贷方对借方价值流 V 控制的可控性 β 与可变现性 δ 不确定,贷方无法准确观察借方还款现金流 $\beta\delta V$,或者说贷方对借方还款现金流 $\beta\delta V$ 的预期是不稳定的。

第二,借方不能提供不动产等抵押不足或专业担保公司的第三方担保,只能用运营过程中流动资产所形成的现金流作为贷款归还保证。由于流动资产在形态和规模上会随着企业经营活动而不断变化,加之在现货市场模式下,一次性交易导致交易各方交易关系不稳定,银行难以有效监控,导致贷方无法控制借方的还款现金流 $\beta\delta V$,或者说还款现金流 $\beta\delta V$ 的可控性差,体现在 β 与 δ 趋向 0,借方价值流的嵌入性程度很低。当借方不守信时,其可能现金流损失 $\beta\delta V$ 几乎为 0。

（1）主体信用能力不足及事前承诺的不可置信

交易是凭承诺进行的,但除非有适当保证措施,让人相信其承诺是可置信的,否则无法让交易对手相信其承诺,并导致交易无法开展(Hicks,1973)。信贷交易也是如此,以下构筑非完全信息静态博弈模型,以证明在现货市场模式下,由于主体性信用能力不足以及借贷双方的信息不对称,在授信环节,借方如期履约的承诺是不可置信的,故难以形成信用一致预期,无法实现信用博弈均衡。

借贷双方的博弈格局,我们可用图 4.2 表示。

如上所述,现货市场模式下,借贷双方为一次性交易,价值流的嵌入性程度很低,β 与 δ 趋向于 0,故当借方不守信时,其可能现金流损失 V 几乎为 0。由此,对借方而言,就有两种情况:

第一种情况:贷方授信时。则借方的收益情况:

$\pi + B - C_{b1} - \beta\delta V \approx \pi + Br - C_{b1} > \pi - Br - C_{b1}$,即不守信比守信有利可图。

第二种情况,贷方不授信。有 $-C_{b1} = -C_{b1}$,同样也是守信与不守信等同。

对贷方而言,也有两种情况:

第一种情况,借方守信。与单个借方主体的交易成本较高,即使借方守信,能按合约要求如期归还贷款,但贷款过程中所产生的成本往往会高于贷款所获取的利息收入,有 $Br-C_{b2}<0$,故贷方的占优策略为不授信。

第二种情况,借方不守信。由于借方没有提供不动产抵押或第三方担保,同时在现货市场下,可控性 β 与可变现性 δ 几乎为 0,贷方对借方价值流 V 控制程度很低,而且通过对借方不守信实施惩罚的收益 P 也几乎为 0,且实施惩罚的成本 C_{b2} 较高。故其收益情况就有:

$-B-C_{b2}+\beta\delta V+P-Cp\leqslant -B-C_{b2}-Cp<Br-C_{b2}$,故贷方的占优策略为不授信。

如上所述,根据重复剔除严格劣战略的方法,我们可以求解出博弈解,即借方的最佳策略是不守信,贷方的最佳策略是不授信,从而形成了(不守信,不授信)或(守信,不授信)的均衡。由此可知,无论借款人守信还是不守信,银行的最佳策略是不授信。

贷　方

借方		授信	不授信
	守信	$\pi-Br-C_{b1}$, $Br-C_{b2}$	$-C_{b1}$, $\underline{0}$
	不守信	$\pi+Br-C_{b1}-\beta\delta V$, $-Br-C_{b2}+\beta\delta V$	$-C_{b1}$, $\underline{0}$

图 4.2　现货市场下信用缺失静态博弈模型

根据上述分析,我们可以得出以下结论:

第一,在没有不动产抵押或第三方担保的情况下,现货市场借款申请人的主体信用能力不足。如上所述主体信用能力是指借款人可置信的还款能力。为了确保借款人能够归还贷款,银行往往要求提供合格抵押物、第三方信用担保等。但信贷市场中的弱势群体往往不能提供外在合格的抵押担保,因此自身的经营过程中所产生的现金流 $\beta\delta V$ 就成为一种还款的保证。然而,在现货市场中借方所产生的现金流对银行而言是难以掌控的,因此借方用经营过程中产生的现金流来归还贷款也是没有保证的。没有保证的承诺是不可置信的。因此,在现货市场下,贷方对借方还款现金流 $\beta\delta V$ 的预期性与控制性不足,贷款无法确保借方具有足够的还款能力,或者说借款申请人无法形成可置信的还款能力,因此导致借方信用能力不足。

第二,在现货市场中,由于主体的信用能力不足,银行不予授信,借方自然就受到信贷配给。在主体信用能力不足的情况下,信贷合约的执行缺乏一个必要的基础。不管借方在事先约定时是如何的信誓旦旦，但是没有约束或保证的誓言对于理性的经济人是毫无意义的，从经济人理性的角度出发，在利益驱动下借方会毫不犹豫地选择不守信，贷方会毫不犹豫地选择不授信。虽然，基于声誉的自我履约机制也有可能达到（守信，授信）的均衡状态，但这种博弈均衡结果是不稳定的，也会有可能产生其他均衡结果。因为这种均衡是非刚性、双向互动式均衡，它可以在高位达成，也可以在低位达成；换而言之，即使能达到银行所期望的（守信，授信）的均衡状态，这种均衡也主要靠借方自觉性维持，是一种自发式、非稳定性均衡，会产生时而均衡、时而非均衡的间断性的均衡效应，并不能达到银行信用高位单向均衡的目标。因此，现货市场中，在主体信用能力不足的情况下，借方的承诺往往是不可置信的，由此银行不予授信。

（2）负债履约机制缺失与事后履约的不可置信

以下构筑非完全信息动态博弈模型，以证明在现货市场模式下，由于负债履约机制的缺失，借款人事后履约也是不可置信的。

借贷双方的博弈格局，我们可用图 4.3 表示。

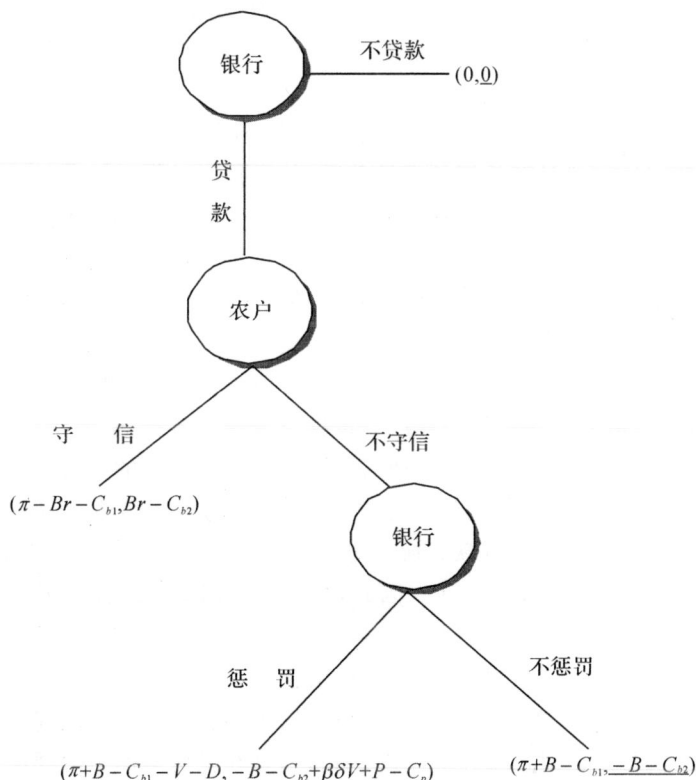

图 4.3 现货市场下信用缺失动态博弈模型

第一,在现实中由于外部治理不完善,还款现金流 $\beta\delta V$ 的可控性 β 几乎为 0,贷方从抵押物中所获取的补偿几乎为 0。

第二,对借方不守信实施惩罚的成本 C_p 较高,且惩罚获的补偿 P 几乎为 0,$P-C_p<0$。故有 $-B-C_{b2}+\beta\delta V+P-C_p\approx-B-C_{b2}-C_p<-B-C_{b2}$,因此惩罚是不可置信的。

现货市场中的借款人,在不能提供有效抵押物与第三方担保的前提下,则根据逆推归纳法,得出的均衡路径是(不贷款、不惩罚,不守信),如此银行选择不贷款。

综上所述,在现货市场中,由于贷方对借方价值流控制不力,导致借方的还款现金流 $\beta\delta V$ 的不可控;同时,银行对借方违约行为的惩罚是高成本的,导致 $P-C_p<0$,惩罚是不可置信的。因此,借方在合约终结时履行合约是不可置信的,银行不会贷款。

4.5.3 供应链网络治理模式下信用形成机理

由于处于供应链网络治理模式下,假定借款人与其交易伙伴具有长期的交易关系,存在明确的未来交易的预期。一般而言,在供应链模式下,借款双方的信贷交易具备以下特点:

第一,虽然借方信息发布能力及可信度低,但是在供应链网络模式下,由于借款人与其交易伙伴具有长期的交易关系,信息传递的渠道畅通,借款人的交易伙伴具有了解借款申请人信息的便利条件,可以在不花费成本或少花费成本的情况下掌握借方申请人的可靠信息。因此,银行可以通过授信管理机制的转变,利用借款申请人的交易伙伴来了解借款申请人的基本信息,以消除借贷双方存在的信息不对称,并准确观察借方还款现金流 $\beta\delta V$。由此,贷方可以对借方还款现金流 $\beta\delta V$ 形成稳定预期,体现在 δ 和 β 的取值是相对确定的。

第二,虽然借方不能提供不动产等抵押物或第三方担保,但是在供应链网络治理模式下,银行可以借助借款申请人与其交易伙伴稳定的交易关系,对借款申请人在运营过程中形成的现金、应收款、存货等流动资产实施有效监控,并用其所形成的现金流 $\beta\delta V$ 归还贷款。换言之,银行可以在借款申请人交易伙伴的协助下控制借方的还款价值流 $\beta\delta V$。因此,在供应链网络治理模式下,借款申请人还款现金流 $\beta\delta V$ 具有较强的可控性,体现在 β 与 δ 趋向 1,借方价值流的嵌入性程度很高。当借方不守信时,其可能价值流损失 V 较大。

第三,虽然基于法院的第三方治理机制缺失,贷方无法通过法院的力量对信贷合约进行执行以及对信贷违约实施惩罚,但是在供应链网络治理模式下,银行可以通过信用捆绑技术或合作方式将核心企业或其他供应链成员引入于信贷交易治理结构中来,形成以供应链成员为主导的第三方治理模式。如此银行便可通过借款申请人交易伙伴的协助,建立负债履约机制,从而可以有效地实现对信贷合约的执行或对借款申请人的违约行为实施惩罚。通过引入以供应链成员为主导的第三方治理,可以使对借款申请人进行信贷执行成本 C'_{b2} 或进行惩罚所付出的成本 C'_p 较小,往往会低于信贷获取的利息收入 Br,故假设 $Br-C'_{b2}>0$,或惩罚所获取得补偿 P,故假设 $P-C'_p>0$。

(1)主体信用能力提高与承诺的可置信

以下构筑非完全信息静态博弈模型,以证明在供应链网络治理模式下,由于主体性信用能力提高以及借贷双方的信息不对称的缓解,在授信环节,借方如期履约的承诺是可置信的,故可以形成信用一致预期,实现信用博弈均衡。

借贷双方的博弈格局,我们可用图 4.4 表示。

贷　方

		授　信	不授信
借方	守信	$\pi-Br-C'_{b1}$, $Br-C'_{b2}$	$-C'_{b1}$, 0
	不守信	$\pi+Br-C'_{b1}-\beta\delta V$, $-Br-C'_{b2}+\beta\delta V$	$-C'_{b1}$, 0

图 4.4　供应链网络治理模式下信用形成静态博弈模型

如上所述,在供应链网络治理模式下,借款人与其交易伙伴具有长期的交易关系,价值流的嵌入性程度很高,体现在 β 与 δ 趋向 1。当借方不守信时,其可能价值流 V 损失可能性大大增加。由此,对借方而言,就有两种情况:

第一种情况:贷方授信时。则借方的收益情况:

$\pi+Br-C'_{b1}-\beta\delta V\approx\pi+Br-C'_{b1}-V<\pi-Br-C'_{b1}$,守信比不守信有利可图。

第二种情况,贷方不授信。有 $-C'_{b1}=-C'_{b1}$,同样也是守信与不守信等同。

对贷方而言,也有两种情况:

第一种情况,借方守信。如前假设,在供应链融资模式下,贷款过程中所产生的成本 C_{b2} 相对较低,一般低于贷款所获取的利息收入 Br,有 $Br-C_{b2}>0$,故贷方的占优策略为授信。

第二种情况,借方不守信。如前假设,虽然借方没有提供不动产抵押或第三方担保,但在供应链模式下,贷方可以通过借方的交易伙伴对借方价值流 V 实现监控,故借款申请人还款现金流 $\beta\delta V$ 具有较强的可控性,体现在 β 与 δ 趋向 1,则有 $\beta\delta V\approx V>Br>C'_{b2}$,即执行所获补偿超过执行成本。故其收益情况就有:$-Br-C_{b2}+\beta\delta V\approx V-Br-C_{b2}>-C_{b2}$,故贷方的占优策略为授信。

如上所述,根据重复剔除严格劣战略的方法,我们可以求解出博弈解,即借方的最佳策略是守信,贷方的最佳策略是授信,从而形成了(守信,授信)的均衡。

根据上述分析,我们可以得出以下结论:

第一,虽然没有不动产抵押物或第三方担保,在供应链模式下,通过供应链成员的参与,贷方可以实现授信管理模式与风险管理模式的转换,从而实现对借方还款现金流 $\beta\delta V$ 的甄别与控制,确保借方具有足够的还款能力,如此借款申请人就可形成可置信的还款能力,从而达到提高借方信用能力的目的。

第二,在供应链模式中,由于主体的信用能力的提高,银行信用可以形成,如此借方信贷配给自然得以缓解。通过提高主体信用能力,银行就将信贷合约的执行置于一个可靠的基础上。通过对借方还款现金流 $\beta\delta V$ 进行甄别与控制,借贷双方博弈均衡可以在高位达成,即能达到银行所期望的(守信,授信)的均衡状态,且均衡结果是可预期的而且相对稳定。因此,在供应链模式中,由于主体信用能力的提高,借方的承诺变得可以置信,银行予以授信。

(2)负债履约机制建立及事后履约的可置信

以下构筑非完全信息动态博弈模型,以证明在供应链网络治理模式下,由于负债履约机制的建立,借款人事后履约也是可置信的。

借贷双方的博弈格局,我们可用图4.5表示。

第一,虽然基于法院的外部治理不健全,但银行可通过借款申请人交易伙伴的协助,提高对借方还款现金流 $\beta\delta V$ 的控制,建立负债履约机制。如前假设,β 与 δ 趋向 1,一旦借方违约,贷方便可通过借款人的交易伙伴执行信贷合约,将还款现金流 $\beta\delta V$ 用于归还贷款,且执行成本较低,有 $\beta\delta V \approx V > Br > C_{b2}'$。

第二,通过借方交易伙伴的参与,银行可以有效实现对借方不守信实施惩罚,且惩罚的成本 C_p 低于惩罚获的补偿 P,有 $P - C_p' > 0$。

基于上述两个条件,就有:

$$-Br - C_{b2} + \beta\delta V + P - C_p' \approx V - Br - C_{b2} + P - C_p' > Br - C_{b2}$$

故贷方的占优策略为授信。根据逆推归纳法,得出的均衡路径是(贷款、惩罚,守信),如此银行予以贷款。

综上所述,在供应链网络治理模式中,贷方对借方价值流控制力的提高,导致借方的还款现金流 $\beta\delta V$ 是可控的;同时,银行对借方违约行为的惩罚成本相对较低,导致 $P - C_p' > 0$,惩罚是可置信的。因而借方如期履约是可置信的,因此银行给予贷款。但是,这种授信活动的本质是一种上下游企业之间的信用迁移。借方的如期履约,在很大程度上是建立在交易伙伴的信用基础之上的,如果交易伙伴由于各种原因无法履约,则会在一定程度上加大信用风险。

根据以上分析,可以得出以下假设:

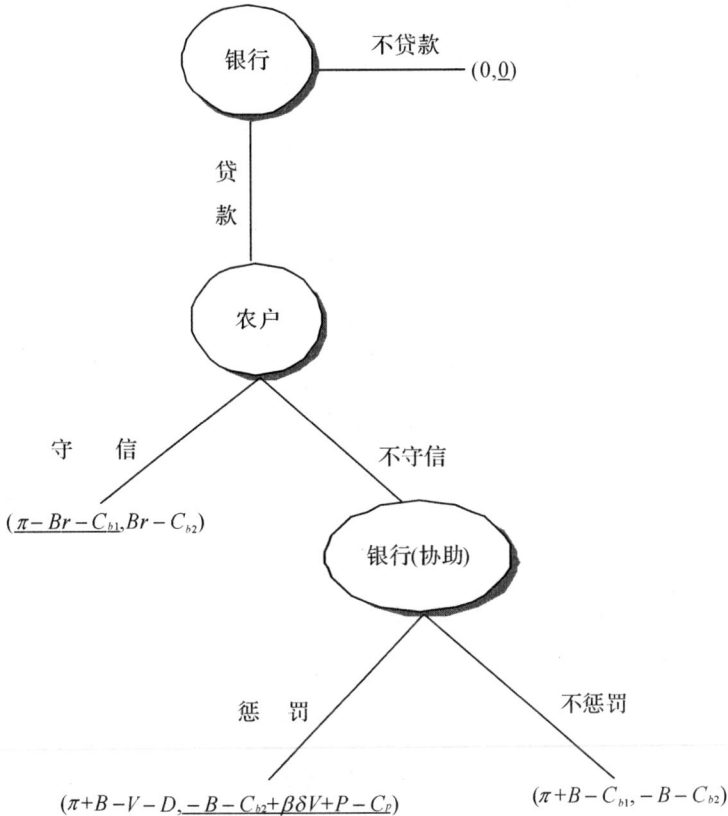

图 4.5　供应链网络治理模式下信用形成动态博弈模型

H_{FB}:供应链主体交易特征有助于建立授信管理机制；

H_{FC}:供应链主体交易特征有助于建立负债履约机制；

H_{FK}:供应链主体交易特征影响借款人授信等级的提高；

H_{FX}:供应链主体交易特征有助于借款人授信额度的提高。

4.5.4　理论模型构建

综上所述,可以得出动态信用的理论模型如图 4.6 所示。

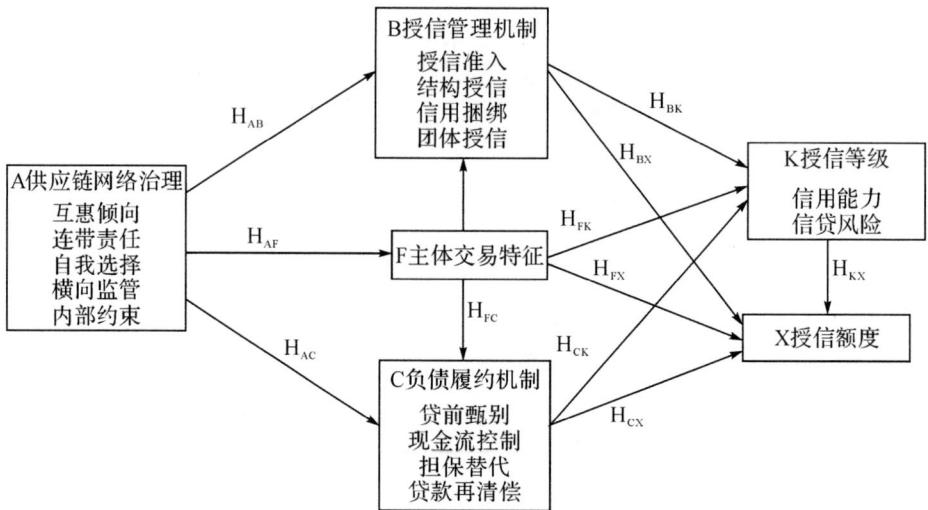

图 4.6　动态信用理论模型

如图 4.6 所示,模型分为三个部分:

第一部分是供应链网络治理机制,包括互惠倾向、连带责任、自我选择、横向监管及内部约束等。

第二部分是主体交易特征与信贷交易治理机制,其中信贷交易治理机制主要有授信准入、结构授信、信用捆绑、团体授信等授信管理机制,与贷前甄别、现金流控制、担保替代、贷款再清偿等负债履约机制。

第三部分是主体信用水平,包括授信等级与授信额度,其中授信等级包括信用能力与信贷风险。

同时,根据上述动态信用内在基础、外部条件及机理模型的论述,我们可知,模型各部分及相关变量之间存在着相互联系并相互作用,这种相互联系与作用正是动态信用机理的具体体现。根据上述分析,我们将模型变量之间的关系及动态信用内在机理用如下待检验的理论假设来描述(见表 4.1)。

表 4.1　理论假设小结

		假　设　内　容	影响方向
	H_{DD}	动态信用有助于提高借款人信用能力	＋
	H_{EE}	动态信用有助于降低借款人信用风险	＋
	H_{XX}	动态信用有助于提高借款人授信额度	＋
H_A	H_{AB}	供应链网络治理与授信管理机制正相关	＋
	H_{AF}	供应链网络治理有助于改善主体交易特征	＋
	H_{AC}	供应链网络治理与负债履约机制正相关	＋
H_B	H_{BK}	授信管理机制有助于提高主体授信等级	＋
	H_{BX}	授信管理机制有助于提高主体授信额度	＋
H_C	H_{CK}	负债履约机制有助于提高主体授信等级	＋
	H_{CX}	负债履约机制不利于提高主体授信额度	－
	H_{KX}	主体信用等级的提高有助于提高主体的授信额度	＋
H_F	H_{FB}	主体交易特征有助于建立授信管理机制	＋
	H_{FC}	主体交易特征有助于建立负债履约机制	＋
	H_{FK}	主体交易特征影响借款人授信等级	＋－
	H_{FX}	主体交易特征有助于提高授信额度	＋

注:"＋"代表影响方向为正,"－"代表影响方向为负,"＋－"代表方向不定。

4.6　本章小结

　　本章在相关理论文献综述的基础上,结合中小企业供应链金融实践经验,提出了供应链融资的动态信用理论,详细阐述动态信用理论的概念内涵、基本命题、形成条件与逻辑体系,提出了动态信用形成的内在基础与外部条件,论述了动态信用形成的内在机理,进而用博弈模型论证了动态信用形成的内在机理并提出了相关待检假设。

5 现场实验研究设计

科学研究是创造知识,而非应用知识。通过科学研究,人们可以获取新知并对自然或社会现象进行描述、解释或预测。在获取新知的各种方法中,科学过程所创造的知识更可信,因为它既包含逻辑,也包含数据(徐淑英,2008)。上一章我们运用博弈论模型,从逻辑视角对供应链融资的信用机理进行了论证。从这一章开始,本书将运用现场实验及统计分析方法,对农户供应链融资的理论进行实证检验。基于前文的理论模型,结合研究目标,本章将对现场实验的研究目标、研究内容、研究现场、参与主体、研究程序与问卷设计、变量测量指标、数据收集与处理等问题进行详细描述。

5.1 研究目标与研究内容

5.1.1 研究目标

实证研究主要有两大目标:

第一,通过经验数据对动态信用下主体信用水平、影响因素、信用生成机理及相关理论假设进行验证。

第二,通过经验数据对各种农户供应链融资模式下的信用水平及其关键影响因素进行验证。

5.1.2　研究内容

如表5.1所示,本书主要研究三种不同授信模式在不同的情景下,主体信用水平变化及其影响因素情况,具体体现在以下几个方面:

表 5.1　现场实验的主要内容

授信模式	主要情景及关键要素	信用水平指标	其他影响因素
担保授信	1.担保主体不同: (1)龙头企业 (2)专业合作社 2.担保基金有无: (1)有担保基金 (2)无担保基金	(1)授信额度 (2)信用能力 (3)信用风险	(1)授信管理机制 (2)负债履约机制 (3)供应链网络治理 (4)主体交易特征 (5)其他因素
农产品质押授信	产品价值控制方式不同 (1)连带监管责任 (2)担保收购责任		
订单质押授信	不同产业金融教育水平 (1)相对较高 (2)相对较低		

(1)基于担保授信的农户供应链融资模式

主要研究在不同担保主体及是否建立担保基金的情况下,基于担保授信的主体信用水平及相关影响因素。具体而言,主要是指在龙头企业担保但没有建立担保基金、龙头企业担保且建立担保基金、专业合作社担保但没有建立担保基金、专业合作社担保且建立担保基金四种情景下,观测主体授信额度、信用能力及信用风险等信用水平变量变化,并测量在相应情景下的授信管理机制、负债履约机制、供应链网络治理、主体交易特征及其他影响主体信用水平的因素。

(2)基于农产品质押授信的农户供应链融资模式

主要研究在不同产品价值控制方式下,基于农产品质押授信的主体信用水平及相关影响因素。具体而言,是指在农产品连带监管、农产品担保收购两种情景下,观测主体授信额度、信用能力及信用风险等信用水平变量的变化,并测量在相应情景下的授信管理机制、负债履约机制、供应链网络治理、主体交易特征及其他影响主体信用水平的因素。

(3)基于订单质押授信的农户供应链融资模式

主要研究在不同产业金融教育水平下,基于订单质押授信的主体信用水平及相关影响因素。具体而言,主要是指产业金融教育水平相对较高与相对较低等两种情景下,观测主体授信额度、信用能力及信用风险等信用水平变量变化,并测量在相应情景下的授信管理机制、负债履约机制、供应链网络治理、主体交易特征及其他影响主体信用水平的因素。

5.2　研究现场与参与主体

5.2.1　研究现场

(1)浙江兰溪农业产业化及担保融资实践

近年来,兰溪市把加快发展农业产业化经营作为推进农业现代化、增加农民收入、加快农村奔小康的重要举措,因地制宜,大力培育优势特色农业,扶持发展农业龙头企业。通过扶大、扶强、扶优,优势主导产业逐步凸现。目前该市已基本形成了以五十里杨梅长廊为主体的北部水果产业带,以沿江镇乡冲积平原地区的小萝卜等为特色的蔬菜产业带,以养蜂与养鸭为主体的畜禽养殖业,以兰花种养为主体的花卉业,以淡水鱼珠混养为主体的水产业五大农业主导产业。

随着农业产业化的发展,龙头企业内联千家万户,外联国内外市场,逐步发挥了开拓市场、科技创新、引导生产、资金融通、生产服务等综合功能,发挥了强有力的辐射带动作用。

为了提高农户的组织化程度,增强防御市场、自然双重风险的能力,该市围绕特色主导产业,按照"民办、民管、民受益"的原则,组建了兰溪市小萝卜协会、兰溪市蜜蜂产业化协会、兰溪市珍珠协会、兰溪市养鸭协会、下蒋坞杨梅专业合作社、云山蔬菜专业合作社等35个农民组织。这些农业龙头企业和合作经济组织不仅安排吸收了数千个农业劳动力,而且带动了10余万亩农产品生产基地以及2万多户农户发展高效农业,延长了农产品的产业链,使广大农户不仅得到了生产领域的效益,而且还可以分享到加工以及流通领域的成果。

在农业产业化发展过程中,涉农企业、专业合作社、种养大户等遇到了资金不足而贷款又难的瓶颈。为了解决这一难题,兰溪农村合作银行与兰溪供销总社合作推出了农信担保业务。2007年5月,兰溪市供销总社出资组建了农信担保公司,注册资本500万元,每笔担保额在5万~50万元。该公司成立以来,根据兰溪农业发展的实际,围绕促进农业增效和农民增收的目标,积极开展工作,无论生产规模大小,只要符合担保条件,一律平等对待。到目前为止,该公司已累计为172户农业企业、农民专业合作社、种养大户及经纪人等涉农经济主体提供担保贷款3140万元。

(2)浙江绍兴产业发展及其存货融资实践

光大银行绍兴支行推出"黄酒货押贷款"。绍兴传统产业被人们形容为"三只缸",即"酒缸"(黄酒产业)、"酱缸"(酱制品业)和"染缸"(印染纺织业)。长期以来,作为三只缸之一的"酒缸"一直呈现"散而小"的格局,产业一直做不大,主要原因是资金"短板"问题。因为"卖陈酒做新酒"是绍兴黄酒业的总体发展模式,黄酒企业是以存货多少显示竞争力的。存货越多,产量就越高。但没有新增资金,就无法新增存货,提高产量。这一模式决定了绍兴黄酒业总体规模上不来,发展速度缓慢。如果银行能接受黄酒企业最值钱的资产——黄酒原酒做抵押品,那么,"死"物变成了"活"钱,绍兴的黄酒产业就会快速增长。

2009年9月,绍兴白塔酿酒有限公司将价值4000万元的黄酒原酒抵押给光大银行绍兴支行,获得了2100万元贷款。2009年底,绍兴县唐宋酒业有限公司用价值4000万元的黄酒原酒向光大银行绍兴支行质押贷款了2100万元。浙江东方绍兴酒有限公司也用价值3000万元的黄酒原酒向光大银行绍兴支行抵押贷款了1500万元,用于购买酒坛、糯米和小麦,增加对黄酒原酒的储存。截至2010年4月12日,已有4家年产在1万至2万吨之间的黄酒企业通过"黄酒货押"产品,总授信过亿,货押出账量5550万元。尽管黄酒货押较之固定资产质押成本要高,但用这笔贷款储存黄酒原酒所获得的增值收益,完全能覆盖利息成本。黄酒原酒每多存一年,就多升值30%。黄酒货押这一创新产品,使银行切入了黄酒产业,实现了企业、银行和地方经济的"三赢"。光大银行准备先从下游做起,帮助企业打开销路,做大市场,将来逐步往上游做。做完黄酒原酒货押,再做上游的米、酒糟、酒瓶和瓶盖的货押。

中信银行绍兴分行推出"存货质押贷款与仓单质押贷款"。纺织业是绍兴国民经济的传统支柱产业,随着经济发展方式转变的不断深入,从国家到省、市政府均把纺织业列入振兴规划的重点产业之一。2008年12月以来,绍兴市陆续出台了《绍兴市纺织产业提升发展规划》、《绍兴市人民政府关于印发提升发展纺织等五大产业若干政策的通知》、《关于绍兴市工业转型升级实施方案的通知》等政策,并通过政策导向、资金补偿,加快印染企业的转型升级。为了助推更多的纺织企业转型升级,绍兴市各家银行加大创新力度,积极尝试存货质押贷款、仓单质押贷款等方式来拓宽企业的融资渠道。如中信银行绍兴分行通过创新授信担保方式,成功推出存贷质押、应收账款质押等信贷业务,努力满足企业融资需求,至2010年6月末已办理存贷质押授信3.3亿元。

绍兴市商业银行的"珍珠仓单质押贷款"。为支持诸暨市山下湖镇经济发展,打造块状经济特色,缓解珍珠行业融资难、担保难问题,绍兴市商业银行推出了一种新的贷款品种——珍珠仓单质押贷款。2009年以来,绍兴市商业银行诸暨支行顺应当地特色经济的发展需求,将借款企业的珍珠存放在银行指定的仓储公司,并以仓储方出具的仓单作为质押,银行依据珍珠价值按一定比例向借款企业提供短期融资业务。首批推出的珍珠仓单质押贷款规模暂定为1亿元,贷款发放对象主要为年销售在500万元以上的镇级珍珠规模企业和优质珍珠专业经营户。由浙江佳丽珍珠首饰有限公司、浙江星宝珍珠首饰有限公司和诸暨市山下湖集体资产经营有限公司三家公司共同出资1000万元成立的诸暨市金桥仓储有限公司,负责做好对质押珍珠的收取、鉴定、保管等工作,并及时向银行提供质押贷款的依据。珍珠仓单质押贷款业务的开展,不仅可以盘活货主企业暂时闲置的原材料和产成品,加速流动资金周转,还可以实现与银行和仓储物流公司的"共赢"。对于银行来说,以仓储企业为担保人,以仓单所列货物作抵押,可以有效规避贷款风险,扩大了贷款规模,培育了新的经济增长点。对于仓储公司而言,可以利用能够为货主企业办理仓单质押贷款的优势,吸引更多的货主企业进驻,确保稳定的货物存储量,提高企业的经济效益。

(3)浙江常山县粮食产业及粮食订单质押融资实践

2009年6月,浙江省常山县出台了《种粮大户粮食订单质押融资管理实施办法》(以下简称《办法》),这是浙江省首个以粮食订单为质押标的物解决种粮大户融资贷款的政策文件。《办法》规定,对土地流转种粮面积100亩以上的种粮大户和粮食专业合作社,在符合以下三个条件的情况下,可以种粮直补资金、奖励资金和粮食收购订单向农村信用联社申请质押担保贷款,获得600元/亩的质押融资贷款,并享受人民银行公布的同档次贷款基准利率。这三个条件是:一是申请质押融资贷款的种粮大户和粮食专业合作社必须具有完全民事行为能力,签订了土地流转种粮协议,遵纪守法,诚实守信,无不良信用记录;二是与县粮食部门签订了粮食收购合同,参加了政策性农业保险;三是承诺同意将种粮直补资金、粮食订单销售款和奖励资金、理赔款用于归还粮食订单质押融资贷款。该《办法》的出台,解决了种粮大户在资金上的燃眉之急,增强了种粮大户种粮的积极性,为稳定全县粮食生产提供了有效保障。通过近一年的实践,粮食订单质押融资已经在常山县天马、辉埠、何家、宋畈、新昌、球川、白石等11个乡镇推行,近40个种粮大户从中获益。

5.2.2　参与主体

表 5.2 显示了本研究现场实验的主要参与机构和参与对象,其中:

参与担保授信模式现场实验研究的主要机构与人员有:兰溪市农村信用联社与兰溪市农信担保公司的信贷人员、信贷管理人员及风险控制人员,兰溪市农业局相关部门的工作人员,各乡镇政府工作人员,县市级农业龙头企业的企业财务、技术服务、购销及管理人员,专业合作社社长及社员,以及相关行业种植大户、养殖大户。

参与农产品质押授信现场实验研究的主要机构与人员有:绍兴市恒丰银行、中信银行、兴业银行、绍兴县农村合作银行越州总部、绍兴县农村合作银行漓诸支行等各家银行的信贷人员、信贷管理人员及风险控制人员,其中绍兴市恒丰银行、绍兴县农村合作银行越州总部、绍兴县农村合作银行漓诸支行等银行部分中高层以上管理人员也参与了现场实验。

参与订单质押授信模式现场实验研究的主要机构与人员有:常山县委组织部,常山县政府办公室,常山县粮食局、农业局及有关乡镇政府的政府工作人员,常山县信用社的中高层管理人员、信贷员、信贷管理人员及风险控制人员,常山县各乡镇的粮食专业合作社及种粮大户。

表 5.2　现场实验的主要参与机构和参与人员

授信模式	参与机构	参与人员
担保授信	兰溪市农村信用联社、兰溪市农信担保公司、兰溪市农业部门、各乡镇政府、龙头企业、专业合作社	信贷员、信贷管理及风险控制人员、政府工作人员、企业财务、技术服务、购销及管理人员、专业合作社社长及社员、种植户、养殖户
农产品质押授信	绍兴市中信银行、恒丰银行、兴业银行、绍兴县农村合作银行越州总部、绍兴县农村合作银行漓诸支行	信贷员、信贷管理及风险控制人员、部分银行中高层以上管理人员
订单质押授信	常山县委组织部,常山县政府办公室,常山县粮食局、农业局、各乡镇政府、常山县信用社、专业合作社	政府工作人员、银行中高层管理人员、信贷员、信贷管理人员、风险控制人员、种粮大户

5.3 研究程序与问卷设计

5.3.1 研究程序设计

由于三种授信模式所要考察的关键要素、所选择的研究现场及研究情景各有不同,为便于各种模式的统一比较,充分体现所观测的关键要素所产生的效应,在各种授信模式的现场实验中,笔者统一以一个产品年销售收入为 10 万元、信用评级为 A 的农户申请纯粹信用贷款为基准。也就是说,在研究各种授信模式的效应之前,先设定一个参照情景:信用水平评级为 A、年销售收入为 10 万元的农户在没有任何抵押与担保的情况下申请贷款,并在这个参照情景下,对该农户的各项信用指标进行前测。然后,在引入各种授信模式及其关键要素的基础上进行后测。通过对现场实验前和现场实验后参与者的反应做对比来进行显著性检验。

虽然已经统一设置了参照情景,但是每种授信模式还是具有各自的特征与不同的实际情况。为了深入考察各种授信模式的关键要素及研究情景,笔者根据每种授信模式的实际需要进行现场研究的设计,具体体现在以下几个方面:

(1)担保授信与 2×2 析因实验设计

在担保授信中,担保授信的效应是由担保主体与担保基金两个因素共同作用的结果,这两个因素的作用相对独立,甚至还有可能表现出一定的交互作用。因此,在现场实验中,就需要把这两个因素及其各种水平相互结合起来进行。

析因设计是将两个或两个以上因素及其各种水平进行排列组合、交叉分组的试验设计。通过析因设计,可以检验担保主体及担保基金两个因素各水平之间是否有差异;同时,也可检验担保主体与担保基金两因素之间是否有交互作用,可以较好地实现上述研究目标。因此,在研究担保授信的过程中,笔者采用 2×2 析因实验设计,具体设计如表 5.3 所示。

表 5.3　担保授信 2×2 析因实验设计

因　素　组　合		担　保　基　金	
		有	没　有
担保主体	龙头企业 专业合作社	龙头企业有担保基金 专业合作社有担保基金	龙头企业无担保基金 专业合作社无担保基金

　　如表5.3所示,在担保授信中,不同担保主体以及是否建立担保基金,可以产生四种组合。具体而言,主要是指龙头企业担保但没有建立担保基金、龙头企业担保且建立担保基金、专业合作社担保但没有建立担保基金、专业合作社担保且建立担保基金四种情景。在担保授信的现场实验中,我们要观测在这四种情景下,主体授信额度、信用能力及信用风险等信用水平变量的变化,并测量在相应情景下的授信管理机制、负债履约机制、供应链网络治理、主体交易特征及其他影响主体信用水平的因素。

　　担保授信研究程序如表5.4所示,具体而言,体现为三点:

表 5.4　担保授信研究程序设计

组　别	前　测 (纯粹信用贷款)	实验变量	后　测 (不同担保因素组合下授信)
实验组 1	V1	龙头企业有担保基金	V1′
实验组 2	V2	龙头企业无担保基金	V2′
实验组 3	V3	专业合作社有担保基金	V3′
实验组 4	V4	专业合作社无担保基金	V4′

　　首先,在纯粹信用贷款模式下,对一个实验组的参与者进行前测。

　　其次,施加所需要关键变量的情景下进行后测。

　　最后,通过对现场实验前和现场实验后参与者的反应做对比来进行显著性检验。

　　(2)农产品质押授信与等组单因素2层次设计

　　农产品质押授信的效应往往是由质押农产品的价值可控性决定的,因为质押农产品的价值控制往往直接决定还款现金流是否稳定与可控。质押农产品的价值控制具有两个方面的涵义,一是质押农产品的使用价值的保存,二是质押农产品交换价值的实现。为了更好地研究不同的产品价值控制方式对农产品质押授信的主体信用水平的影响因素,笔者采用等组单因素2层次现场实验设计。也就是说,将参与者分成两个实验组,每个实验组分别施加价值控制的两个方面作为实验变量,在实验前对两个组进行显著性检验,实验后再对两个组进行显著性检验,以确定实验变量与信用水平之间的关系。

　　具体而言,是指在农产品连带监管、农产品担保收购两种情景下,观测主体授信额度、信用能力及信用风险等信用水平变量的变化,并测量在相应情景下的授信管理机制、负债履约机制、供应链网络治理、主体交易特征及其他影响主体信用水平的因素。如表5.5所示。

表 5.5　农产品质押授信研究程序设计

组　别	前　测 （纯粹信用贷款）	实验变量	后　测 （不同价值控制下授信）
实验组 1	V1	农产品连带监管	V1′
实验组 2	V2	农产品担保收购	V2′

（3）订单质押授信与等组单因素 2 层次设计

在对常山县粮食订单质押授信的实地访谈过程中，笔者发现，对粮食订单质押模式的不同认知水平往往会影响到粮食订单授信的实现效应。对粮食订单质押授信的不同认知水平，往往是由实践或培训等通过自发的或有组织的供应链金融教育所导致的。为了研究在不同供应链金融教育水平下，粮食订单质押授信效果的差异及其对主体信用水平的影响，笔者采用等组单因素 2 层次现场实验设计。即，将参与者分成两个实验组，每个实验组分别施加区分两种对粮食订单质押融资的不同供应链金融教育水平为实验变量，通过独立样本 t 检验，以确定实验变量对借款农户信用水平变化的影响。如表 5.6 所示。

表 5.6　订单质押授信研究程序设计

组　别	前　测 （纯粹信用贷款）	实验变量	后　测 （不同认知水平下授信）
实验组 1	V1	相对了解	V1′
实验组 2	V2	相对不了解	V2′

主要研究不同供应链金融教育水平对订单质押授信的主体信用水平及相关因素的影响。具体而言，在供应链金融教育水平相对较高与相对较低两种情景下，观测主体授信额度、信用能力及信用风险等信用水平变量变化，并测量在相应情景下的授信管理机制、负债履约机制、供应链网络治理、主体交易特征及其他影响主体信用水平的因素。

5.3.2　问卷设计

笔者在文献阅读的基础上对调查对象进行了小规模访谈，形成了初步问卷。此后笔者进行了预调查，并根据预调查结果对部分题项的顺序及内容进行了调整。为了使问卷更加切合部分测量对象及所处产业供应链的实际，笔者对部分题项的提问方式进行了相应的变换。为了考察量表的有效性，笔者采用信度指

标克朗巴哈 α 系数,对题项之间的内在一致性进行测度。经测试,各项目的 α 系数总体上大于 0.7,说明各题项的内在信度可以接受。

经过上述测试与调整,最终问卷由六部分内容构成:主体信用水平、供应链网络治理水平、授信管理机制、负债履约机制、控制变量及其他变量。

第一部分是主体信用水平调查,包括在四种预设模式及情景下,即无抵押担保贷款、粮食订单质押贷款、龙头企业担保贷款及农产品质押贷款,对银行授信额度、信贷风险及农户信用能力、信贷配给等的基本特征的调查。本部分调查的目的在于掌握不同信贷模式下,银行授信及农户信用水平总体概况,以期为后续研究中对不同模式的融资效应及内在机理的差异性比较研究建立基础。

第二部分供应链网络治理水平的调查,包括互惠程度、连带责任、自我选择、横向监督及内部约束五个方面的因素。目的在于了解不同农户及不同供应链融资模式中供应链治理水平的差异,以期为进一步研究不同供应链治理水平对融资效应的影响提供参考并揭示供应链融资信用形成的内在机理。

第三部分是授信管理机制的调查,包括授信准入、结构授信、信用捆绑及团体授信四个方面因素。目的在于了解不同供应链融资模式的授信管理机制情况,并为进一步验证供应链融资模式的授信管理机制及不同融资模式下授信管理机制的差异性奠定基础。

第四部分是负债履约机制的调查,包括贷前甄别、现金流控制、担保替代及贷款再清偿四个因素。目的在于了解不同供应链融资模式的负债履约机制情况,并为进一步验证供应链融资模式的负责履约机制及不同融资模式下负债履约机制的差异性奠定基础。

第五部分是控制变量的调查,包括资产专用性、相互投资、不确定性、信任、权威五个因素。主要目的是为了在研究过程中对这些变量进行控制,以使不同融资模式之间具有可比性,通过比较不同融资方案的差异性及不同融资模式的信用机理,可以使得出的结论更具一般性。

第六部分是一些其他变量的统计,主要是调查对象的个人背景资料,如年龄、工作岗位、信贷工作经验、文化程度等。主要目的是为了考察这些变量对测量效度的影响。

问卷采用 Likert 五级量表,由"①完全不同意"、"②不同意"、"③不清楚"、"④同意"、"⑤完全同意"五个选项组成。

5.4　变量测量指标

5.4.1　主体信用水平

以下变量的测量都是在特定的情况或模式下进行的，在本研究中设定四种情景或模式：第一种是无任何抵押担保的情况；第二种是粮食订单质押贷款模式；第三种是龙头企业担保模式；第四种是应收账款质押模式。其中，第一种无抵押担保的情况作为现场实验的前测情景，在每一种模式的研究中都要进行测量；而后三种情景，只是在研究本模式时进行测量。为了方便表述这四种情景，统一用符号"*"代表上述模式中的其中一种模式。

（1）授信额度

授信额度的确定是银行授信管理的重要内容，一般是指商业银行对单一法人客户确定最高综合授信额，是商业银行在对单一法人客户的风险和财务状况进行综合评估的基础上，确定的能够和愿意承担的风险总量。银行对该客户提供的各类信用余额之和不得超过该客户的最高综合授信额度（陈舜，2006）。

故银行授信额度的测量题项可以描述为：

X*1.银行愿意借给农户的资金总量为……

为了便于比较，先行假定农户的资金需求，在此基础上除银行愿意贷给的资金总量，则可变成银行相对授信额度。

（2）信用能力

农户信用能力的核心是借贷者可置信的偿还贷款能力（梁鸿飞，2005），在供应链融资模式下，农户的贷款偿还能力不但受农户个人的资金的运转情况及其个人才能、努力程度影响，还受所经营项目的风险大小、市场的情况及交易伙伴的信誉与实力等因素影响。前者属于借款人评级，后者属于债项评级。

综合农户本人及其所经营项目的情况，可用以下测量题项描述农户的信用能力：

X*2.银行可以相信农户有能力及时归还银行的贷款本息。

（3）信贷风险

信贷风险的防范和控制是信贷管理的核心。谢敏和李冬（2001）认为，所谓信贷风险，是指在银行的信贷活动中，由于各种不确定或不可控因素的影响，信贷资产遭受损失的可能性，可以从银行与借贷者两个角度考虑。从银行角度考虑，最重要的就是借出的资金能被及时归还，关键是保证信贷资金的安全。

故从银行角度,信贷风险大小的测量题项可以描述为:

X * 3.银行不能及时收回贷款本息。主体信用水平相关变量的测量如表 5.7 所示。

表 5.7　主体信用水平相关变量的测量

变量名称	项目编号	问卷题号	测量题项或指标描述
授信额度(SXED)	ED	X * 1	银行愿意借给农户的资金总量为
信用能力(XYNL)	NL	X * 2	农户有能力及时归还从银行借来的资金
信贷风险(XDFX)	FX	X * 3	银行不能及时收回借给农户的资金

5.4.2　供应链网络治理

(1)互惠倾向

互惠性偏好是行为经济学的重要理论假设之一,美国行为经济学家 Rabin (1998)认为,所谓互惠性偏好,是指"当别人对你友善时你也对别人友善,当别人对你不善时你也对别人不善"。在此基础上进一步明确地规定:"如果在损失自己的效用情况下去损害别人的效用,就被定义为对别人不善;如果在损失自己的效用情况下去增进别人的效用,就被定义为对别人友善"。

Wu 等(2006)基于中国的文化背景开发了互惠量表,包含广义互惠 4 题,平衡互惠 3 题。如此,互惠性倾向可以通过题项 A11～A17 测量。

广义互惠的测量题项为:

A11.即使目前农户不能给交易伙伴(龙头企业、合作社或政府相关部门)做更多贡献,合作伙伴也会帮助农户发展。

A12.交易伙伴(龙头企业、合作社或政府相关部门)愿意为农户的发展投资。

A13.交易伙伴(龙头企业、合作社或政府相关部门)愿意为农户做一些没有附加条件的事。

A14.交易伙伴(龙头企业、合作社或政府相关部门)关心农户的程度超过农户对交易伙伴的贡献。

平衡互惠测量题项:

A15.交易伙伴(龙头企业、合作社或政府相关部门)对自身的利益与农户利益一样注重。

A16.农户的努力和得到的补偿相当。

A17.如果农户完成订单或交易任务出色会得到一定的奖励。

（2）连带责任

现代法强调个人责任,即一个人自身所犯的过错,应当在其理性能够预期或者应当预期的范围内承担责任,但在现实中为他人行为负责的现象仍大量存在。而连带责任则是指为他人行为负责的情况。不同于传统建立在血缘、地域和身份等基础上的连带责任,现代的连带责任主要是建立在法律、契约关系的基础上（张维迎和邓峰,2003）。连带责任大小通过题项 A21～A22 测量:

A21.根据相关法律或契约规定,交易伙伴（如龙头企业、合作社或政府相关部门）有责任帮助、扶植农户发展。

A22.根据相关法律或契约规定,如果销售的农产品有质量问题,交易伙伴（龙头企业、合作社或政府相关部门）负有一定的相关责任。

（3）自我选择

如前所述,由于供应链中的交易伙伴有长期的交易关系,所以会逐渐掌握交易伙伴的经营状况、经营历史以及个人能力（Varian,1990）。因此,为了保证自己的交易安全,降低自身交易风险,交易伙伴会根据自己所掌握的信息,逐渐将一些不守信或高风险类型的农户排除在供应链网络之外,选择低风险类型的交易者为自己的伙伴。同时,在供应链融资中,龙头企业等交易伙伴往往对农户信贷负有一定的连带追偿或还款责任,为了使自己对农户信贷所承担的风险降到最低,在对银行推荐授信备选人时,也会对借款农户进行选择。自我选择程度通过题项 A31～A32 测量:

A31.在交易过程中,交易伙伴（龙头企业、合作社或政府相关部门）会选择优质或信誉较好的农户作为自己的交易对象。

A32.交易伙伴（龙头企业、合作社或政府相关部门）会根据借款农户还款意愿、还款能力等信息,为银行推荐一些优质或信誉较好农户作为贷款对象。

（4）横向监督

横向监督是利用代理人相互间的私有信息实施的监督。然而,并不是所有的团队中都会有横向监督,横向监督的产生必须有具备一定的条件:首先必须具备横向监管的意愿或激励,即要求某个成员的行为或努力程度必须能够影响到代理人的福利状况,这就要求团队成员之间通过利润分享或连带责任等形式,由于共同利益而发生联系,而这种利益关联的存在可以激发团队成员之间进行横向监督（章元,2004）,较银行更具信息优势。横向监督通过题项 A41～A42 测量:

A41.为确保产品质量安全,龙头企业/合作社在日常经营中会对农户生产过程进行监督。

A42.龙头企业/合作社具有对农户进行监督的便利条件。

(5)内部约束

所谓内部约束,即要求代理人对成员有一定的社会约束并有能力改变其他成员的选择。如果代理人没有能力改变机会主义者的选择,最终会导致所有的成员都采取机会主义行为。只有代理人有能力通过一定的社会约束对机会主义者实施惩罚以改变其收益,才能迫使机会主义者改变自己的选择,并使其他成员能够努力工作。否则,就会出现类似于"劣币驱逐良币"现象,机会主义者就会将努力工作者驱逐出团队或者使努力工作者也变成机会主义者(章元,2004)。供应链的内部约束主要是对违约者作为供应链成员资格的排斥、市场声誉损失等。通过长期的交易关系,供应链内部可以培育出一定的互惠规范或内部控制机制,如销售渠道的控制,产品质量控制,物流、信息流及资金流控制等,这种内部控制机制可以限制偏离供应链内部规则的行为。内部约束通过题项 A51~A52 测量:

A51.交易伙伴可以采取一定控制手段以预防农户违规行为(如销售渠道的控制,产品质量控制,物流、信息流及资金流控制等)。

A52.交易伙伴可以通过一定的奖励(如价值优惠、销售奖金)和惩罚措施(如成员资格的排斥、订单规模等),对合作农户的行为结果进行奖励或惩罚。

供应链网络治理变量的测量如表 5.8 所示。

表 5.8 供应链网络治理变量的测量

变量名称	项目编号	问卷题号	测 量 题 项 描 述
互惠程度 (HH)	HH1	A11	即使目前农户不能给交易伙伴(龙头企业、合作社或政府相关部门)做更多贡献,合作伙伴也会帮助农户发展
	HH2	A12	交易伙伴(龙头企业、合作社或政府相关部门)愿意为农户的发展投资
	HH3	A13	交易伙伴(龙头企业、合作社或政府相关部门)愿意为农户无条件的做一些事
	HH4	A14	交易伙伴(龙头企业、合作社或政府相关部门)关心农户的程度超过农户对交易伙伴的贡献
	HH5	A15	交易伙伴(龙头企业、合作社或政府相关部门)对自身的利益与农户利益一样注重
	HH6	A16	农户为交易伙伴(龙头企业、合作社或政府相关部门)付出的努力和得到的补偿相当
	HH7	A17	如果农户有出色完成订单或交易任务会得到一定的奖励

续表

变量名称	项目编号	问卷题号	测量题项描述
连带责任 （LDZR）	LD1	A21	根据相关法律或契约规定,对农户的发展,交易伙伴(如龙头企业、合作社或政府相关部门)有责任帮助、扶植农户发展
	LD2	A22	根据相关法律或契约规定,如果从农户那里收购的农产品有质量安全问题,交易伙伴(龙头企业、合作社或政府相关部门)负有一定的相关责任
自我选择 （ZWXZ）	XZ1	A31	在交易过程中,交易伙伴(龙头企业、合作社或政府相关部门)会选择优质或信誉较好的农户作为自己的交易对象
	XZ2	A32	交易伙伴(龙头企业、合作社或政府相关部门)会根据借款农户还款意愿、还款能力等信息,为银行推荐一些优质或信誉较好农户作为贷款对象
横向监督 （HXJD）	JD1 JD2	A41 A42	为确保产品质量安全,龙头企业/合作社在日常经营中会对农户生产过程进行监督 龙头企业/合作社具有对农户进行监督的便利条件
内部约束 （NBYS）	YS1 YS2	A51 A52	交易伙伴对合作农户可以采用一定控制手段以预防农户违规行为(如销售渠道的控制,产品质量控制,物流、信息流及资金流控制等) 交易伙伴可以通过一定的奖励(如价值优惠、销售奖金)和惩罚措施(如成员资格的排斥、订单规模等),对合作农户的行为结果进行奖励或惩罚

5.4.3 授信管理机制

（1）授信准入

所谓授信准入,是指授信必须具备一定的条件,授信备选对象必须信用记录优良并具有一定的还款能力,没有还款能力或者信用记录不良者,则不予授信。一般而言,在供应链融资中,农户要获取银行的信贷必须具备如下几个准入条件：

第一,必须与供应链核心成员建立稳定的交易关系并具备一定的商业信用。在本书案例中,主要体现为与龙头企业、合作社、政府粮食部门建立了一定的稳定的交易关系。同时,交易伙伴(如龙头企业、合作社、政府部门等)对农户具有一定的选择性。如果完成订单及产品质量情况好,农户就可以与交易伙伴(如龙头企业、合作社、政府部门等)继续做生意;如果完成订单或产品质量不好,农户就不能继续与交易伙伴(如龙头企业、合作社、政府部门等)做生意。

第二,交易伙伴愿意为银行推荐信誉优良的农户作为授信备选对象。

第三,农户与交易伙伴的交易项目本身具有稳定可靠的收入来源。

如此,授信准入通过题项 B11~B14 测量:

B11.授信农户必须与交易伙伴(如龙头企业、合作社、政府部门等)建立稳定的交易关系。

B12.授信农户必须具备一定的信誉条件,才能与交易伙伴(如龙头企业、合作社、政府部门等)建立稳定的交易关系。

B13.如果借款农户以前的信用记录不好,贷款时就不可能得到交易伙伴(如龙头企业、合作社、政府部门等)的推荐。

B14.如果农户的交易项目本身没有可靠的收入来源,银行也不会考虑给农户贷款。

(2)结构授信

所谓结构授信,是指在做出信贷决定时,并不是对借款农户信用孤立评价,而是把农户交易的上下游环节结合起来考虑,审查的重点从关注单一农户到农户上下游的交易伙伴及系统交易背景,所以,在考察、评价借款农户信用时,要考虑农户交易伙伴信用水平及交易关系的稳定性。同时,在确定授信额度时,会综合考虑受信农户及其交易链条上各个环节的总体资金需求,也就是说,在授信过程中,不但考虑了农户的资金需求,而且考虑了交易伙伴的资金需求。结构授信通过题项 B21~B22 测量:

B21.如果龙头企业/合作社自身信用水平不高,银行就不会考虑给农户贷款。

B22.如果银行给农户贷款,交易伙伴(如龙头企业、合作社、政府部门等)也会因此减少资金投入或减轻资金压力(如提前预付订金、按期支付货款等)。

(3)信用捆绑

在授信过程中,通过一定的保证方式,将具有信用优势的农户交易伙伴(如龙头企业、合作社、政府部门等)的信用引入,并以交易伙伴的履约作为风险控制的基础。信用捆绑通过题项 B31~B32 测量:

B31.在农户不能及时归还贷款本息时,交易伙伴(如龙头企业、合作社、政府部门等)有责任替银行进行追讨欠款或代农户偿还欠款。

B32.交易伙伴(如龙头企业、合作社、政府部门等)有责任按照银行的要求,将与农户的交易款定向支付到农户在贷款银行开立的账户上。

(4)团体授信

所谓团体授信,是指对一个有利益关联的群体进行授信,贷款者通过联保的

方式组成一个团体,团体成员之间存在履行债务连偿责任(胡雄勇,2009)。团体授信通过题项 B41~B42 测量:

B41.在授信过程中,农户与交易伙伴(如龙头企业、合作社、政府部门等)信用联成一体,龙头企业信用好,则农户信用也好。

B42.交易伙伴(如龙头企业、合作社、政府部门等)对农户欠银行的债务负有连带还款责任。

授信管理机制变量的测量如表 5.9 所示。

表 5.9 授信管理机制变量的测量

变量名称	项目编号	问卷题号	测量题项描述
授信准入(SXZR)	ZR1	B11	授信农户必须与交易伙伴(如龙头企业、合作社、政府部门等)建立了稳定的交易关系
	ZR2	B12	授信农户与交易伙伴(如龙头企业、合作社、政府部门等)建立稳定的交易关系必须具备一定的信誉条件
	ZR3	B13	如果借款农户以前的信用记录不好,贷款时就不可能得到交易伙伴(如龙头企业、合作社、政府部门等)的推荐
	ZR4	B14	如果农户的交易项目本身没有可靠的收入来源,银行也不会考虑给农户贷款
结构授信(JGSX)	JG1	B21	如果交易伙伴(如龙头企业、合作社、政府部门等)的不守信用或信用水平不高,就不会考虑给农户贷款
	JG2	B22	如果银行给农户贷款,事实上会让交易伙伴(如龙头企业、合作社、政府部门等)减少资金投入或减轻资金压力(如提前预付订金、按期支付货款等)
信用捆绑(XYKB)	KB1	B31	在农户不能及时归还的贷款本息时,交易伙伴(如龙头企业、合作社、政府部门等)有责任替银行进行追讨欠款或代农户偿还欠款
	KB2	B32	交易伙伴(如龙头企业、合作社、政府部门等)有责任按照银行的要求,将与农户的交易款定向支付到农户在贷款银行开立的账户上
团体授信(TTSX)	TT1	B41	在授信过程中,农户与交易伙伴(如龙头企业、合作社、政府部门等)的信用联成一体,交易伙伴信用好,则农户信用也好
	TT2	B42	交易伙伴(如龙头企业、合作社、政府部门等)对农户欠银行的债务存在一定的连带还款责任

5.4.4 负债履约机制

（1）贷前甄别

所谓贷前甄别，就是在贷款之前，通过确定贷款申请人的风险类型（章元，2004），将"优质借款农户"与"劣质借款农户"区别开。一般而言，贷前甄别有直接甄别与间接甄别两种：一种是通过银行自己实行甄别，另一种是通过第三方实现甄别（胡士华，2007）。这里的优质与劣质，我们用是否具备还款能力来区分，由此，贷前甄别通过题项 C11～C12 测量：

C11. 贷款过程中，银行自己可以知道借款农户是否"具备还款能力"。

C12. 贷款过程中，银行可以通过龙头企业/合作社了解借款农户是否"具备还款能力"。

（2）现金流控制

在供应链融资项上的现金流控制是指通过对流程模式、产品运用、商务条款约束等要素的设定，对授信资金循环及其增值进行控制。通过对现金流的全程控制，以达到控制还款来源，增加还款来源的可预见性、操控性和稳定性，保障银行授信资金进入供应链的经营循环后，能够产生足够的现金流抵偿到期债务（胡跃飞等，2008）。现金流控制主要体现在贷款用途及最终销售收入两个方面，通过题项 C21～C22 测量：

C21. 在这种贷款方式中，贷款的用途是特定的，资金贷给农户后能够保证专款专用。

C22. 在这种贷款方式中，借款农户的销售收入或还款现金流自动进入授信银行的特定账户，进而归还贷款或作为归还的保证。

（3）担保替代

如前所述，为了防范信息不对称所引发的违约风险，商业银行普遍要求借款人提供诸如实物抵押、权利质押或第三方信用保证等担保条件。然而，由于农户自身条件的限制，往往很难提供合格的抵押物及专业担保机构的第三方担保。在供应链融资中，贷款不像传统贷款那样要求有不动产担保或专业担保机构的第三方担保，而是用动产质押及交易伙伴担保替代了上述担保要求。担保替代通过题项 C31～C32 测量：

C31. 在这种贷款方式中，农户实际是用动产质押的方式替代了银行平常所用的抵押与担保方式获取贷款。

C32. 在这种贷款方式中，农户实际是用交易伙伴担保的方式替代了银行平常所用的抵押与担保方式获取贷款。

（4）贷款再清偿

所谓贷款再清偿，是指借款者本人不能清偿到期债务时，借款者的供应链上下游交易伙伴或供应链外部保险公司等第三方代为清偿的机制。贷款再清偿通过题项 C41～C42 测量：

C41. 农户因故不能偿还贷款，有供应链上下游的交易伙伴代为偿还。

C42. 农户因故不能偿还贷款，会有供应链之外的其他第三方主体（如保险公司、担保公司）代为偿还。

表 5.10 负债履约机制变量的测量

变量名称	项目编号	问卷题号	测 量 题 项 描 述
贷前甄别（DQZB）	ZB1	C11	贷款过程中，银行自己可以将"信用好"的借款农户与"信用差"的借款农户区别开
	ZB2	C12	贷款过程中，银行可以通过与借款农户相关的第三方（如龙头企业、合作社、政府部门等）将"信用好"的借款农户与"信用差"的借款农户区别开
现金流控制（XJKZ）	KZ1	C21	在这种贷款方式中，贷款的用途是特定的，资金贷给农户后能够保证专款专用
	KZ2	C21	在这种贷款方式中，借款农户的销售收入或还款现金流自动进入授信银行的特定账户，进而归还贷款或作为归还的保证
担保替代（ZBTD）	TD1	C31	在这种贷款方式中，农户实际是用动产质押的方式替代了银行平常所用的抵押与担保方式获取贷款
	TD2	C32	在这种贷款方式中，农户实际是用交易伙伴担保的方式替代了银行平常所用的抵押与担保方式获取贷款
贷款再清偿（DKZQC）	QC1	C41	农户因故不能偿还贷款，有供应链上下游的交易伙伴代为偿还
	QC2	C42	农户因故不能偿还贷款，会有供应链之外的其他第三方主体（如保险公司、担保公司）代为偿还

5.4.5 主体交易特征

为了使不同融资模式之间更具可比性,并使得出的结论更具一般性,在比较不同融资方案的差异性及不同融资模式的信用机理时,必须考虑到不同供应链主体特征的差异,并将特征差异性变量作为控制变量进行研究与考察。如前所述,供应链主体特征主要考察资产专用性、相互投资、不确定性、信任、权威五个因素。

(1)资产交易专用性

交易专用性资产主要有两个维度,即专用性物质资产与专用性人力资产(Rindfleisch & Heide,1997)。专用性物质资产是指为了某一特定的交易伙伴而投入的定制的机器设备、工具及模具等特定的资本投资。专用性人力资产是指与某一特定交易对象交易时,所需要的特别的技术、技能与经验。根据Zylbersztajn 等(2004)的量表,资产的交易专用性通过题项 F11~F12 测量:

F11.为了给交易伙伴(政府部门、龙头企业、合作社)提供产品,农户需要投入大量的前期资本投入。

F12.如果不再与交易伙伴(政府部门、龙头企业、合作社)做生意,以前所掌握的大量的专门技术与技能都不能用了。

(2)相互投资

Zaheer 和 Venkatraman(1995)认为,相互投资可以用以下三个指标来测量:第一,维持双方交易关系需要投入的时间与精力;第二,为交易伙伴提供的定制化支持;第三,为交易伙伴提供的培训等。因此,相互投资通过题项 F21~F23 测量:

F21.农户与交易伙伴(政府部门、龙头企业、合作社)维持订单或交易关系,需要投入大量时间与精力。

F22.交易伙伴(政府部门、龙头企业、合作社)会为农户提供技术支持与服务,以帮助农户解决生产过程中出现的技术问题。

F23.交易伙伴(政府部门、龙头企业、合作社)会为农户提供技术或技能培训。

(3)不确定性

Zaheer 和 Venkatraman(1995)认为,行为的不确定性可以用以下两个操作化指标来测量,即对价格变动与引入新产品的可预测性。另外,对于农产品而言,还包括自然灾害的可预测性。故不确定性通过题项 F31~F33 测量:

F31.本行业中现有产品的价格变化具有可预测性。

F32.本行业中新品种的引入具有可预测性。

F33.本行业中自然灾害的发生具有可预测性。

(4)信任

Zaheer 和 Venkatraman(1995)开发了三个可操作性指标,用以测量供应链核心企业与其交易合资企业的信任关系,主要包括了相互信任要素、信任的行为要素与过程要素。因此,信任通过题项 F41~F43 测量:

F41.农户与合作伙伴(政府部门、龙头企业、合作社)间有高度的信任关系。

F42.交易伙伴(政府部门、龙头企业、合作社)与农户做交易时都很公平。

F43.交易伙伴(政府部门、龙头企业、合作社)是会信守诺言的。

(5)权威

在供应链网络中,行动者之间是不平等的。有的处于中心位置,有的处于边缘位置,他们在拥有资源与信息等社会分层上存在差别,并主要表现在权力与威望等方面。权力是指从事或影响某些事物或他人的内在能力。威望则体现出这种影响的外在效果。所谓的影响是指通过一定的信息期待别人反应而产生的行为与态度的变化。在这过程中,影响者与被影响者是不平等的,是一种不对称的社会关系,具体表现在服从关系与依赖关系两个方面(林聚胜,2009)。因此,权威通过题项 F51~F52 测量:

F51.为了达到一定的目的,合作伙伴(政府部门、龙头企业、合作社)可以通过一定的手段让农户服从其安排。

F52.农户对交易伙伴(政府部门、龙头企业、合作社)有很强的依赖性(如信息、资源、销售渠道等)。

表 5.11　主体交易特征变量的测量

变量名称	项目编号	问卷题号	测 量 题 项 描 述
资产专用性 (ASSETSP)	ASS1	F11	为了给交易伙伴(政府部门、龙头企业、合作社)提供产品,农户需要投入大量的前期资本投入
	ASS2	F12	如果不再与交易伙伴(政府部门、龙头企业、合作社)做生意,以前所掌握的大量的专门技术与技能都不能用了

续表

变量名称	项目编号	问卷题号	测量题项描述
相互投资 (RECEPINV)	REC1	F21	获得交易伙伴(政府部门、龙头企业、合作社)订单,需要花费大量时间与精力
	REC2	F22	交易伙伴(政府部门、龙头企业、合作社)会为农户提供技术支持与服务,以帮助农户解决生产过程中出现的技术问题
	REC3	F23	交易伙伴(政府部门、龙头企业、合作社)会为农户提供技术或技能培训
不确定性 (UNCERTAIN)	UNC1	F31	本行业中现有产品的价格变化具有可预测性
	UNC2	F32	本行业中新品种的引入具有可预测性
	UNC3	F33	本行业中自然灾害的发生具有可预测性
信任 (TRUST)	TRU1	F41	农户与合作伙伴(政府部门、龙头企业、合作社)间有高度的信任关系
	TRU2	F42	交易伙伴(政府部门、龙头企业、合作社)与农户做交易时一向都很公平
	TRU3	F43	交易伙伴(政府部门、龙头企业、合作社)是会信守诺言的
权威 (AUTHORITY)	TRU1	F51	为了达到一定的目的,合作伙伴(政府部门、龙头企业、合作社)可以通过一定的手段让农户服从其安排
	TRU2	F52	农户对交易伙伴(政府部门、龙头企业、合作社)有很强的依赖性(如信息、资源、销售渠道等)

5.4.6 其他变量

其他变量指调查对象的个人背景资料,如年龄、工作岗位、信贷工作经验、文化程度等,这些变量也会在一定程度上影响测量的效度,因此也将其列入调查统计的范围。

5.5 数据收集与分析

5.5.1 数据收集

在预调研的基础上对问卷进行修改定稿后,2010 年 6 月,笔者开始通过现场实验进行大规模样本测量,整个现场实验研究持续到 8 月上旬完成。现场实验分三个阶段展开。

浙江兰溪的现场实验:笔者于 2010 年 6 月 10 日,通过兰溪市农业局联系了兰溪市供应销合作社下属农信担保公司,浙江金华达利食品有限公司、兰溪通瀛食品有限公司、兰溪汇康药材有限公司、兰溪梅江烧酒股份有限公司等省市级农业龙头企业,兰溪市冠康果蔬专业合作社、常富粮食专业合作社、孟塘果蔬专业合作社、兴合生猪专业合作社等省市示范性专业合作社,通过中国人民银行金华市中心支行联系了兰溪市农村合作银行。根据 2×2 析因实验设计方案,对相关单位的政府工作人员、企业财务、技术服务、购销及管理人员、专业合作社社长及社员、种植户、养殖户、信贷员、信贷管理及风险控制等银行工作人员就基于担保授信的农户供应链融资模式进行了现场实验。在整个兰溪地区的样本测量中,兰溪市农业局、龙头企业、专业合作社及种养殖大户的样本测量由笔者亲自完成,兰溪市农村合作银行的样本由中国人民银行兰溪市支行及兰溪市农村合作银行信贷业务部的工作人员协助完成。通过近 20 多天现场访谈与问卷调查,7月 2 日完成整个兰溪市的现场实验研究。在整个兰溪地区共发放前测问卷与后测问卷各 108 份。回收后经过整理,统计出有效前测问卷 106 份、有效后测问卷104 份,其中前测后测都完整齐备的问卷为 103 份。

浙江绍兴的现场实验:笔者于 2010 年 7 月 5 日,联系绍兴市中信银行、恒丰银行、兴业银行、绍兴县农村合作银行越州总部、绍兴县农村合作银行漓诸支行等多家银行,对信贷员、信贷管理及风险控制人员及部分银行中高层以上管理人员进行了现场实验。恒丰银行绍兴支行是一家新建的银行,其工作人员多来自于绍兴各家银行。在整个现场研究中,除了部分恒丰银行及绍兴县农村合作银行漓诸支行的样本测量由笔者亲自完成之外,其他银行的样本测量是在恒丰银行的信贷员的协助下,由各家银行完成。问卷测量于 7 月中旬完成。整个绍兴地区共发放前测问卷与后测问卷各 90 份。回收后经过整理,统计出有效前测问卷 86 份、有效后测问卷 88 份,其中前测后测都完整齐备的问卷为 86 份。

浙江常山的现场实验:常山县样本的测量,最早于 2010 年 2 月,笔者通过常山县委组织部,首先联系了常山县农村信用合作银行,对该行的中高层以下管理人员 20 余人进行了现场问卷调查。但由于当时问卷设计不够成熟,仅完成了相当于后来成型问卷的后测部分。通过前期对粮食局、农业局及部分种粮大户等样本陆续进行问卷访谈及小规模样本测量,笔者于 2010 年 7 月中旬开始对常山县的种粮大户、乡镇相关工作人员及常山县农村合作银行信贷员进行大规模样本测量。在整个样本测量过程中,种粮大户、乡镇工作人员由笔者亲自完成。部分信贷员样本由笔者亲自完成,另有部分信贷员样本由常山县农村合作银行办公室协助完成。整个常山县的样本测量于 8 月上旬完成。共计发放前测问卷 90 余份,后测问卷 100 余份。回收后经过整理,统计出有效前测问卷 84 份、有效后测问卷 102 份,其中前测后测都完整齐备的问卷为 82 份。

综上所述,三个地区现场实验的有效测量样本及其地区分布情况如表 5.12 所示。

表 5.12 样本有效测量的地区分布情况

地 区	前 测(份)	后 测(份)	前测后测齐备(份)	所占比例
浙江兰溪	106	104	103×2	38.00%
浙江绍兴	86	88	86×2	31.73%
浙江常山	84	102	82×2	30.27%
合 计	276	294	271×2	100%

5.5.2 数据分析

1. 描述统计分析

对调查样本与变量特征进行描述统计分析,计算样本分布、组成结构及相关变量特征。首先,统计参与者所在单位、职业种类及职业年限的频次、百分比等,以了解相关人员在实际工作中供应链融资过程的经验与知识的积累程度及是否充分熟悉供应链融资的全过程各环节的特征。其次,统计供应链网络治理、授信管理机制、负债履约机制、主体交易特征等各种变量的最大值、最小值、平均值、标准差等,以了解各个变量的总体水平。

2. 信度效度分析

现场实验研究程中的一个重要环节是进行信度和效度检验,只有达到一定信度和效度要求的现场实验研究,其分析过程与最终的研究结果才具有说服力与参考价值。

信度分析主要用于对量表的有效性进行分析。在本研究中,主要以

Cronbach α 系数作为评判标准,重点测量量表的内在信度。效度分析主要用于对问卷项目的内容效度和结构效度的检验。在内容效度上,笔者采用的测量题项主要来自相关理论研究,并根据访谈所获的实际情况进行修改。在结构效度上,笔者主要通过信度分析并结合实际情况,删除各量表中不恰当的题项并对题项结构进行调整,最后形成有效的测量量表。

3.相关分析

运用 Spearman 等级相关系数,揭示有关变量之间统计关系的强弱程度。具体而言,本研究中主要分析交易伙伴信用能力、交易伙伴价值控制能力与主体信用能力、银行信贷风险、主体授信额度等主体信用水平有关变量之间的统计关系的强弱程度,以揭示这些变量之间的相互关系。

4.均值比较与检验

主要运用单一样本 t 检验、独立样本 t 检验与配对样本 t 检验。运用单一样本 t 检验对主体信用水平的各个变量所处的水平进行检验,运用配对样本 t 检验对现场实验前后不同授信模式、授信水平相对于无抵押担保情况的差异性进行比较分析。运用独立样本 t 检验对不同担保模式下有关变量水平的差异性进行比较分析。

5.方差分析

主要运用单变量多因素方差分析中的 2×2 析因实验方差分析,揭示担保主体不同及担保基金有无对主体信用水平的影响。

6.结构方程分析

在前面所构筑的因果关系理论模型及现场实验所获数据的基础上,运用结构方程进行统计分析,以期探索理论模型中供应链网络治理、授信管理机制、负债履约机制、主体交易特征、主体授信等级及主体授信额度等各种变量间的因果关系并验证所提出的相关理论假设。

5.6　本章小结

本章对现场实验研究的目标、内容、研究现场、参与主体、研究程序、问卷设计、变量测量指标、数据收集过程样本分布等情况进行了详细阐述。其中,问卷设计在是前期预调研及访谈的基础上,经过不断修改完成的,基本可以保证问卷的合理性和科学性;所选择现场实验地点具有一定相关融资模式背景。最后,还介绍了本书中所使用的数据分析方法以及其应用目的。

6 理论模型及相关假设检验

为验证前面提出的动态信用理论模型及相关假说,在现场实验及问卷调研所获得数据的基础上,本章将对供应链融资下的主体信用水平、影响因素及其形成机理等问题进行计量分析与检验。首先,对实证研究所获取的样本进行描述性统计,以揭示样本的结构、分布与特征;其次,运用样本 t 检验及相关性分析,对主体的信用水平及其影响因素的差异性与相关性进行分析,以揭示不同授信模式下农户供应链融资与纯粹信用贷款模式的效果差异及其主要影响因素;然后,运用结构方程模型,把所有影响因素纳入模型实证分析,以揭示农户供应链融资模式下的信用形成机理;最后是研究总结与讨论。本章分析所使用的统计分析软件主要是SPSS16.0及AMOS7.0。

6.1 样本与变量的基本描述

在现场实验研究中,通过对浙江常山县、绍兴市和兰溪市的种养殖大户、农业龙头企业员工、专业合作社负责人、农村合作银行及商业银行的信贷员及相关人员、乡镇及政府相关部门工作人员等300余个参与者进行观测,完成有效前测与后测样本各271个。

6.1.1 样本特征描述

(1)参与者所在的工作单位

表 6.1 反映了本次现场实验参与者所涉及的单位类型。

表6.1　参与者所涉及的工作单位类型

工作单位	人数（个）	所占百分比（%）
农业龙头企业	15	5.5
专业合作社	32	11.8
农村信用社	120	44.3
商业银行	78	28.8
政府职能部门	3	1.1
乡镇政府	12	4.4
村委会	11	4.1
总　计	271	100.0

　　由于本研究的重点是供应链融资中的信用理论，调查重点对象是信贷供给方的农村合作银行及商业银行等贷款发放部门，所以受访人员所在的工作单位中，农村信用社与商业银行是主体，分别占44.3%与28.8%，共计198人次，占样本总量的73.1%。另外，作为信贷需求方的种养殖大户，主要来专业合作社与村委会，分别占11.8%与4.1%，共计43人次，占样本总量的15.9%。同时，为了充分反映供应链融资的全过程，本次调查还对农户供应链融资过程中所涉及的其他主体进行了访谈，主要有：农业龙头企业15人次，占样本总量的5.5%；乡镇政府12人次，占样本总量的4.1%；政府农业部门及粮食部门3人次，占样本总量的1.1%。

　　（2）参与者的职业特征

　　参与者的职业特征主要指其职业经验，主要用其所从事的职业与相关职业的工作时间代表。在本研究中，主要是用农户供应链融资过程中所涉及相关人员的实际工作经验，来对农户供应链融资的相关理论与假设进行实证检验。而被访问对象的实际工作的职业与供应链融资的相关性，以及从业时间年限等，对相关人员在实际工作中供应链融资过程的经验与知识的积累具有较大的影响，因此也会对实证检验的效果有着重要作用。

　　表6.2反映了本次现场实验参与者所涉及的种类。其中信贷员148人次，占样本总量的54.6%；资金需求主体种养殖大户38人次，占样本总量的14%；两者占样本相加，比重为68.6%，占样本的绝大部分，此两者的相关信贷经验能够较好地代表与反映供应链融资中的资金供给方与资金需求方的相关情况，以及供应链整体的运作情况。

表 6.2　本次现场实验参与者所涉及的职业种类

职业种类	人　数(个)	所占比例(%)
信贷员	148	54.6
种养殖户	38	14.0
采购	1	0.4
管理人员	51	18.8
技　术	7	2.6
财务人员	1	0.4
村干部	4	1.5
政府工作人员	10	3.7
其他人员	11	4.1
总　　计	271	100.0

另外,为了对供应链的运作情况有更全面的了解及对供应链融资的全过程有着更全面的把握,样本中还涉及了一些其他相关人员,如:企业及银行管理人员 51 人次,占样本总量的 18.8%;企业的采购、技术及财务人员 9 人次,占样本总量的 3.4%;政府工作人员 10 人次,占样本总量的 3.7%;村干部及其他人员15 人次,占样本总量的 5.6%。

表 6.3 反映了本次现场实验参与者相关职业工作年限。数据表明,除了19 人次,7%的参与者相关职业年限在一年以下,93%的参与者其相关职业年限在一年以上。其中有 63.7%参与者其工作年限在 5 年以上,43.5%的参与者工作年限在 11 年以上。数据表明,在总体上,参与者具有较长的相关职业工作年限,因此,能够保证被访问对象具有较为丰富的相关职业工作经验。

表 6.3　本次现场实验参与者相关职业工作年限

年　限	频　次	所占比例(%)	累计值(%)
<0.5	7	2.6	2.6
0.5~1	12	4.4	7.0
1~2	23	8.5	15.5
2~3	19	7.0	22.5
3~5	32	11.8	34.3
5~7	34	12.5	46.9

续表

年　限	频　次	所占比例(%)	累计值(%)
7～9	12	4.4	51.3
9～11	14	5.2	56.5
>11	118	43.5	100.0
总　计	271	100.0	

6.1.2　变量特征描述

(1)供应链网络治理

作为研究对象的三种农户供应链融资模式,其所涉及的供应链网络治理机制建立的情况及供应链网络治理总体水平如何?

表6.4显示了调查中,被访问者对三种类型的农户供应链融资模式下,供应链网络治理机制建立的情况及供应链网络治理总体水平的认同程度。表中显示,在三种类型的农户供应链融资模式所涉及的供应链中,调查对象对互惠倾向、连带责任、自我选择、横向监督及内部约束机制建立情况的认同度的态度均值分别为3.8492、4.3653、4.3155、4.3635、4.2528,总体供应链网络治理水平均值为4.2293。除对互惠倾向机制建立比态度量表中的比较同意值(比较同意＝4)略低外,连带责任、自我选择、横向监督、内部约束机制及总体供应链网络治理水平比态度量表中的比较同意值(比较同意＝4)略高。

表6.4　供应链网络治理机制建立的情况及授信管理的总体水平

	样本数	最小值	最大值	均值	标准差
互惠倾向均值	271	2.14	5.00	3.8492	0.71504
连带责任均值	271	1.50	24.00	4.3653	1.39488
自我选择均值	271	1.00	5.00	4.3155	0.77166
横向监督均值	271	1.00	5.00	4.3635	0.67618
内部约束均值	271	2.00	5.00	4.2528	0.68431
供应链网络治理均值	271	2.47	8.51	4.2293	0.54460
有效样本数(缺失)	271				

以上数据说明,在三种类型农户供应链融资模式所涉及的供应链中,调查对象对互惠机制的建立情况所持的态度界于不确定与比较同意之间;对连带责任、

自我选择、横向监督、内部约束机制建立情况所持的态度界于比较同意与完全同意之间；对总体供应链网络治理水平建立情况所持的态度界于比较同意与完全同意之间。换而言之，除对供应链中互惠机制建立情况的认同水平较低外，调查对象对供应链中连带责任、自我选择、横向监督、内部约束等机制及总体供应链网络治理水平持较高的认同态度。

（2）授信管理机制

三种农户供应链融资模式下，各种类型的授信管理机制建立的情况及授信管理的总体水平如何？

表 6.5 显示了调查中，被访问者对三种类型的农户供应链融资模式下授信管理机制建立的情况及授信管理的总体水平的认同程度。表中显示，在三种类型的农户供应链融资模式下，调查对象对授信准入、结构授信、信用捆绑及团体授信等机制建立情况的认同度的态度均值分别为 4.2638、4.2823、4.4520、4.0166，总体授信管理水平均值为 4.2537，比态度量表中的比较同意值（比较同意＝4）略高。

表 6.5　授信管理机制建立的情况及授信管理的总体水平

授信管理机制	样本数	最小值	最大值	均值	标准差
B1 授信准入均值	271	2.50	5.00	4.2638	0.63686
B2 结构授信均值	271	2.50	5.00	4.2823	0.66432
B3 信用捆绑均值	271	1.00	5.00	4.4520	0.67186
B4 团体授信均值	271	1.00	5.00	4.0166	0.86426
总体授信管理水平均值	271	2.38	5.00	4.2537	0.51095
有效样本数（缺失）	271				

表 6.6 通过对授信管理机制及授信管理总体水平进行单一样本 t 检验，表明：除团体授信机制的双尾 t 检验的 P 值为 0.752＞0.05 外，其他各种授信管理机制以及总体授信管理水平的双尾 t 检验的 P 值为 0.000＜0.05。这说明，三种类型的农户供应链融资模式下，团体授信机制态度测量均值与态度量表中的第四个选项值（比较同意＝4）无显著差异，而授信准入、结构授信、信用捆绑授信管理机制及总体授信管理水平的态度测量均值，显著高于态度量表中的第四个选项值（比较同意＝4）。以上数据说明，在三种类型农户供应链融资模式中，调查对象对团体授信机制的建立情况所持的态度是比较同意；对授信准入机制、结构授信机制及信用捆绑机制建立情况所持的态度界于比较同意与完全同意之间；对总体授信管理水平所持的态度界于比较同意与完全同意之间。换而言之，

调查对象对三种类型农户供应链融资模式中存在的各种授信管理机制及总体授信管理水平持较高的认同态度,其中对团体授信机制建立情况的认同水平较其他授信管理机制略低。

表 6.6　授信管理机制建立情况及授信管理总体水平的单一样本 *t* 检验

授信管理机制	对照值＝ 4					
	t	*df*	显著性水平（双侧）	均值差异	95％置信区间差值	
					低	高
B1 授信准入均值	6.820	270	0.000	0.26384	0.1877	0.3400
B2 结构授信均值	6.995	270	0.000	0.28229	0.2028	0.3617
B3 信用捆绑均值	11.076	270	0.000	0.45203	0.3717	0.5324
B4 团体授信均值	0.316	270	0.752	0.01661	−0.0868	0.1200
总体授信管理机制均值	8.174	270	0.000	0.25369	0.1926	0.3148

(3)负债履约机制

三种农户供应链融资模式下,各种类型的负债履约机制建立的情况及负债履约的总体水平如何?

表 6.7 显示了调查中,被访问者对三种类型的农户供应链融资模式下,负债履约机制建立的情况及负债履约的总体水平的认同程度。表中显示,在三种类型的农户供应链融资模式下,调查对象对贷前甄别、现金流控制、担保替代及贷款再清偿等机制建立情况的认同度的态度均值分别为 4.2601、4.2897、4.1531、4.0240,总体授信管理水平均值为 4.1817,比态度量表中的比较同意值(比较同意＝4)略高。

表 6.7　负债履约机制建立的情况及负债履约的总体水平

	样本数	最小值	最大值	均值	标准差
C1 贷前甄别均值	271	2.00	5.00	4.2601	0.67057
C2 现金流控制均值	271	1.50	5.00	4.2897	0.66670
C3 担保替代均值	271	2.00	5.00	4.1531	0.78385
C4 贷款再清偿均值	271	1.00	5.00	4.0240	0.77003
总体负债履约机制均值	271	2.00	5.00	4.1817	0.53148
有效样本数(缺失)	271				

表 6.8 通过对负债履约机制建立情况及负债履约总体水平进行单一样本 t 检验,表明:除贷款再清偿机制的双尾 t 检验的 P 值为 $0.609 > 0.05$ 外,其他各种负债履约机制以及总体负债履约水平的双尾 t 检验的 P 值均小于 0.05。这说明,三种类型的农户供应链融资模式下,贷款再清偿机制态度测量均值与态度量表中的第四个选项值(比较同意=4)无显著差异,而贷前甄别、现金流控制及担保替代负债履约机制及总体负债履约水平的态度测量均值,显著高于态度量表中的第四个选项值(比较同意=4)。以上数据说明,在三种类型农户供应链融资模式中,调查对象对贷款再清偿机制的建立情况所持的态度是比较同意;对贷前甄别、现金流控制及担保替代负债履约机制建立情况所持的态度界于比较同意与完全同意之间;对总体负债履约水平所持的态度界于比较同意与完全同意之间。换而言之,调查对象对三种类型农户供应链融资模式中存在的各种负债履约机制及总体负债履约水平持较高的认同态度,其中贷款再清偿机制建立情况的认同水平较其他负债履约机制略低。

表 6.8　负债履约机制建立情况及负债履约总体水平的单一样本 t 检验

负债履约机制	对照值＝ 4					
	t	df	显著性水平（双侧）	均值差异	95％置信区间差值	
					低	高
C1 贷前甄别均值	6.386	270	0.000	0.26015	0.1800	0.3403
C2 现金流控制均值	7.152	270	0.000	0.28967	0.2099	0.3694
C3 担保替代均值	3.216	270	0.001	0.15314	0.0594	0.2469
C4 贷款再清偿均值	0.513	270	0.609	0.02399	−0.0681	0.1161
负债履约机制均值	5.629	270	0.000	0.18173	0.1182	0.2453

(4)主体交易特征

三种农户供应链融资模式下,主体的交易特征如何?

表 6.9 显示了调查中,被访问者对三种类型的农户供应链融资模式所涉及的供应链主体交易特征的认同程度。表中显示,在三种类型的农户供应链融资模式所涉及供应链主体的交易资产专用性、相互投资、不确定性、信任、权威交易特征的认同度的态度均值分别为 3.1587、3.8819、3.4145、4.0756、3.9539。除信任度的认同度比态度量表中的比较同意值(比较同意=4)略高外,交易资产专用性、相互投资、不确定性及权威的认同度均比态度量表中的比较同意值(比较同意=4)低。

表 6.9　供应链主体的交易特征

主体交易特征	样本数	最小值	最大值	均值	标准差
F1 交易资产专用性均值	271	1.00	5.00	3.1587	1.03042
F2 相互投资均值	271	2.00	5.00	3.8819	0.54508
F3 不确定性均值	271	1.00	5.00	3.4145	0.82250
F4 信任均值	271	1.00	5.00	4.0756	0.73144
F5 权威均值	271	1.00	5.00	3.9539	0.76660
有效样本数(缺失)	271				

表 6.10 通过对供应链主体交易特征进行单一样本 t 检验,表明除信任与权威两个特征的双尾 t 检验的 P 值大于 0.05 外,交易资产专用性、相互投资、不确定性特征的双尾 t 检验的 P 值为 0.000<0.05。这说明,信任与权威两特征态度测量均值与态度量表中的第四个选项值(比较同意=4)无显著差异,而交易资产专用性、相互投资、不确定性等三个特征的态度测量均值,与态度量表中的第四个选项值(比较同意=4)有显著差异,即显著地小于态度量表中的第四个选项值(比较同意=4)。以上数据说明,三种类型农户供应链融资模式中,调查对象对供应链主体间信任度高、核心企业的权威高所持的态度是比较同意;对供应链交易主体交易资产专用性水平高、相互投资水平高、交易不确定性低等指标所持的态度界于不确定与比较同意之间。换而言之,调查对象认为供应链主体间信任度较高、核心企业的权威度较高,而交易资产专用性及相互投资水平不高,主体间的交易存在着较高不确定性。

表 6.10　供应链主体的交易特征的单一样本 t 检验

授信管理机制	对照值= 4					
	t	df	显著性水平(双侧)	均值差异	95%置信区间差值	
					低	高
F1 交易资产专用性均值	−13.441	270	0.000	−0.84133	−0.9646	−0.7181
F2 相互投资均值	−3.566	270	0.000	−0.11808	−0.1833	−0.0529
F3 不确定性均值	−11.718	270	0.000	−0.58549	−0.6839	−0.4871
F4 信任均值	1.703	270	0.090	0.07565	−0.0118	0.1631
F5 权威均值	−0.991	270	0.323	−0.04613	−0.1378	0.0456

6.2 总体信用水平检验

6.2.1 信用额度

(1)无抵押担保模式下的总体授信水平

根据实验假设,一种养殖大户,其种养殖的销售毛收入为10万元,申请纯粹信用贷款,即在无抵押担保的情况下,申请10万元贷款。其授信水平如何?

如表6.11所示,调查数据分析的结果表明,在这种情况下,银行平均可以贷给此种养殖大户2.848万元。

表6.11 无抵押担保模式下的总体授信水平

	样本数	最小值	最大值	均值	标准差
X授信额度pre	271	0.00	25.00	2.8480	2.91457
有效样本数(缺失)	271				

(2)供应链融资模式下的总体授信水平

根据实验假设,一种养殖大户,其种养殖的销售毛收入为10万元,基于动态信用申请贷款,即在供应链融资各种模式下,申请10万元贷款。如表6.12所示,调查数据分析的结果表明,在这种情况下,银行平均可以贷给此种养殖大户7.9712万元。

表6.12 供应链融资模式下的总体授信水平

	样本数	最小值	最大值	均值	标准差
X授信额度pos	271	2.00	50.00	7.9712	5.88466
有效样本数(缺失)	271				

(3)总体授信水平差异性分析

为了充分显示基于动态信用的供应链融资模式对主体信用水平的影响,笔者对无抵押担保的信用贷款模式与基于动态信用下供应链融资模式总体授信水平差异,进行配对样本的 t 检验,检验结果如表6.13至表6.15所示。

表 6.13　供应链融资前后总体授信水平的简单统计描述

		均　值	样本数	标准差	均数标准误
Pair 1	X 授信额度 pre	2.8480	271	2.91457	0.17705
	X 授信额度 pos	7.9712	271	5.88466	0.35747

表 6.14　供应链融资前后总体授信水平相关性系数

		样本数	相关系数	显著性水平
Pair 1	X 授信额度 pre & X 授信额度 pos	271	0.309	0.000

表 6.15　对供应链融资前后总体授信水平差值的配对 t 检验

		配对差异					t	df	显著性水平（双侧）
		均值	标准差	均数标准误	95%置信区间差值				
					低	高			
Pair 1	X 授信额度 pre—X 授信额度 pos	−5.12325	5.70376	0.34648	−5.80539	−4.44110	−14.787	270	0.000

　　数据分析结果显示,双侧 t 检验显著性概率为 0.000,小于 0.001,说明两种信贷模式下借款申请人的授信额度具有显著性差异。结果还显示,两种模式下,一个销售毛收入为 10 万元的种养殖户,其授信额度的平均差额为 5.12325 万元。也就是说,基于动态信用的供应链融资模式下,一个销售毛收入为 10 万元的种养殖户申请贷款,所获贷款额度比纯粹的信用贷款平均多 5.12325 万元。由于抵押担保不足,农村信贷的通行做法是对农户进行信用评级,并根据信用评级确定授信额度。这说明,在总体上,各种不同模式的农户供应链融资模式可以在不增加通行抵押担保的情况下,较为显著地增加授信额度。

6.2.2　信用能力

　　(1)无抵押担保模式下的总体信用能力

　　基于实验假设,一种养殖大户,其种养殖的年销售收入为 10 万元,在没有任何抵押与担保情况下,申请纯粹信用贷款 10 万元。在这种情况下,如果将 10 万元贷给他,可否相信此种养殖大户有能力如期归还贷款本息? 在无抵押担保的信用贷款模式下,主体的总体信用能力怎样?

　　为了更好地回答这一问题,我们先建立无效假设 H0:假设无抵押担保模式下的总体信用能力测量题项"农户有能力及时归还贷款本息"所获的态度均值,与态度量表中的第三个选项值相等(不确定=3)。在此基础上,进行单一样本的 t 检验。

表 6.16 样本所体现的信用能力均值为 2.7934,比检验值(不确定=3)略低。在表 6.17 中反映两者差值,两组均值差异为−0.20664。且 t 值为−2.773,自由度为 270,双尾 t 检验的 P 值为 0.006<0.05,无效假设不成立,说明无抵押担保模式下的总体信用能力测量所获的态度均值,与态度量表中的第三个选项值不相等。以上数据表明无抵押担保模式下的总体信用能力测量所获的态度均值小于不确定性所代表的值,说明无抵押担保模式下若将 10 万元贷给种养殖大户,调查样本对"农户有能力及时归还贷款本息"的态度界于不确定与不同意之间。换而言之,无抵押担保模式下总体信用能力处于相对较低的水平上。

表 6.16 无抵押担保模式下总体信用能力的简单统计描述

	样本数	均 值	标准差	均数标准误
D 信用能力 pre	271	2.7934	1.22690	0.07453

表 6.17 无抵押担保模式下总体信用能力的单一样本 t 检验

	对照值 = 4					
	t	df	显著性水平(双侧)	均值差异	95%置信区间差值	
					低	高
D 信用能力 pre	−2.773	270	0.006	−0.20664	−0.3534	−0.0599

(2)供应链融资模式下的总体信用能力

基于实验假设,一种养殖大户,其种养殖的年销售收入为 10 万元,在供应链融资模式下,基于动态信用申请 10 万元贷款。在这种情况下,如果将 10 万元贷给他,可否相信此种养殖大户有能力如期归还贷款本息? 供应链融资模式下,主体是否具有较高的总体信用能力?

同理,为了更好地回答这一问题,我们先建立无效假设 H0:假设供应链融资模式下的总体信用能力测量题项"农户有能力及时归还贷款本息"所获的态度均值,与态度量表中的第四个选项值相等(比较同意=4)。在此基础上,进行单一样本的 t 检验。

表 6.18 样本所体现的信用能力均值为 4.1882,比检验值(比较同意=4)略高。在表 6.19 中反映两者差值,两组均值差异为 0.18819。且 t 值为 4.165,自由度为 270,双尾 t 检验的 P 值为 0.000<0.05,无效假设不成立,说明供应链融资模式下的总体信用能力测量所获的态度均值,与态度量表中的第四个选项值

不相等。以上数据表明供应链融资模式下的总体信用能力测量所获的态度均值大于比较同意所代表的值,说明供应链融资模式下若将 10 万元贷给种养殖大户,调查样本对"农户有能力及时归还贷款本息"的态度界于比较同意与完全同意之间。换而言之,测量显示,供应链融资模式下总体信用能力处于相对较高的水平上。

表 6.18 供应链融资模式下总体信用能力的简单统计描述

	样本数	均值	标准差	均数标准误
D 信用能力 pos	271	4.1882	0.74387	0.04519

表 6.19 供应链融资模式下总体信用能力的单一样本 t 检验

	对照值＝ 4					
	t	df	显著性水平（双侧）	均值差异	95％置信区间差值	
					低	高
D 信用能力 pos	4.165	270	0.000	0.18819	0.0992	0.2772

(3)总体信用能力差异性分析

为了充分显示基于动态信用的供应链融资模式对主体信用能力的影响,笔者对无抵押担保的信用贷款模式与基于动态信用下供应链融资模式总体信用能力差异,进行配对样本的 t 检验,检验结果如表 6.20 至表 6.22 所示。

表 6.20 供应链融资前后总体信用能力的简单统计描述

		均值	样本数	标准差	均数标准误
Pair 1	D 信用能力 pre	2.7934	271	1.22690	0.07453
	D 信用能力 pos	4.1882	271	0.74387	0.04519

表 6.21 供应链融资前后总体信用能力的相关性系数

		样本数	相关系数	显著性水平
Pair 1	D 信用能力 pre & D 信用能力 pos	271	−0.030	0.620

表 6.22 对供应链融资前后总体信用能力差值的配对 t 检验

		配对差异					t	df	显著性水平（双侧）
		均值	标准差	均数标准误	95％置信区间差值				
					低	高			
Pair 1	D信用能力 pre－D信用能力 pos	−1.39483	1.45393	0.08832	−1.56872	−1.22095	−15.793	270	0.000

数据分析结果显示,双侧 t 检验显著性概率为 0.000,小于 0.001,说明两种信贷模式下借款申请人的信用能力具有显著性差异。结果还显示,在供应链融资模式下,主体信用能力的认同度比无抵押担保下纯粹信用贷款的信用能力要高,两者认同度的平均差额为 1.39483。也就是说,如果用五点量表中的关于"农户有能力及时归还贷款本息"测量选项中"完全同意＝5"代表完全具备信用能力,则以完全信用能力为基准,供应链融资模式下,贷款申请人的总体信用能力可以提高 27.90％。

也正是因为具有较高的信用能力,在总体上,通过各种不同模式的农户供应链融资模式可以较为显著地提高农户贷款的授信额度。

6.2.3 信用风险

（1）无抵押担保模式下贷款的总体信用风险

基于实验假设,一种养殖大户,其种养殖的年销售收入为 10 万元,在没有任何抵押与担保情况下,申请纯粹信用贷款 10 万元。在这种情况下,如果将 10 万元贷给他,银行能否确保如期收回贷款本息？在无抵押担保的信用贷款模式下,贷款的总体信用风险怎样？

同理,为了更好地回答这一问题,我们先建立无效假设 H0:假设无抵押担保模式下的总体信用风险测题项"银行不能保证能及时收回贷款本息"所获的态度均值,与态度量表中的第三个选项值相等(不确定＝3)。在此基础上,进行单一样本的 t 检验。

表 6.23 样本所体现的信用风险均值为 3.3801,比检验值(不确定＝3)略高。在表 6.24 中反映两者差值,两组均值差异为 0.38007。且 t 值为 4.913,自由度为 270,双尾 t 检验的 P 值为 0.000＜0.05,无效假设不成立,说明无抵押担保模式下的总体信用风险测量所获的态度均值,与态度量表中的第三个选项值不相等。以上数据表明,无抵押担保模式下的总体信用风险测量所获的态度均值高于不确定性所代表的值,说明无抵押担保模式下若将 10 万元贷

119

给种养殖大户,调查样本对"银行不能保证能及时收回贷款本息"的态度界于不确定与比较同意之间。换而言之,无抵押担保模式下总体信用风险处于相对较高的水平上。

表 6.23　无抵押担保模式下贷款总体信用风险的简单统计描述

	样本数	均　值	标准差	均数标准误
G 信用风险 pre	271	3.3801	1.27345	0.07736

表 6.24　无抵押担保模式下贷款总体信用风险的单一样本 t 检验

	对照值＝ 3					
	t	df	显著性水平（双侧）	均值差异	95％置信区间差值 低	高
G 信用风险 pre	4.913	270	0.000	0.38007	0.2278	0.5324

(2)供应链融资模式下的总体信用风险

基于实验假设,一种养殖大户,其种养殖的年销售收入为 10 万元,在供应链融资模式下,基于动态信用申请 10 万元贷款。在这种情况下,如果将 10 万元贷给他,银行能否确保如期收回贷款本息? 在供应链融资模式下,贷款的总体信用风险怎样?

同理,为了更好地回答这一问题,我们先建立无效假设 H0:假设供应链融资模式下,总体信用风险测题项"银行不能保证能及时收回贷款本息"所获的态度均值,与态度量表中的第二个选项值相等(比较不同意＝2)。在此基础上,进行单一样本的 t 检验。

表 6.25 样本所体现的信用风险均值为 2.1033,比检验值(比较不同意＝2)略高。在表 6.26 中反映两者差值,两组均值差异为 0.10332, t 值为 1.627,自由度为 270。

表 6.25　供应链融资模式下贷款总体信用风险的简单统计描述

	样本数	均值	标准差	均数标准误
G 信用风险 pos	271	2.1033	1.04546	0.06351

表 6.26 供应链融资模式下贷款总体信用风险的单一样本 t 检验

	对照值＝2					
	t	df	显著性水平（双侧）	均值差异	95％置信区间差值	
					低	高
G 信用风险 pos	1.627	270	0.105	0.10332	−0.0217	0.2284

然而，双尾 t 检验的 P 值为 0.105＞0.05，显示无效假设成立，说明供应链融资模式下，总体信用风险测题项"银行不能保证能及时收回贷款本息"所获的态度均值，与态度量表中的第二个选项值（比较不同意＝2）无差异。

以上数据表明，供应链融资模式下的总体信用能力测量所获的态度均值与比较同意所代表的值相同，说明供应链融资模式下若将 10 万元贷给种养殖大户，调查样本对"银行不能保证能及时收回贷款本息"的态度是比较不同意。换而言之，测量显示，供应链融资模式下总体信用风险处于相对较低的水平上。

（3）总体授信用风险的差异性分析

为了充分显示基于动态信用的供应链融资模式对主体信用风险的影响，笔者通过对无抵押担保的信用贷款模式与基于动态信用下供应链融资模式总体信用风险差异，进行配对样本的 t 检验，检验结果如表 6.27 至表 6.29 所示。

表 6.27 供应链融资前后总体信用风险的简单统计描述

		均 值	样本数	标准差	均数标准误
Pair 1	G 信用风险 pre	3.3801	271	1.27345	0.07736
	G 信用风险 pos	2.1033	271	1.04546	0.06351

表 6.28 供应链融资前后总体信用风险的相关性系数

		样本数	相关系数	显著性水平
Pair 1	G 信用风险 pre & G 信用风险 pos	271	0.032	0.605

表 6.29 对供应链融资前后总体信用风险差值的配对 t 检验

		配对差异					t	df	显著性水平（双侧）
		均值	标准差	均数标准误	95％置信区间差值				
					低	高			
Pair 1	G 信用风险 pre−G 信用风险 pos	1.27675	1.62189	0.09852	1.08278	1.47072	12.959	270	0.000

数据分析结果显示,双侧 t 检验显著性概率为 0.000,小于 0.001,说明两种信贷模式下贷款的信用风险具有显著性差异。结果还显示,在供应链融资模式下,对"贷款具有信用风险"的认同度比无抵押担保下纯粹信用贷款要低,两者认同度的平均差额为 1.27675。也就是说,如果用五点量表中的关于"银行不能保证能及时收回贷款本息"测量选项中"完全同意＝5"代表完全信用风险,则以完全信用风险为基准,在供应链融资模式下比无抵押担保下纯粹信用贷款,贷款申请人的信用风险可以降低 25.53%。也正是因为具有较低的信用风险,在总体上,通过各种不同模式的农户供应链融资模式可以在不增加通行抵押担保的情况下,较为显著地提高农户贷款的授信额度。

6.3　机理模型及相关假设检验

6.3.1　初步分析

利用调查所获的后测 271 个样本数据,对理论模型进行估计,经过计算得知,模型是可以估计与识别的。由此,得到初始模型,如图 6.1 所示。初始模型的绝对适配度指数 GFI＝0.866,RMR＝0.422,RMSEA＝0.090,增值适配 IFI＝0.821,GFI＝0.817 只是接近理想值,说明模型与实际数据的适配度还不够理想,模型尚须修正。

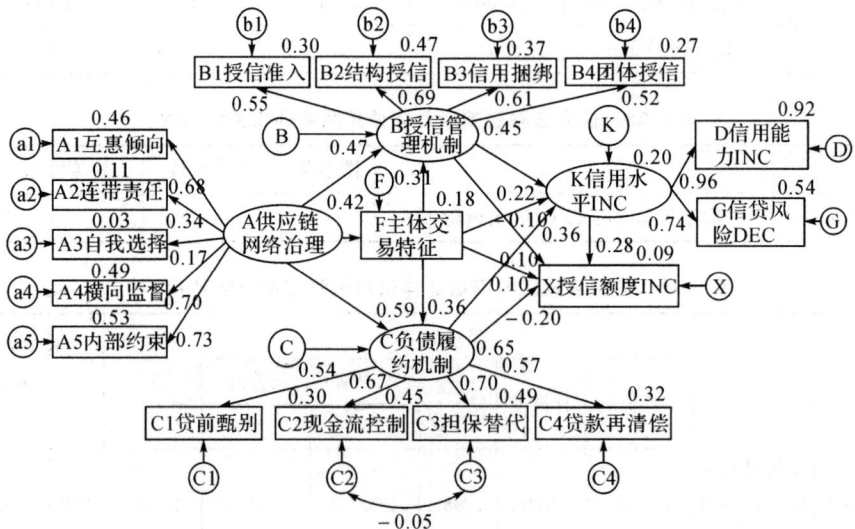

图 6.1　动态信用机理初始模型

根据理论模型假设,初始模型中假定误差项 b1 与 a3、误差项 a4 与 a5、误差项 b2 与 c2、误差项 a1 与 C、误差项 b3 与 b4、误差项 b4 与 c4 不存在相关关系。经过模型反复匹配以及所得的修正数据显示(见表 6.30),如果在这些误差项间建立相关关系,则模型可以得到较好的改善。

表 6.30　模型修正路径及相关数据

初始模型修正路径	M. I.	Par Change	中间模型修正路径	M. I.	Par Change
b1<－－>a3	31.445	1.168	b4<－－>F	14.197	1.445
b4<－－>c4	16.621	0.510			
b2<－－>c3	16.987	0.342			
b3<－－>b4	9.004	0.323			
c1<－－>c2	7.317	0.207			
a4<－－>a5	8.002	0.189			

同时,理论上,在供应链融资下,自我选择是实现授信准入的重要基础,横向监督也是实现内部约束的前提,信用捆绑与团体授信、结构授信与担保替代、团体授信与信贷再清偿,都存在较高的相关关系。因此,笔者根据以上认识,对模型进行了修正,并得出最终模型,如图 6.2 所示。

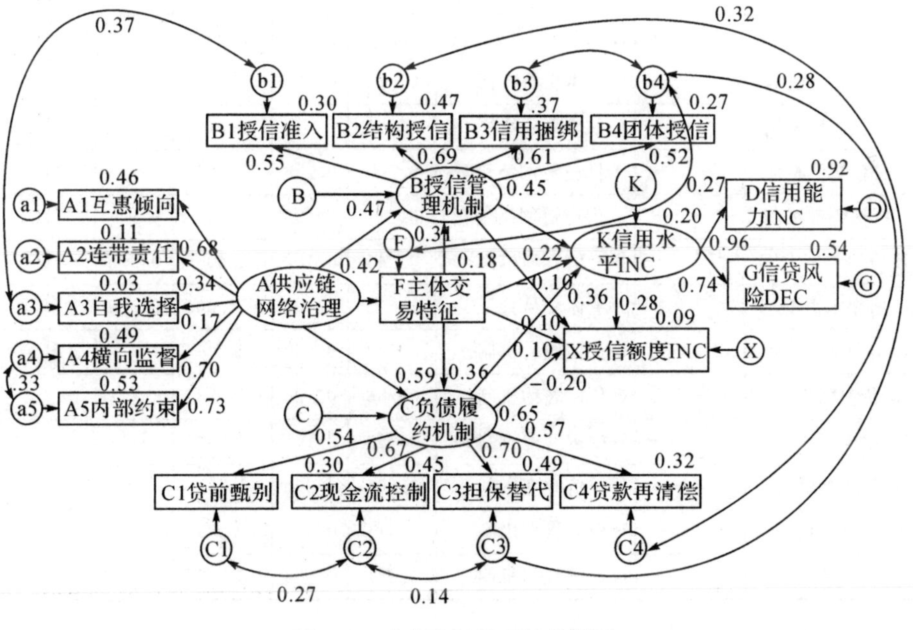

图 6.2　动态信用机理最终模型

运用样本数据,对修正模型进行估计,经过计算得知,模型也是可以估计与识别的。由此,得到最终模型。最终模型的数据分析结果详见表 6.31。

最终模型的绝对适配指数:适配度指数 GFI＝0.911＞0.90,达到理想值,表示路径图与实际数据有良好适配度;适配残差 RMR＝0.303＜0.5,达到理想值,表示是可以接受的适配模型;RMSEA＝0.066＜0.08,介于 0.05 至 0.08 之间,表示模型合理。

增值适配度指数:IFI＝0.911,CFI＝0.908,均达到理想值。

以上数据说明模型的总体拟合符合要求。

表 6.31　数据分析结果

模型拟合统计值		配适标准或临界值			修正后		修正前
χ^2/df		＜2			2.174		3.186
GFI		＞0.90			0.911		0.866
RMR		＜0.5			0.303		0.422
RMSEA		＜0.05(配适良好)＜0.08 (配适合理)			0.066		0.090
IFI		＞0.90			0.911		0.821
CFI		＞0.90			0.908		0.817
			Estimate	S. E.	C. R.	P	假设
F 主体交易特征	＜---	A 供应链网络治理	2.876	0.480	5.990	＊＊＊	H_{AF}
B 授信管理机制	＜---	F 主体交易特征	0.070	0.023	3.052	0.002	H_{BF}
C 负债履约机制	＜---	F 主体交易特征	0.060	0.014	4.242	＊＊＊	H_{CF}
C 负债履约机制	＜---	A 供应链网络治理	0.701	0.128	5.468	＊＊＊	H_{AC}
B 授信管理机制	＜---	A 供应链网络治理	0.811	0.190	4.265	＊＊＊	H_{AB}
K 信用水平 INC	＜---	B 授信管理机制	0.245	0.102	2.406	0.016	H_{BK}
K 信用水平 INC	＜---	F 主体交易特征	−0.055	0.027	−2.064	0.039	H_{FK}
K 信用水平 INC	＜---	C 负债履约机制	0.773	0.208	3.706	＊＊＊	H_{CK}
C1 贷前甄别	＜---	C 负债履约机制	0.756	0.126	5.988	＊＊＊	
B2 结构授信	＜---	B 授信管理机制	0.762	0.111	6.837	＊＊＊	
B3 信用捆绑	＜---	B 授信管理机制	0.565	0.090	6.254	＊＊＊	
B4 团体授信	＜---	B 授信管理机制	0.411	0.101	4.089	＊＊＊	
C3 担保替代	＜---	C 负债履约机制	1.271	0.168	7.555	＊＊＊	

模型拟合统计值		配适标准或临界值		修正后			修正前
C2 现金流控制	<---	C 负债履约机制	0.887	0.134	6.612	＊＊＊	
B1 授信准入	<---	B 授信管理机制	1.000				
C4 贷款再清偿	<---	C 负债履约机制	1.000				
A4 横向监督	<---	A 供应链网络治理	1.000				
A3 自我选择	<---	A 供应链网络治理	0.222	0.132	1.684	0.092	
A2 连带责任	<---	A 供应链网络治理	1.281	0.261	4.900	＊＊＊	
A1 互惠倾向	<---	A 供应链网络治理	4.832	0.605	7.988	＊＊＊	
A5 内部约束	<---	A 供应链网络治理	1.103	0.118	9.357	＊＊＊	
G 信贷风险 DEC	<---	K 信用水平 INC	0.904	0.101	8.987	＊＊＊	
X 授信额度 INC	<---	F 主体交易特征	0.167	0.112	1.494	0.135	H_{FX}
X 授信额度 INC	<---	K 信用水平 INC	1.314	0.366	3.588	＊＊＊	H_{KX}
D 信用能力 INC	<---	K 信用水平 INC	1.000				
X 授信额度 INC	<---	B 授信管理机制	0.239	0.419	0.571	0.568	H_{BX}
X 授信额度 INC	<---	C 负债履约机制	−1.437	0.876	−1.641	0.101	H_{CX}

6.3.2 假设验证

在以上计算结果的基础上,便可讨论研究假设的验证情况。

(1)假设 H_A

研究假设认为,互惠倾向、连带责任、自我选择、横向监督、内部约束等供应链网络治理机制是影响信贷交易治理的重要变量,如果供应链网络治理水平提高,不但有利于建立授信管理机制(H_{AB}),而且负债履约机制也会更趋完善(H_{AC})。数据分析显示,随着供应链网络治理机制的建立,对授信管理机制的建立具有显著影响($W_{AB}=0.49, P<0.001$),对负债履约机制的建立也具有显著影响($W_{AC}=0.67, P<0.001$)。因此,分析结果支持假设 H_{AB} 与 H_{AC}。

研究假设认为,通过供应链网络治理,主体的交易特征也会趋于改变,交易的嵌入性会增强,不但有利有建立授信管理机制(H_{FB}),而且有利于建立负债履约机制(H_{FC})。数据分析显示,随着供应链网络治理机制的建立,主体的交易特征会有显著变化($W_{AF}=0.48, P<0.001$),而主体交易特征的变化,则对负债履约机制的建立具有显著影响($W_{FC}=0.34, P<0.001$),对授信管理机制的建立也具有较为显著的影响($W_{FB}=0.25, P<0.002$)。因此,分析结果支持假设 H_{FB} 与 H_{FC}。

(2)假设 H_B

研究假设认为,授信准入、结构授信、信用捆绑及团体授信等授信管理机制的建立是提高主体信用水平的重要变量,如果上述授信管理机制得以建立,则信用等级便会提高(H_{BK}),授信额度便能增加(H_{BX})。数据分析显示,上述授信管理机制的建立,对主体信用等级提高产生较为显著影响($W_{BK}=0.24$,$P<0.016$),对授信额度的增加也会产生正面影响,但影响不显著($W_{BX}=0.6$,$P<0.568$)。因此,分析结果支持假设 H_{BK} 与 H_{BX}。

(3)假设 H_C

研究假设认为,贷前甄别、现金流控制、担保替代及贷款再清偿等负债履约机制的建立是影响主体信用水平的重要变量。如果上述负债履约机制得以建立,则信用等级便会提高(H_{CK}),而负债履约机制越是严格,则授信额度则越容易受到限制(H_{CX}),故上述负债履约机制的建立则可能会对授信额度增加产生一定的负面影响。数据分析显示,上述负债履约机制的建立,对主体信用等级提高产生较为显著影响($W_{CK}=0.48$,$P<0.001$),对授信额度的增加会产生一定的负面影响,但影响不显著($W_{CX}=-0.21$,$P<0.101$)。因此,分析结果支持假设 H_{CK} 与 H_{CX}。

(4)假设 H_F

研究假设认为,交易资产专用性、相互投资、不确定性、信任、权威等借款人交易特征是影响主体信用等级的重要变量(H_{FK})。上述交易特征,其本质是反映了借款人交易的嵌入性,若交易嵌入性程度越高,则债务人信用等级便会降低,但是债项信用等级则可能提高,故借款人交易特征对信用等级的影响,最终取决于对债务人信用与债项信用两者影响的综合。数据分析显示,借款人交易特征的改变,对主体信用等级提高产生较为显著的负面影响($W_{FK}=-0.19$,$P<0.039$),表明主体交易特征的改变对债务人信用的影响超过了对债项信用的影响,这也说明,在现前阶段,对主体信用水平的考查,对债务人信用的关注超过对债项信用的关注。因此,分析结果支持假设 H_{FK}。

研究假设认为,交易资产专用性、相互投资、不确定性、信任、权威等借款人交易特征是影响主体授信额度的重要变量(H_{FX})。上述交易特征,其本质也是反映了借款人交易价值流的嵌入性,若交易价值流的嵌入性程度越高,则债务的第一还款来源(即债项的清偿能力)越有保证,对债务清偿产生正面影响;但是,交易价值流的嵌入性程度越高,债务的第二还款来源(即债务人的清偿能力)则会受到削弱。故借款人交易特征对授信额度的影响,最终取决于对第一还款来源(即债项的清偿能力)与第二还款来源(即债务人的清偿能力)两者影响的综合。数据分析显示,借款人交易特征的改变,对主体授信额度的提高产生正面影响($W_{FX}=0.14, P<0.135$),但影响不显著。表明主体交易特征的改变对第一还款来源(即债项的清偿能力)的影响超过了第二还款来源(即债务人的清偿能力)的影响,这也说明,在供应链融资下,在确定主体授信额度时,对债项的清偿能力的关注超过对债务人的清偿能力的关注。因此,分析结果支持假设 H_{FX}。

(5)假设 H_K

研究假设认为,主体信用等级是影响主体授信额度的重要变量,主体信用等级提高授信额度也会相应增加(H_{KX})。数据分析显示,虽然在现行体制下,农户等供应链主体的交易特征不利于农户等主体授信额度的提高,但是,通过建立供应链网络治理下的授信管理机制与负债履约机制,提高主体的信用等级,则主体的授信额度会有显著提高($W_{KX}=0.31, P<0.001$)。因此,分析结果支持假设 H_{KX}。

6.3.3　机理分析

本节的主要内容是建立了动态信用的机理模型,考察供应链融资如何在主体信用能力不足、司法制度不完善及信用体系不健全的情况下,对处于供应链中的农户等信用弱势群体进行授信。通过提出研究假设,并收集了 271 个样本数据验证此模型。模型概括出在信息约束及抵押约束的情况下,银行等金融机构对通过供应链网络治理,以建立相应授信管理机制与负债履约机制,从而解决处于供应链中的农户等信用弱势群体"授信难"与"贷款难"矛盾的内在机理。

研究表明,由于自身交易特征的限制,农户等供应链主体往往存在着信用能力不足及信贷风险无法控制等问题,不利于银行对其开展授信。但是,在一定的供应链网络治理条件下,可以通过建立授信准入、结构授信、信用捆绑、团体授信等授信管理机制及贷前甄别、现金流控制、担保替代、贷款再清偿等负债履约机制,将交易主体之间通过交易互动关系所形成的动态信用转换成银行信用,以提高主体的信用等级,并最终达到提高授信额度的目标。

研究还表明,供应链网络治理可以在一定程度上转变主体的交易特征,直接或间接地提高授信额度。首先,供应链网络治理可以转变主体的交易特征,提高主体交易嵌入性,促进授信管理机制与负债履约机制的建立,以达到提高信用等级,并间接提高授信额度的目的。其次,供应链网络治理可以转变主体的交易特征,而主体交易特征的转变可以直接提高授信额度。

研究还表明:供应链网络治理是动态信用形成的外部条件,只有具备一定的供应链治理水平,才能建立相应的授信管理机制与负债履约机制。

6.4 本章小结

通过本章的分析,先前所构建的理论模型得到了有力的验证。研究表明,虽然由于自身交易特征与信用能力的限制,处于供应链中的种养大户、家庭农场主等现代农业经营主体很难得到银行的授信,但是在一定的供应链网络治理机制下,供应链农户等主体的交易特征却有利于建立相应的授信管理机制与负债履约机制,从而有利于银行提高对其授信水平,在一定程度上解决"融资难"的问题,缓解其所面临的信贷约束。

通过本章的分析,先前所提出的理论假设得到了充分的验证,理论假设验证情况见表6.32。

表 6.32 理论假设验证情况总结

		假 设 内 容	影响方向	验证情况
	H_{DD}	动态信用有助于提高借款人信用能力	+	支持
	H_{EE}	动态信用有助于降低借款人信用风险	+	支持
	H_{XX}	动态信用有助于提高借款人授信额度	+	支持
H_A	H_{AB}	供应链网络治理有助于建立授信管理机制	+	支持
	H_{AF}	供应链网络治理有助于改善主体交易特征	+	支持
	H_{AC}	供应链网络治理有助于建立负债履约机制	+	支持
H_B	H_{BK}	授信管理机制有助于提高主体授信等级	+	支持
	H_{BX}	授信管理机制有助于提高主体授信额度	+	支持
H_C	H_{CK}	负债履约机制有助于提高主体授信等级	+	支持
	H_{CX}	负债履约机制不利于提高主体授信额度	−	支持
	H_{KX}	主体信用等级的提高有助于提高主体的授信额度	+	支持
H_F	H_{FB}	主体交易特征有助于建立授信管理机制	+	支持
	H_{FC}	主体交易特征有助于建立负债履约机制	+	支持
	H_{FK}	主体交易特征影响借款人授信等级	−	支持
	H_{FX}	主体交易特征有助于提高授信额度	+	支持

注:"+"代表影响方向为正,"−"代表影响方向为负。

7 基于担保授信的农户供应链融资模式

7.1 概述

如前所述,第三方信用担保是消除不对称信息的有效机制之一(Akerlof,1970)。因此,为了防范信息不对称所引发的违约风险,商业银行除要求借款人提供诸如实物抵押、权利质押等担保条件外,往往也要求借款人提供第三方信用保证。在现实中,受到财富积累能力、产权制度等限制,中小企业及农户等主体很难提供合格的抵质押物或相关权利,因此,在各种担保条件中,第三方信用担保的作用更显突出(李毅和向党,2008)。实践中,一种通行的做法是利用专业化的第三方担保机构,如农信担保机构等,为农户提供借款担保。然而,在农村信贷市场中,农村信用社可以利用自己在农村长期所积累的各种社会关系,来取得一定的信息的优势;与农村信用社相比,作为第三方的专业化担保机构,在获取和处理农户信息方面,很难获取比较优势。笔者认为,由于长期交易所建立的合作关系,作为农户交易伙伴的供应链龙头企业或专业合作社,往往比作为第三方的农信担保机构及农村信用社更有信息优势,通过农业龙头企业或农户所处的专业合作社提供第三方信用担保,能较好地起到信号补充作用。那么,在实践中,基于担保授信的农户供应链融资模式能否有效地提高农户信用水平?影响担保授信的关键因素为何?本章在分析基于担保授信的农户供应链融资模式本质特征与关键要素的基础上,运用现场实验所获的数据,对上述问题做出分析与解答。

7.2　研究目标与关键问题

基于担保授信的农户供应链融资,是以供应链上的农业龙头企业与专业合作社等交易伙伴为基础建立授信管理机制与负债履约机制,并通过交易伙伴担保来实现对供应链中的农户进行授信的一种融资服务模式。这种授信活动的本质是一种上下游企业之间的信用迁移,银行信贷风险主要源于核心企业等交易伙伴自身的信用基础(赵建和霍佳震,2009)。因此,本章研究的目标,主要是通过现场实验所获取的数据,检验农业龙头企业或专业合作社的担保能力在供应链融资过程中的作用及其对提升农户信用水平的影响。具体而言,通过本章的研究主要解决以下几个关键问题:

第一,在基于担保授信的农户供应链融资过程中,由供应链中的龙头企业与专业合作社等交易伙伴进行担保能否提升农户的信用水平? 交易伙伴的担保在提高授信额度、提高农户信用能力及降低银行信用风险等方面是否具有明显作用?

第二,在现实操作中,基于担保授信的农户供应链融资的可行做法,一般有龙头企业担保与专业合作社担保两种。那么,不同担保主体的担保能力是否有显著差异? 影响担保授信的关键因素是什么?

下文在介绍基于担保授信的农户供应链融资基本模式及关键因素的基础上,在现场实验所获取数据的基础上,通过对配对样本 t 检验,将基于担保授信的农户供应链融资与无抵押担保的农户融资模式进行比较分析,以证明农业龙头企业与专业合作社在担保授信过程中的提升农户信用水平作用;同时,通过 2×2 析因实验设计,以期验证不同的担保主体(即农业龙头企业与专业合作社),在不同的担保方式(即担保基金的有无)下,对农户信用水平的影响。

7.3　担保授信下农户信用水平

根据实验假设,一种养殖大户,其种养殖的销售毛收入为 10 万元,申请纯粹信用贷款,即在无抵押担保的情况下,申请 10 万元贷款,其授信额度如何? 基于担保授信农户供应链融资模式下,申请 10 万元贷款,其授信额度如何? 担保授信前后,主体信用水平是否有显著差异? 以下基于 103×2 个样本的数据进行分析说明,以明确担保授信在提高借款人授信额度、信用能力以及降低信用风险上的效果。

7.3.1 授信额度

(1)无抵押担保的授信额度

如表 7.1 所示,调查数据分析的结果表明,在这种情况下,银行平均可以贷给此种养殖大户 2.8544 万元。

表 7.1 无抵押担保模式下的担保授信额度

	样本数	最小值	最大值	均值	标准差
授信额度 pre	103	0.00	8.00	2.8544	1.96991
有效样本数	103				

(2)担保授信模式下的授信额度

如表 7.2 所示,调查数据分析的结果表明,在这种情况下,银行平均可以贷给此种养殖大户 8.6854 万元。

表 7.2 基于担保授信农户供应链融资模式下授信额度

	样本数	最小值	最大值	均值	标准差
授信额度 pos	103	2.00	50.00	8.6854	6.90685
有效样本数	103				

(3)担保授信前后授信额度的差异性分析

如表 7.3 所示,数据分析检验结果显示,双侧 t 检验显著性概率为 0.000,小于 0.001,说明担保授信借款申请人的授信额度具有显著性提高。结果还显示,两种模式下,一个销售毛收入为 10 万元的种养殖户,其授信额度的平均差额为 5.8311 万元。也就是说,基于担保授信的供应链融资模式下,一个销售毛收入为 10 万元的种养殖户申请贷款,所获贷款额度比纯粹的信用贷款平均多 5.8311 万元。

表 7.3 对担保授信前后授信额度差值的配对样本 t 检验

	配对差异					t	df	显著性水平（双侧）
	均值	标准差	均数标准误	95%置信区间差值				
				低	高			
授信额度 pre－授信额度 pos	−5.8311	7.1704	0.7065	−7.2324	−4.4297	−8.253	102	0.000

7.3.2 信用能力

为了显示基于担保授信的农户供应链融资模式对主体信用能力的影响,笔者对无抵押担保的信用贷款模式与担保授信农户供应链融资模式的信用能力差异,进行配对样本的 t 检验,检验结果如表7.4与表7.5所示。

数据分析结果显示,双侧 t 检验显著性概率为0.000,小于0.001,说明基于担保授信的农户供应链融资模式下,借款申请人的信用能力具有显著性提高。结果还显示,在基于担保授信的供应链融资模式下,主体信用能力的认同度比无抵押担保下纯粹信用贷款的信用能力要高,两者认同度的平均差额为1.3204。也就是说,如果用五点量表中的关于"农户有能力及时归还贷款本息"测量选项中"完全同意=5"代表完全具备信用能力,则以完全信用能力为基准,在担保授信的供应链融资模式下,贷款申请人的信用能力可以提高26.48%。

也正是因为具有较高的信用能力,在总体上,基于担保授信的农户供应链融资模式可以较为显著地提高农户贷款的授信额度。

表7.4 担保授信前后信用能力的简单统计描述

	均 值	样本数	标准差	均数标准误
信用能力 pre	2.7864	103	1.21793	0.12001
信用能力 pos	4.1068	103	0.67027	0.06604

表7.5 担保授信前后信用能力差值的配对样本 t 检验

	配对差异					t	df	显著性水平（双侧）
	均值	标准差	均数标准误	95%置信区间差值				
				低	高			
信用能力 pre—信用能力 pos	−1.3204	1.5543	0.15315	−1.6242	−1.0166	−8.621	102	0.000

7.3.3 信用风险

为了显示基于担保授信的农户供应链融资模式对主体信用风险的影响,笔者对无抵押担保的信用贷款模式与担保授信农户供应链融资模式的信用风险差异,进行配对样本的 t 检验,检验结果如表7.6和表7.7所示。

表7.6 担保授信前后信用风险的简单统计描述

	均 值	样本数	标准差	均数标准误
信用风险 pre	3.3786	103	1.25336	0.12350
信用风险 pos	2.2621	103	0.99962	0.09850

表7.7 担保授信前后信用风险差值的配对样本 t 检验

	配对差异					t	df	显著性水平（双侧）
	均值	标准差	均数标准误	95%置信区间差值				
				低	高			
信用风险 pre—信用风险 pos	1.1165	1.7110	0.1686	0.7821	1.4509	6.623	102	0.000

数据分析结果显示，双侧 t 检验显著性概率为0.000，小于0.001，说明基于担保授信的农户供应链融资模式下，信用风险有显著性降低。结果还显示，在供应链融资模式下，对银行信贷具有信用风险的认同度比无抵押担保下纯粹信用贷款的信用风险要低，两者认同度的平均差额为1.1165。也就是说，如果用五点量表中的关于"银行不能保证能及时收回贷款本息"测量选项中"完全同意＝5"代表完全信用风险，则以完全信用风险为基准，基于担保授信的供应链融资模式下比无抵押担保下纯粹信用贷款，贷款申请人的信用风险可以降低22.33%。

也正是因为具有较低的信用风险，在总体上，基于担保授信的农户供应链融资模式可以较为显著地提高农户贷款的授信额度。

7.4 交易伙伴的担保能力与农户信用水平

根据供应链中交易伙伴以及交易关系的密切程度，在担保主体的选择上，基于担保授信的农户供应链融资模式在实践中有两种不同的做法，一是让供应链中的龙头企业为种养大户进行担保；二是让专业合作社为种养大户进行担保。

同时，在不同的担保主体下，其担保方式也不尽相同，即在担保授信过程中，有的建立了担保基金，有的则没有建立担保基金。无论是担保主体的不同，还是担保基金的有无，各种做法实质上最终都体现在担保能力的不同及其对主体信用水平的影响。

那么，以上几种做法对主体信用水平的影响是否具有差异性？在现场实验研究过程中，本研究采取了 2×2 析因实验设计，以期验证不同的担保主体（即农业龙头企业与专业合作社),在不同的担保方式(即担保基金的有无)下,对主体信用水平的影响。在现场实验中,我们将参与者分为四组,并施以不同的担保授信组合,第一组为龙头企业担保且无担保基金,第二组为龙头企业担保且有担保基金,第三组是专业合作社担保且无担保基金,第四组是专业合作社担保且有担保基金。在具体实施过程中,我们先对这四组分别进行前测,即测试没有任何抵押担保(纯粹信用贷款方式)的情况下,测试参与者对贷款申请人信用水平的态度;然后,再进行后测,即在上述四种不同的担保授信组合下分别测试参与者对贷款申请人信用水平的态度。表 7.8 为不同担保组合下的因素变量表。表中显示,不同担保因素组合下担保授信样本共计 103 个。龙头企业担保的样本有 60 个,其中无担保基金的有 29 个,有担保基金的有 31 个;专业合作社担保的样本有 43 个,其中无担保基金的样本有 20 个,有担保基金的样本有 23 个。下文运用现场实验所获取的数据,通过 2×2 析因实验方差分析,以揭示担保主体不同及担保基金有无,对主体信用水平的影响。

表 7.8　不同担保组合下的因素变量表

模式细分 1	模式细分 2	样本数
TB1 龙头企业担保	无担保基金	29
	有担保基金	31
	小　计	60
TB2 合作社担保	无担保基金	20
	有担保基金	23
	小　计	43
	总　计	103

7.4.1　担保能力与授信额度变化

不同担保因素组合对贷款申请人授信额度有何影响?表 7.9 显示了不同担保组合下贷款申请人授信额度比纯粹的信用贷款增加值。相对纯粹信用贷款而言,在龙头企业担保且无担保基金的情况下可以增加授信额度 2.5379 万元,在龙头企业担保且有担保基金的情况下可以增加授信额度 11.4194 万元,在专业合作社担保且无担保基金的情况下可以增加授信额度 1.1500 万元,在专业合作社担保且有担保基金的情况下可以增加授信额度 6.5217 万元。

表 7.9　不同担保组合下贷款申请人授信额度增量均值估计表

因变量:授信额度 INC

模式细分 1	模式细分 2	均值	标准差	样本数
TB1 龙头企业担保	无担保基金	2.5379	1.53609	29
	有担保基金	11.4194	9.63682	31
	Total	7.1267	8.26879	60
TB2 合作社担保	无担保基金	1.1500	1.08942	20
	有担保基金	6.5217	5.38406	23
	Total	4.0233	4.80322	43
Total	无担保基金	1.9714	1.52356	49
	有担保基金	9.3333	8.40092	54
	Total	5.8311	7.17035	103

　　表 7.10 为方差分析的结果。t 检验的结果,模式细分 1(即不同担保主体)的显著性概率 P 值为 0.010,模式细分 2(即是否具有担保基金)的著性概率 P 值为 0.000,通过 95% 显著性检验。说明不同的担保主体与是否建立担保基金,对于授信额度均有显著影响。而模式细分 1 * 模式细分 2(即担保主体与担保基金的交互项)著性概率 P 值为 0.144,通过 85% 显著性检验,说明担保主体与担保基金之间存在一定的协同作用,但协同作用不是非常明显。

表 7.10　不同担保因素对授信额度影响的方差分析表

因变量:授信额度 INC

偏差来源	偏差平方和	自由度	均值方差	F 值	显著性水平
校正模型	1731.815(b)	3	577.272	16.271	0.000
截距	2919.844	1	2919.84	82.298	0.000
模式细分 1	246.588	1	246.588	6.950	0.010
模式细分 2	1267.968	1	1267.97	35.739	0.000
模式细分 1 * 模式细分 2	76.882	1	76.882	2.167	0.144
误差	3512.406	99	35.479		
总偏差平方和	8746.360	103			
校正的总偏差平方和	5244.221	102			

a. Computed using alpha＝0.05

b. R Squared＝0.330(Adjusted R Squared＝0.310)

(1)不同担保主体对授信额度的影响

表 7.11 不同担保主体对授信额度边际均值估计值表

因变量:授信额度 INC

模式细分 1	均值	标准差	95%置信区间	
			低	高
TB1 龙头企业担保	6.979	0.769	5.452	8.505
TB2 合作社担保	3.836	0.911	2.029	5.643

上述分析说明,龙头企业担保与专业合作社担保,在授信额度上有显著差异。表 7.11 是不同担保主体对授信额度边际均值估计值表,图 7.1 是不同担保主体对授信额度影响数估计图。两者说明,基于龙头企业担保农户供应链融资授信额度可比纯粹信用贷款增加 6.979 万元,基于专业合作社担保农户供应链融资授信额度可比纯粹信用贷款增加 3.836 万元。也就是说,与专业合作社担保相比,龙头企业担保可以增加授信额度 3.143 万元。

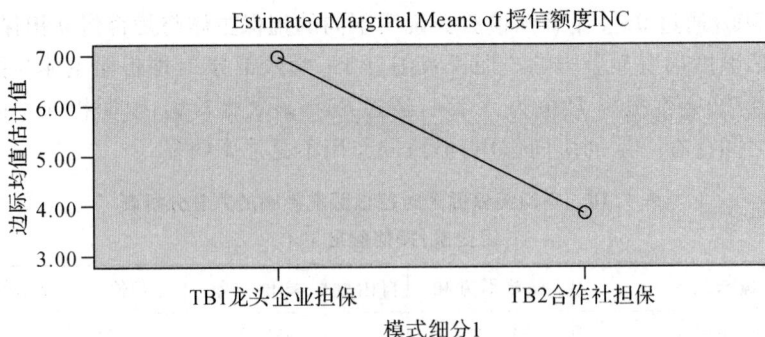

图 7.1 不同担保主体对授信额度影响数估计图

(2)有无担保基金对授信额度的影响

如上分析说明,有无担保基金在授信额度上有显著差异。表 7.12 是有无担保基金对授信额度边际均值估计值表,图 7.2 是有无担保基金对授信额度影响数估计图。两者说明,建立担保基金的情况下,农户供应链融资授信额度可比纯粹信用贷款增加 8.971 万元;没有建立担保基金的情况下,农户供应链融资授信额度可比纯粹信用贷款增加 1.844 万元。也就是说,与没有担保基金相比,建立担保基金可以增加授信额度 7.127 万元。

表 7.12　有无担保基金对授信额度边际均值估计值表

因变量:授信额度 INC

模式细分 2	均值	标准差	95％置信区间	
			低	高
无担保基金	1.844	0.866	0.126	3.562
有担保基金	8.971	0.820	7.344	10.597

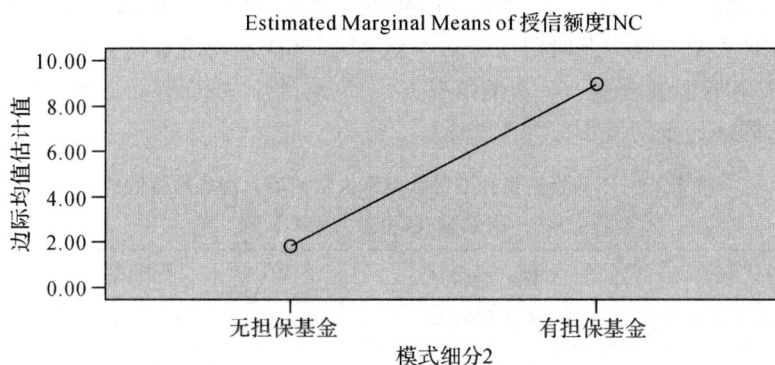

图 7.2　有无担保基金对授信额度影响均值图

(3)担保主体与担保基金的交互效应

图 7.3 是担保主体与保基金对授信额度影响交互效应边际图。可以看出,两条线明显地不平行,因此,很明显,担保主体与担保基金两个因素之间存在交互效应。

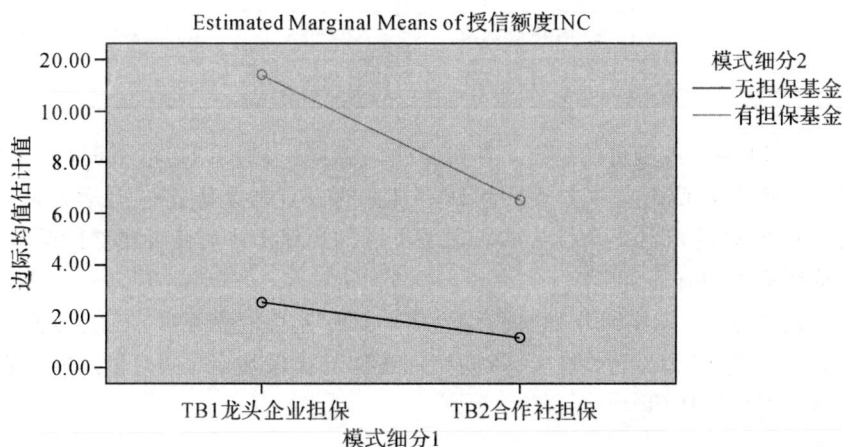

图 7.3　担保主体与担保基金对授信额度影响交互效应边际图

137

7.4.2 担保能力与信用能力变化

表 7.13 是不同担保组合下贷款申请人信用能力比纯粹信用贷款的增量均值估计表。均值为不同担保组合下,贷款申请人信用能力相对于纯粹信用贷款的平均增加值。在龙头企业担保且没有建立担保基金的情况下,访问对象对"农户有能力及时归还贷款本息"认同度的平均增加值为 0.5517;在龙头企业担保且建立担保基金的情况下,访问对象对"农户有能力及时归还贷款本息"认同度的平均增加值为 2.6129。在专业合作社担保且没有建立担保基金的情况下,访问对象对"农户有能力及时归还贷款本息"认同度的平均增加值为 0.3500;在专业合作社担保且建立担保基金的情况下,访问对象对"农户有能力及时归还贷款本息"认同度的平均增加值为 1.3913。

表 7.13　不同担保组合下贷款申请人信用能力增量均值估计表
因变量:信用能力 INC

模式细分 1	模式细分 2	均值	标准差	样本数
TB1 龙头企业担保	无担保基金	0.5517	0.98511	29
	有担保基金	2.6129	1.47597	31
	Total	1.6167	1.62701	60
TB2 合作社担保	无担保基金	0.3500	1.22582	20
	有担保基金	1.3913	1.30520	23
	Total	0.9070	1.35952	43
Total	无担保基金	0.4694	1.08209	49
	有担保基金	2.0926	1.52053	54
	Total	1.3204	1.55433	103

表 7.14 为方差分析的结果。F 检验的结果,模式细分 1(即不同担保主体)的显著性概率 P 值为 0.006,模式细分 2(即是否具有担保基金)的显著性概率 P 值为 0.000,通过 95% 显著性检验。说明不同的担保主体与是否建立担保基金,对于信用能力均有显著影响。

模式细分 1 * 模式细分 2(即担保主体与担保基金的交互项)著性概率 P 值为 0.047,通过 95% 显著性检验,说明担保主体与担保基金之间对信用能力影响存在显著的协同作用。

表 7.14 不同担保因素对贷款申请人信用能力影响的方差分析表

因变量:信用能力 INC

偏差来源	偏差平方和	df	均值方差	F	显著性水平
校正模型	87.872(a)	3	29.291	18.289	0.000
截距	150.220	1	150.220	93.796	0.000
模式细分 1	12.644	1	12.644	7.895	0.006
模式细分 2	60.077	1	60.077	37.511	0.000
模式细分 1 * 模式细分 2	6.492	1	6.492	4.054	0.047
误差	158.556	99	1.602		
总偏差平方和	426.000	103			
校正总偏差平方和	246.427	102			

a. R Squared＝0.357(Adjusted R Squared＝0.337)

(1)不同担保主体对信用能力的影响

上述分析说明,在龙头企业担保与专业合作社担保下,贷款申请人在信用能力上有显著差异。表 7.15 是不同担保主体对贷款申请人信用能力影响边际均值估计值表,图 7.4 是不同担保主体对信用能力影响数均值图。两者说明,基于龙头企业担保农户供应链融资贷款申请人信用能力可比纯粹信用贷款增加1.582,基于专业合作社担保农户供应链融资贷款申请人信用能力可比纯粹信用贷款增加 0.871。也就是说,如果用五点量表中的关于"农户有能力及时归还贷款本息"测量选项中"完全同意＝5"代表完全具备信用能力,则以完全信用能力为基准,龙头企业担保比专业合作社担保,贷款申请人的信用能力可以提高14.22%。

表 7.15 不同担保主体对信用能力边际均值估计值表

因变量:信用能力 INC

模式细分 1	均值	标准差	95%置信区间	
			低	高
TB1 龙头企业担保	1.582	0.163	1.258	1.907
TB2 合作社担保	0.871	0.193	0.487	1.255

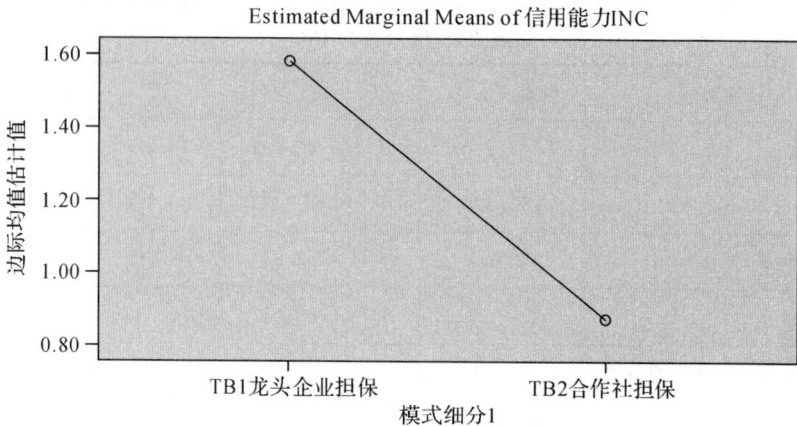

图 7.4　不同担保主体对信用能力影响数均值图

（2）有无担保基金对信用能力的影响

上述分析说明，在建立担保基金与未建立担保基金两种情况下，贷款申请人在信用能力上有显著差异。表 7.16 是有无担保基金对贷款申请人信用能力影响边际均值估计值表，图 7.5 是有无担保基金对信用能力影响数均值图。两者说明：在没有建立担保基金的情况下，基于担保授信的农户供应链融资，贷款申请人信用能力可比纯粹信用贷款增加 0.451；在建立担保基金的情况下，基于担保授信的农户供应链融资，贷款申请人信用能力可比纯粹信用贷款增加 2.002。也就是说，如果用五点量表中的关于"农户有能力及时归还贷款本息"测量选项中"完全同意＝5"代表完全具备信用能力，则以完全信用能力为基准，建立担保基金的情况下比没有建立担保基金，贷款申请人的信用能力可以提高 31.02%。

表 7.16　有无担保基金对信用能力边际均值估计值表

因变量：信用能力 INC

模式细分 1	均值	标准差	95%置信区间	
			低	高
无担保基金	0.451	0.184	0.086	0.816
有担保基金	2.002	0.174	1.657	2.348

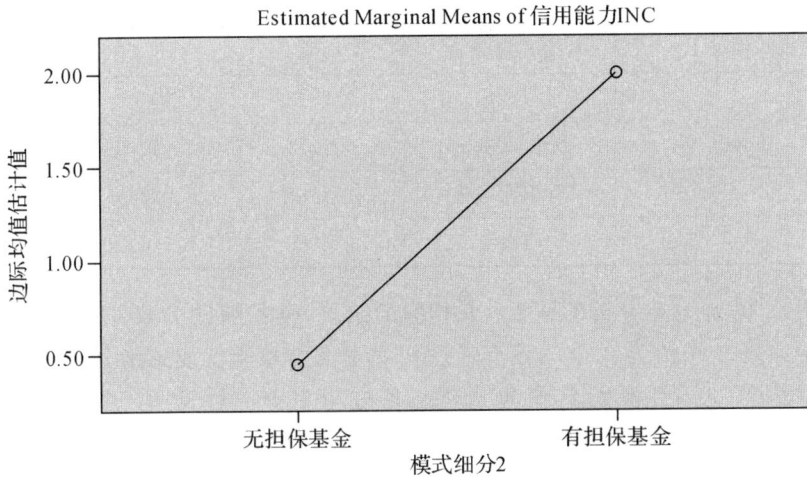

图 7.5 有无担保基金对信用能力影响数均值

7.4.3 担保能力与信用风险变化

表 7.17 是不同担保组合下贷款申请人信用风险比纯粹信用贷款的降低均值估计表。均值为不同担保组合下,贷款申请人信用风险相对于纯粹信用贷款的平均降低均值。在龙头企业担保且没有建立担保基金的情况下,访问对象对"银行不能保证能及时收回贷款本息"认同度的平均降低值为 0.5862;在龙头企业担保且建立担保基金的情况下,访问对象对"银行不能保证能及时收回贷款本息"认同度的平均降低值为 1.8710。在专业合作社担保且没有建立担保基金的情况下,访问对象对"银行不能保证及时收回贷款本息"认同度的平均降低值为 0.4000;在专业合作社担保且建立担保基金的情况下,访问对象对"银行不能保证能及时收回贷款本息"认同度的平均降低值为 1.3913。

表 7.17 不同担保组合下贷款申请人信用风险降低均值估计表
因变量:信用风险 DEC

模式细分 1	模式细分 2	均值	标准差	样本数
TB1 龙头企业担保	无担保基金	0.5862	1.05279	29
	有担保基金	1.8710	2.29117	31
	Total	1.2500	1.90116	60
TB2 合作社担保	无担保基金	0.4000	0.82078	20
	有担保基金	1.3913	1.64425	23

续表

模式细分 1	模式细分 2	均值	标准差	样本数
	Total	0.9302	1.40400	43
Total	无担保基金	0.5102	0.96009	49
	有担保基金	1.6667	2.03739	54
	Total	1.1165	1.71099	103

表 7.18 为方差分析的结果。F 检验的结果，模式细分 1（即不同担保主体）的显著性概率 P 值为 0.308，没有通过 95％显著性检验。模式细分 2（即是否具有担保基金）的著性概率 P 值为 0.001，通过 95％显著性检验。说明不同的担保主体对于信用风险没有显著影响，是否建立担保基金对于信用风险具有显著影响。

模式细分 1 * 模式细分 2（即担保主体与担保基金的交互项）著性概率 P 值为 0.652，没有通过 95％显著性检验，说明担保主体与担保基金之间对信用风险协同作用不显著。

表 7.18　不同担保因素对贷款申请人信用风险影响的方差分析表
因变量：信用风险 DEC

偏差来源	偏差平方和	自由度	均值方差	F 值	显著性水平
校正模型	37.805(b)	3	12.602	4.784	0.004
截距	112.656	1	112.656	42.765	0.000
模式细分 1	2.767	1	2.767	1.051	0.308
模式细分 2	32.334	1	32.334	12.274	0.001
模式细分 1 * 模式细分 2	0.537	1	0.537	0.204	0.652
误差	260.797	99	2.634		
总偏差平方和	427.000	103			
校正的总偏差平方和	298.602	102			

a. Computed using alpha＝0.05

b. R Squared＝0.127(Adjusted R Squared＝0.100)

(1)不同担保主体对信用风险的影响

上述分析说明,在龙头企业担保与专业合作社担保下,贷款申请人在信用风险上没有显著差异。表7.19是不同担保主体对贷款申请人信用风险影响边际均值估计值表,图7.6是不同担保主体对信用风险影响数均值图。两者说明,基于龙头企业担保农户供应链融资贷款申请人信用风险可比纯粹信用贷款降低1.229,基于专业合作社担保农户供应链融资贷款申请人信用风险可比纯粹信用贷款降低0.896。如上所述,F检验的结果,两者在信用风险降低方面差距不明显。

表7.19 不同担保主体对信用能力边际均值估计值表

因变量:信用风险 DEC

模式细分1	均值	标准差	95%置信区间	
			低	高
TB1 龙头企业担保	1.229	0.210	0.813	1.645
TB2 合作社担保	0.896	0.248	0.403	1.388

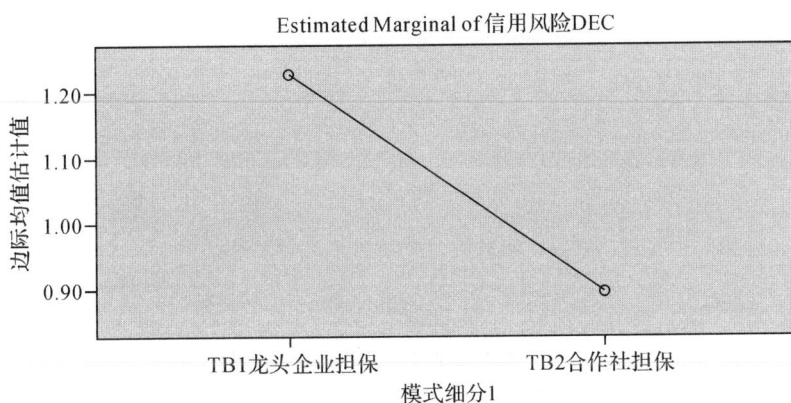

图7.6 不同担保主体对信用风险影响数均值图

(2)有无担保基金对信用风险的影响

上述分析说明,在有无担保基金情况下,贷款申请人在信用风险上具有显著差异。表7.20是有无担保基金对贷款申请人信用风险影响边际均值估计值表,图7.7是有无担保基金对信用风险影响数均值图。两者说明,在建立担保基金的情况下,担保授信的农户供应链融资贷款申请人信用风险可比纯粹信用贷款降低1.631;在没有建立担保基金的情况下,担保授信的农户供应链融资贷款申请人信用风险可比纯粹信用贷款降低0.493。如上所述,F检验的结果,两者在信用风险降低方面差距明显。也就是说,如果用五点量表中的关于"银行不能保证能及时收回贷款本息"测量选项中"完全同意＝5"代表完全信用风险,则以完全信用风险为基准,建立担保基金的情况下比没有建立担保基金,贷款申请人的信用风险可以降低22.76％。

表7.20 有无担保基金对信用风险边际均值估计值表

因变量:信用风险 DEC

模式细分1	均值	标准差	95％置信区间	
			低	高
无担保基金	0.493	0.236	0.025	0.961
有担保基金	1.631	0.223	1.188	2.074

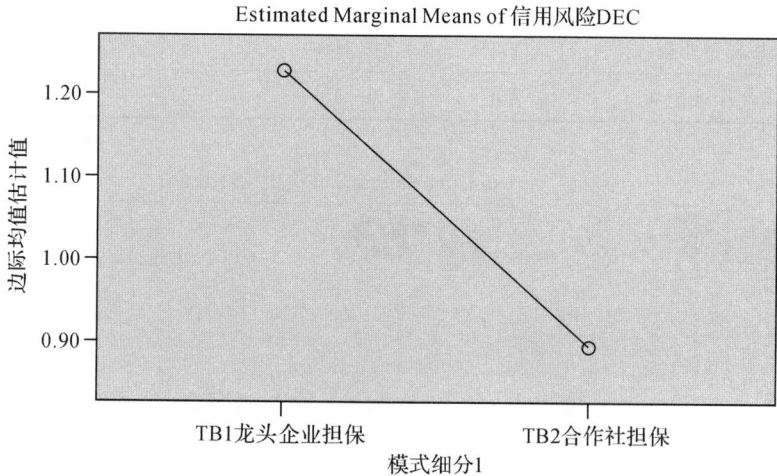

图7.7 有无担保基金对信用风险影响数均值

7.5 本章小结

本章运用现场实验所获取的数据,通过配对样本 t 检验与 $2×2$ 析因实验方差分析,对基于担保授信农户供应链融资模式与无抵押担保模式下借款农户的信用水平的差异,以及不同担保组合(即不同担保主体与担保基金有无)下借款农户信用水平的差异性进行比较分析,得出以下结论:

第一,总体上,基于担保授信农户供应链融资模式可以显著地提高借款农户的授信水平。具体而言,与无抵押担保模式相比,在担保授信供应链融资模式下,借款农户的授信额度、信用能力均有显著性提高,信用风险显著降低。

第二,基于担保授信的供应链融资模式中,不同的担保因素组合(即不同的担保主体及是否建立担保基金),是影响担保能力以至影响贷款申请人授信水平的关键因素。相对无抵押担保模式而言,追加不同担保因素组合,可以使基于担保授信的供应链融资模式下借款农户的授信水平均有显著提高。因此,交易伙伴的担保能力是基于担保授信供应链融资信用形成的重要外部条件。但是,不同的担保因素组合对农户授信额度、信用能力与信用风险的影响具有一定的差异性。

首先,在授信额度上,不同的担保主体与是否建立担保基金,对于贷款申请人授信额度均有显著影响,担保主体与担保基金两个因素之间存在一定的交互效应,但交互效应不是非常显著。具体而言:龙头企业担保与专业合作社担保在授信额度上有显著差异,与专业合作社担保相比,龙头企业担保可以更显著地增加授信额度;是否建立担保基金在授信额度上有显著差异,与没有担保基金相比,建立担保基金可以显著地增加授信额度。

其次,在信用能力上,不同的担保主体与是否建立担保基金,对于贷款申请人信用能力均有显著影响,且担保主体与担保基金之间对信用能力存在显著的协同作用。具体而言:龙头企业担保与专业合作社担保对贷款申请人信用能力影响有显著差异,与专业合作社担保相比,龙头企业担保可以更为显著地提高贷款申请人的信用能力;是否建立担保基金,贷款申请人在信用能力上有显著差异,与没有建立担保基金相比,建立担保基金可以显著提高贷款申请人的信用能力。

最后,在信用风险上,不同的担保主体对于信用风险没有显著影响,而是否建立担保基金,对于信用风险则有显著影响。担保主体与担保基金之间对信用风险协同作用不显著。具体而言:龙头企业担保与专业合作社担保对贷款申请人信用风险的影响没有显著差异,即两者对借款申请人信用风险降低方面差距不明显。是否建立担保基金对贷款申请人信用风险的影响具有显著差异,与没有建立担保基金相比,建立担保基金后贷款申请人的信用风险可以显著降低。

以上结论说明,交易伙伴的担保能力是供应链融资信用形成的外部条件。

8 基于农产品质押授信的农户供应链融资模式

8.1 概述

如前所述,通常情况下,在借贷过程中,通过抵押往往会形成一种"过滤机制",可以将"安全型借款者"与"风险型借款者"分开。相对"风险型借款者"而言,"安全型借款者"抵押物的边际成本低,往往愿意提供更多的抵押物。相反,"风险型借款者"者拥有的财富较少,无法提供贷款所需的足额抵押物,因此,作为一种借款者质量的信号反映,抵押物可以将"风险型借款者"筛选出局(Besank & Thakor,1987;Chan & Thakor,1987)。然而,在农村金融市场中,由于产权制度、法治环境及与抵押相关的交易成本等因素所限(文远华,2005),农户往往缺乏有效、足够的抵押物(周中胜和罗正英,2007)。如此,"抵押过滤"不但将"风险型农户"筛选出局,同时也将那些无力抵押的"安全型农户"拒之门外。因此,在农村信贷市场中,抵押物往往无法有效实现信号替代作用。笔者认为,在供应链融资中,通过提供嵌入交易网络的动产质押可以弥补中小企业与农户抵押物不足的缺陷,并可解决抵押交易成本过高的问题。那么,基于农产品质押授信的农户供应链融资能否有效地提高农户信用水平?影响农产品质押授信的关键因素为何?本章的任务就是运用现场实验所获的数据,对上述问题做出分析与解答。

8.2 研究目标与关键问题

基于农产品质押授信的农户供应链融资,是以供应链交易中的农产品价值控制为基础建立的授信管理机制与负债履约机制,是实现对供应链农户授信的一种融资服务模式。这种授信活动的本质是一种信用替代(赵建和霍佳震,2009),即用农产品信用替代农户自身的信用,银行的风险主要源于对农产品的价值控制能力,包括农产品存储中的价值保全能力及农产品交易中的最终价值实现能力。因此,本章研究的目标,主要是通过现场实验所获取的数据,检验农产品价值控制(包括价值保全及价值变现)在农产品质押授信供应链融资过程中的作用及其对提升农户信用水平的影响。具体而言,通过本章的研究主要解决以下几个关键问题:

第一,基于农产品质押授信的农户供应链融资模式能否提升农户的信用水平?

第二,与工业产品抵押略有不同,农产品价值控制的难度较高,往往是农产品抵押融资中的一个突出难题。那么,在供应链融资模式中,农产品价值控制是否能够提高农户信用水平? 农产品的价值控制是否为农产品质押授信供应链融资的关键因素? 价值控制对授信效果影响如何?

第三,在现实操作中,基于农产品质押授信的农户供应链融资中,农产品价值控制的做法主要有价值保全及价值变现两种。那么,价值保全及价值变现两种价值控制方式在提高农户信用水平方面是否有显著差异?

基于上述分析,下文在现场实验所获数据的基础上,通过配对样本 t 检验,将基于农产品质押授信的农户供应链融资与无抵押担保的农户融资模式进行比较分析,以证明供应链融资模式下,农产品质押授信对提升农户信用水平的作用;同时,通过等组单因素两层次实验设计,以检验价值保全与价值变现两种价值控制方式对农户信用水平的影响。

8.3 农产品质押授信下农户信用水平

根据实验假设,一种养殖大户,其种养殖的销售毛收入为 10 万元,申请纯粹信用贷款,即在无抵押担保的情况下,申请 10 万元贷款,其授信额度如何? 基于农产品质押授信的农户供应链融资模式,申请 10 万元贷款,其授信额度如何?

农产品质押授信前后,主体信用水平是否有显著差异? 以下基于 86×2 个样本的数据进行分析说明,以明确农产品质押授信在提高借款人授信额度、信用能力以及降低信用风险上的效果。

8.3.1　授信额度

为了显示基于农产品质押授信的农户供应链融资模式对主体授信额度的影响,笔者对农产品质押授信前后主体授信额度差异,进行配对样本的 t 检验。检验结果如表 8.1 与表 8.2 所示。

数据分析结果显示,双侧 t 检验显著性概率为 0.000,小于 0.001,说明在农产品质押授信的农户供应链融资模式下,借款申请人的授信额度具有显著性提高。结果还显示,两种模式下,一个销售毛收入为 10 万元的种养殖户,通过纯粹信用贷款,其所得的授信额度为 3.2640 万元,通过农产品质押授信,其所得的平均授信额度为 7.4651 万元,两者授信额度的平均差额为 4.2011 万元。也就是说,基于担保授信的供应链融资模式下,一个销售毛收入为 10 万元的种养殖户申请贷款,所获贷款额度比纯粹的信用贷款平均多 4.2011 万元。

表 8.1　农产品质押授信前后授信额度的简单统计描述

	均值	样本数	标准差	均数标准误
授信额度 pre	3.2640	86	4.4670	0.4817
授信额度 pos	7.4651	86	6.8817	0.7421

表 8.2　农产品质押授信前后授信额度差值的配对样本 t 检验

	配　对　差　异					t 值	自由度	显著性水平(双侧)
	均值	标准差	均数标准误	95％置信区间差值				
				高	低			
授信额度 pre－授信额度 pos	−4.2012	5.7734	0.62256	−5.4390	−2.9634	−6.748	85	0.000

8.3.2　信用能力

为了显示基于农产品质押授信农户供应链融资模式对主体信用能力的影响,笔者对农产品质押授信前后主体信用能力差异,进行配对样本的 t 检验。检验结果如表 8.3 和表 8.4 所示。

表 8.3　农产品质押授信前后信用能力的简单统计描述

	均值	样本数	标准差	均数标准误
信用能力 pre	3.0465	86	1.09445	0.11802
信用能力 pos	4.0698	86	0.62855	0.06778

表 8.4　农产品质押授信前后信用能力差值的配对样本 t 检验

	配对差异					t 值	自由度	显著性水平（双侧）
	均值	标准差	均数标准误	95%置信区间差值				
				低	高			
信用能力 pre－信用能力 pos	−1.0233	1.0172	0.1097	−1.2414	−0.8052	−9.329	85	0.000

　　数据分析结果显示，双侧 t 检验显著性概率为 0.000，小于 0.001，说明与纯粹信用贷款相比，基于农产品质押授信的农户供应链融资模式下，借款申请人的信用能力具有显著性提高。结果还显示，农产品质押授信的供应链融资模式下，主体信用能力的认同度比无抵押担保下纯粹信用贷款的信用能力要高，两者认同度的平均差额为 1.0233。也就是说，如果用五点量表中的关于"农户有能力及时归还贷款本息"测量选项中"完全同意＝5"代表完全具备信用能力，则以完全信用能力为基准，在农产品质押授信的供应链融资模式下，贷款申请人的信用能力可以提高 20.466%。正因为具有相对较高的信用能力，在总体上，基于农产品质押授信的农户供应链融资模式可以较为显著地提高农户贷款的授信额度。

8.3.3　信用风险

　　为了显示基于农产品质押授信的农户供应链融资模式对信用风险的影响，笔者对无抵押担保的信用贷款模式与基于农产品质押授信的农户供应链融资模式信用风险的差异，进行配对样本的 t 检验，检验结果如表 8.5 和表 8.6 所示。

表 8.5　农产品质押授信前后信用风险的简单统计描述

	均值	样本数	标准差	均数标准误
信用风险 pre	3.1744	86	1.1802	0.1273
信用风险 pos	2.4070	86	0.9626	0.1038

表 8.6　农产品质押授信前后信用风险差值的配对样本 *t* 检验

| | 配对差异 | | | | | *t* | *df* | 显著性水平（双侧） |
| | 均值 | 标准差 | 均数标准误 | 95％置信区间差值 | | | | |
				低	高			
信用风险 pre—信用风险 pos	0.7674	1.2431	0.1341	0.5009	1.0340	5.725	85	0.000

　　数据分析结果显示,双侧 *t* 检验显著性概率为 0.000,小于 0.001,说明与纯粹信用贷款相比,基于农产品质押授信的农户供应链融资模式下,信用风险有显著性降低。结果还显示,在供应链融资模式下,对银行信贷具有信用风险的认同度比无抵押担保下纯粹信用贷款的信用风险要低,两者认同度的平均差额为 0.7674。也就是说,如果用五点量表中的关于"银行不能保证能及时收回贷款本息"测量选项中"完全同意＝5"代表完全信用风险,则以完全信用风险为基准,基于农产品质押授信的供应链融资模式比无抵押担保下纯粹信用贷款,贷款申请人的信用风险可以降低 15.348％。正因为具有相对较低的信用风险,在总体上,基于农产品质押授信的农户供应链融资模式可以较为显著地提高农户贷款的授信额度。

8.4　产品价值控制与农户信用水平

　　质押农产品的价值控制是农产品质押融资的关键。对于银行而言,决定农产品价值是否能有效控制的要素主要有农产品价值保全及农产品价值变现两个方面。所谓农产品价值保全,是指农产品在质押期间不变质,保存完好,数量无缺,市场价值稳定在一定水平之上;所谓农产品价值变现,是指农产品可以通过市场交易变现为一定数量的货币。只有具备这两个要素,质押农产品才能转化为一定数量的还款现金流,这时我们就认为质押农产品价值具有较强的可控性。在实践中,为了达到农产品价值保全,往往通过农产品连带监管责任来实现;为了确保农产品价值变现,往往通过农产品担保收购协议来实现。因此,笔者将农产品连带监管责任作为质押农产品价值保全的测量指标,将农产品担保收购协议作为质押农产品价值变现的测量指标,以此来测量不同产品价值控制水平下,农产品质押供应链融资主体的信用水平是否有显著差异。

8.4.1　产品价值控制与授信额度

为了显示农产品质押供应链融资模式中,农产品价值保全与农产品价值变现对主体授信额度变化的影响,笔者对不同农产品价值控制方式下,农产品质押供应链融资模式中主体授信额度变化的差异,进行独立样本的 t 检验。检验结果如表 8.7 和表 8.8 所示。

表 8.7 是不同产品价值控制方式下授信额度变化的简单统计描述。均值为两种模式下授信额度相对于纯粹信用贷款的平均增加值,在仅具有农产品担保收购责任的情况下,授信额度的平均增加值为 6.5375 万元;在仅具有农产品连带监管责任的情况下,授信额度的平均增加值为 2.1696 万元。

表 8.7　不同农产品价值控制方式下授信额度变化的简单统计描述

	模式细分 2	样本数	均值	标准差	均数标准误
授信额度 INC	担保收购责任	40	6.5375	6.76851	1.07019
	连带监管责任	46	2.1696	3.76628	0.55531

表 8.8 是不同农产品价值控制方式下授信额度变化的独立样本 t 检验。表中显示,方差齐性检验的 F 值为 1.775,显著性概率为 $P=0.186>0.001$,因此结论是两组方差差异不显著,t 检验的结果中应该选择假设方差相等的一行数据。

表 8.8　不同农产品价值控制方式下授信额度变化的独立样本 t 检验

		方差齐性检验 (Levene 检验)		均值齐性 t 检验						95%置信 区间差值	
		F 值	显著性 水平	t 值	自由度	显著性 水平 (双侧)	均值 差异	标准差 差异		高	低
授信额 度 INC	假设方 差相等	1.775	0.186	3.760	84	0.000	4.3679	1.1616		2.0580	6.6779
	假设方差 不相等			3.623	59.114	0.001	4.3679	1.2057		1.9555	6.7804

双尾 t 检验的显著性概率 $0.000<0.05$,可以得出结论,在两种不同产品价值控制方式下,授信额度变化具有显著性差异。两者均值之差为 4.3679,借款农户在农产品质押供应链融资模式中,在仅具有农产品担保收购责任的情况下,要比

仅具有农产品连带监管责任的情况下多获得 4.3679 万元贷款。

8.4.2　产品价值控制与信用能力

为了显示农产品质押供应链融资模式中,农产品价值保全与农产品价值实现对主体信用能力的影响,笔者对不同农产品价值控制方式下,农产品质押供应链融资模式中主体信用能力变化的差异,进行独立样本的 t 检验,检验结果如表 8.9 和表 8.10 所示。

表 8.9 是不同农产品价值控制方式下信用能力的简单统计描述。均值为质押农产品担保收购与连带监管两种情况下,信用能力相对于纯粹信用贷款的平均增加值。在质押农产品价值可以有效实现,即龙头企业担保收购情况下,访问对象对"农户有能力及时归还贷款本息"认同度的平均增加值为 1.2250;在质押农产品价值能够有效保全,即物流仓储企业连带监管情况下,访问对象对"农户有能力及时归还贷款本息"认同度的平均增加值为 0.8478。也就是说,从数值上看,访问对象认为,质押农产品价值实现比质押农产品价值保全对提高主体信用能力而言略显重要。

表 8.9　不同农产品价值控制方式下信用能力变化的简单统计描述

	模式细分 2	样本数	均　值	标准差	均数标准误
信用能力 INC	担保收购责任	40	1.2250	1.09749	0.17353
	连带监管责任	46	0.8478	0.91815	0.13537

表 8.10 是不同农产品价值控制方式下信用能力变化的独立样本 t 检验。表中显示,方差齐性检验的结果,F 值为 0.811,显著性概率为 $P=0.371>0.001$,因此结论是两组方差差异不显著,t 检验的结果中应该选择假设方差相等的一行数据。

双侧 t 检验的显著性概率 $0.086>0.05$,可以得出结论,在两种农产品价值控制方式下,主体信用能力变化没有显著性差异。均值差异为访问对象对两者变化态度均值之差值,为 0.3772。也就是说,访问对象认为,质押农产品价值实现与质押农产品价值保全在提高信用能力的效果上,差别并不明显。

表 8.10 不同农产品价值控制方式下信用能力变化差值的独立样本 t 检验

		方差齐性检验 (Levene 检验)		均值齐性 t 检验						
		F 值	显著性水平	t 值	自由度	显著性水平（双侧）	均值差异	标准差差异	95％置信区间差值	
									高	低
信用能力 INC	假设方差相等	0.811	0.371	1.735	84	0.086	0.3772	0.21736	−0.0551	0.8094
	假设方差不相等			1.714	76.393	0.091	0.3772	0.22009	−0.0611	0.8155

8.4.3 产品价值控制与信用风险

为了显示农产品质押供应链融资模式中，农产品价值保全与农产品价值实现对主体信用风险的影响，笔者对不同农产品价值控制方式下，农产品质押供应链融资模式中主体信用风险变化的差异，进行独立样本的 t 检验，检验结果如表 8.11 与表 8.12 所示。

表 8.11 是不同农产品价值控制方式下信用风险的简单统计描述。均值为质押农产品担保收购与连带监管两种情况下，信用风险相对于纯粹信用贷款的平均降低值，在质押农产品交换价值可以有效实现，即龙头企业担保收购情况下，访问对象对"银行不能保证能及时收回贷款本息"认同度的平均降低值为 0.7000；在质押农产品使用价值能够有效控制，即物流仓储企业连带监管情况下，访问对象对"银行不能保证能及时收回贷款本息"认同度的平均降低值为 0.8261。

表 8.11 不同农产品价值控制方式下信用风险变化的简单统计描述

	模式细分 2	样本数	均值	标准差	均数标准误
信用风险 DEC	担保收购责任	40	0.7000	1.26491	0.20000
	连带监管责任	46	0.8261	1.23476	0.18206

表 8.12 是不同农产品价值控制方式下银行信用风险变化的独立样本 t 检验。表中显示，方差齐性检验的结果，F 值为 0.038，显著性概率为 $P = 0.846 >$

0.001,因此结论是两组方差差异不显著,t 检验的结果中应该选择假设方差相等的一行数据。

表 8.12　不同农产品价值控制方式下信用风险变化差值的独立样本 t 检验

		方差齐性检验 (Levene 检验)		均值齐性 t 检验						
		F 值	显著性 水平	t 值	自由度	显著性 水平 (双侧)	均值 差异	标准差 差异	95% 置信 区间差值	
									高	低
信用 风险 DEC	假设方差 相等	0.038	0.846	−0.467	84	0.642	−0.1261	0.2700	−0.66300	0.41082
	假设方差 不相等			−0.466	81.758	0.642	−0.1261	0.2705	−0.66413	0.41195

　　双尾 t 检验的显著性概率 0.642>0.05,均值差异为访问对象对两者变化态度均值之差值,为 0.1261。可以得出结论,访问对象认为,两种不同价值控制方式下,银行信用风险变化没有显著性差异。这说明,质押农产品价值实现与质押农产品价值保全,在降低信用风险的效果上差别并不明显。也就是说,虽然从数值上看,访问对象认为,质押农产品价值保全比质押农产品价值实现对降低主体信用风险略显重要,但实际上,对降低信用风险的效果而言,两者并无显著差别。因此,质押农产品价值保全与质押农产品价值实现,都是农产品质押供应链融资必须具备、不可或缺的基本要素。

8.5　本章小结

　　本章运用等组单因素两层次实验获取的 86×2 个样本数据,通过配对样本 t 检验,对基于农产品质押授信的农户供应链融资与无抵押担保模式下借款农户的信用水平的差异,以及不同价值控制方式下对借款农户信用水平的差异性进行比较分析,得出了以下结论:

　　第一,总体上,基于农产品质押授信的农户供应链融资模式可以显著地提高借款农户的信用能力,降低银行信用风险,并大幅度提高授信额度。具体而言,与无抵押担保模式相比,在农产品质押授信供应链融资模式下,借款农户的授信额度、信用能力均有显著性提高,信用风险显著降低。

　　第二,基于农产品质押授信的供应链融资模式中,农产品价值控制方式(即农产品担保收购责任与农产品连带监管责任)是影响贷款申请人授信水平的关键因素。通过追加不同农产品价值控制方式,相对无抵押担保模式而言,农产品质押供应链融资模式下借款农户授信水平均有显著提高。因此,通过不同价值控制方式嵌入供应链网络的产品价值是供应链融资信用形成的内在基础。但是,不同的价值控制方式对农户授信额度、信用能力与信用风险的影响具有一定的差异性。

　　首先,在授信额度上,不同价值控制方式,即农产品担保收购与农产品连带监管,对借款农户授信额度影响有显著差异。具体而言,在仅具有农产品担保收购责任的情况下,要比仅具有农产品连带监管责任的情况下,授信额度有显著增加。

　　其次,在信用能力上,在两种不同的农产品价值控制方式下,借款农户信用能力变化没有显著性差异。具体而言,质押农产品价值实现与质押农产品价值保全在提高信用能力的效果上差别并不明显。

　　最后,在信用风险上,两种不同价值控制方式,对银行信用风险变化没有显著性差异。具体而言,质押农产品价值实现与质押农产品价值保全对降低信用风险的效果差别并不明显。

　　以上结论说明,以不同价值控制方式嵌入于供应链网络的农产品价值是供应链融资信用形成的内在基础。

9 基于订单质押授信的农户供应链融资模式——以粮食订单为例

9.1 概述

基于订单质押授信的农户供应链融资是在农户接到农业龙头企业或供应链其他交易伙伴的订单后,商业银行等金融机构在评估该订单的价值和相应风险的基础上,向农户提供一定额度的封闭融资,用于再生产的投入;农户运用信贷资金进行生产经营,用最终农产品完成订单交易,并用订单交易项下的货款作为归还款贷的来源偿还授信。

订单融资业务最初在国际贸易中有着广泛的应用,融资对象一般为具有稳定市场及良好效益,但缺乏流动资金的中小企业。相对于其他供应链融资方式而言,订单融资在中小企业中往往有着更大的市场需求,因为大多数中小企业是以订单驱动模式从事生产活动的。如此,不但可以有效地降低库存成本、提高物流速度和库存周转率,而且可以减小企业未来的经营风险、确保信贷资金能够较快回笼(赵建和霍佳震,2009)。但是,对于农户而言,基于订单质押授信的农户供应链融资模式是否可行?具体操作如何?在实践中能否有效地提高农户信用水平?影响订单质押授信的关键因素为何?本章以基于粮食订单质押授信的农户供应链融资为例,在分析订单质押授信本质特征与关键要素的基础上,运用现场实验所获的数据,对上述问题做出解答。

9.2 研究目标与关键问题

基于订单质押授信的供应链融资具有信用替代与信用迁移双重性质,具体体现在:

(1)订单质押融资是以订单下未来农产品货权为基础的一种融资方式,本质上也是商品信用对农户信用的一种替代。与农产品质押融资相同,其融资的对象也是贸易项下的农产品,是以农产品订单交易下的农产品销售货款作为还款来源。因此,与农产品质押融资相似,在融资过程中也有价值保全与价值变现等价值控制问题。在农产品质押融资模式下,价值控制是以最终农产品为载体来实现的,价值保全主要体现在最终农产品保存、价值实现主要体现在最终农产品交易过程中货币价值的实现。在订单质押融资下,也涉及最终农产品的价值保全与价值变现问题。因此,基于订单质押授信的农户供应链融资,也是以控制供应链交易中的农产品价值为基础建立授信管理机制与负债履约机制,并通过订单质押的形式来实现对供应链中的农户进行授信的一种融资服务模式。这种授信活动的本质也是一种信用替代,即用未来农产品信用替代农户自身的信用,银行的风险主要源于对农产品的价值控制能力,包括农产品再生产及储存中的价值保全能力及农产品的最终价值实现能力。

与农产品质押融资不同,农产品质押融资的融资对象是现实已经生产出来的农产品,而订单质押融资的对象是未来而非现实的农产品货权,也就是订单质押时,作为融资对象的农产品还没生产出来。可以说,订单质押融资的显著特点是将融资的时点前移。因此,在订单质押融资模式下,价值控制的范围不仅仅涉及最终农产品,而且涉及采购环节、生产环节及交付环节等整个再生产过程。

(2)订单质押融资是一种以核心企业等交易伙伴自身信用为基础的一种授信方式,本质上也是供应链上下游主体间的一种信用迁移。

如上所述,在订单质押授信中,价值控制的范围已经拓展到采购环节、生产环节及交付环节等整个农户再生产的过程。而整个农户再生产过程的价值控制主要依赖于给农户下订单的农业龙头企业。首先,价值保全主要涉及采购、生产环节及交付环节,影响价值保全的主要因素除了借款农户的生产经营能力、自然风险外,龙头企业对这些环节的资金和货物进行全程动态跟踪监控和管理的能力也非常重要。其次,价值实现主要涉及交付环节,影响价值实现的主要因素主要有交付价格及龙头企业的资信水平。因此,基于订单质押授信的农户供应链融资,是以供应链上的农业龙头企业等交易伙伴为基础建立授信管理机制与负债履约机制,并通过交易伙伴承诺履约来实现对供应链中的农户进行授信的一种融资服务模式。这种授信活动的本质也是一种上下游企业之间的信用迁移,银行信贷风险主要源于核心企业等交易伙伴自身的信用基础。

综合以上两点,基于订单质押授信的农户供应链融资模式具有信用迁移及信用替代的双重性质。在订单质押授信中,银行信贷风险主要源于对农户再生产过程的价值控制及交易伙伴的信用基础,因此,在订单质押授信过程中,不仅要注重龙头企业等供应链交易伙伴的信用基础,而且要注重整个农户再生产过程中的价值控制。换而言之,影响授信水平的关键因素是供应链交易伙伴自身的信用能力及其对农户再生产的价值控制能力。因此,本章研究的目标主要是通过现场实验所获取的数据,检验供应链交易伙伴自身的信用能力及其对农户再生产的价值控制能力在供应链融资过程中的作用及其对提升农户信用水平的影响。具体而言,通过本章的研究主要解决以下几个关键问题:

第一,供应链交易伙伴自身的信用能力与订单质押授信下农户信用水平关系如何?供应链交易伙伴自身的信用能力是否为开展订单质押授信所必需?

第二,供应链交易伙伴对农户再生产的价值控制能力与订单质押授信下农户信用水平关系如何?供应链交易伙伴对农户再生产的价值控制能力是否为开展订单质押授信所必需?

下文在担保授信、农产品质押授信及订单质押授信等不同农户供应链融资模式现场实验研究所获数据基础上,通过相关性分析与独立样本 t 检验,将基于订单质押授信的农户供应链融资与基于担保授信、农产品质押授信两种农户供应链融资基本模式进行比较分析,以证明供应链交易伙伴自身的信用能力及其对农户再生产的价值控制能力在提升农户信用水平中的作用。

此外,在前期访谈与预调研中,笔者发现信贷人员对供应链金融的认知水平的高低,也是一个决定银行对供应链农户授信水平高低的重要因素。如果对相关农产品供应链治理及供应链融资的授信机制、履约机制有较深的理解与认识,则授信水平往往较高;反之,授信水平往往不高。这一点,在粮食订单质押的农户供应链融资模式中体现尤为明显。由于粮食订单质押融资是一个新生事物,所以,在常山县的不同的乡镇,这种融资模式的推广普及时间有着一定的差异,有些乡镇,如天马镇大麦淤村,于 2009 年 7 月即已经开展此项业务;而有些乡镇直到 2010 年 7 月,笔者开始着手大规模现场实验研究时,尚未开展此项业务。虽然关于粮食订单质押融资已经有了明确的文件规定,但由于实践工作中实际接触及了解的深度不同,导致对粮食订单质押授信的认知水平有着明显的差异,并导致最终的信贷员在授信水平上也有着明显的差异。换而言之,对粮食订单质押模式的不同认知水平往往会影响到粮食订单授信的实现效果。因此,本章研究的一个重要目标,主要是通过现场实验所获取的数据,检验不同的供应链金融教育水平在供应链融资过程中的作用及其对提升农户信用水平的影响。具体而言,通过本章的研究,还要解决以下关键问题:

第一,供应链金融教育是否是影响主体信用水平的关键因素?

第二,不同供应链金融认知水平下,粮食订单质押授信效果是否有显著性差异?

为了研究解决以上问题,笔者采用等组单因素两层次现场实验设计。也就是说,将参与者分成两个实验组,每个实验组分别施加区分两种对粮食订单质押融资的不同产业金融教育水平为实验变量,通过独立样本 t 检验,以验证不同供应链金融教育水平对农户授信水平变化是否具有显著影响。

9.3 订单质押授信下农户信用水平

根据实验假设,一种粮大户,其种粮的销售毛收入为 10 万元,申请纯粹信用贷款,即在无抵押担保的情况下,申请 10 万元贷款,其授信额度如何?基于粮食订单质押授信农户供应链融资模式,申请 10 万元贷款,其授信额度如何?粮食订单质押授信前后,主体信用水平是否有显著差异?以下基于 82×2 个样本的数据进行分析说明,以明确粮食订单质押授信在提高借款人授信额度、信用能力以及降低信用风险上的效果。

9.3.1 授信额度

同样,为了显示基于粮食订单质押授信农户供应链融资模式对主体授信额度的影响,笔者对粮食订单质押授信前后主体授信额度差异,进行配对样本的 t 检验。检验结果如表 9.1 和表 9.2 所示。

表 9.1 粮食订单质押授信前后授信额度的简单统计描述

		均 值	样本数	标准差	均数标准误
Pair 1	授信额度 pre	2.4037	82	1.45122	0.16026
	授信额度 pos	7.6049	82	2.14602	0.23699

表9.2　粮食订单质押授信前后授信额度差值的配对样本 t 检验

	配对差异					t 值	自由度	显著性水平（双侧）
	均值	标准差	均数标准误	95%置信区间差值				
				低	高			
授信额度 pre—授信额度 pos	−5.2012	2.6788	0.2958	−5.7898	−4.6126	−17.583	81	0.000

数据分析结果显示，双侧 t 检验显著性概率为0.000，小于0.001，说明基于粮食订单质押授信的农户在供应链融资模式下，借款申请人的授信额度具有显著性提高。结果还显示，两种模式下，一个销售毛收入为10万元的种养殖户，通过纯粹信用贷款，其所得的授信额度为2.4037万元，通过粮食订单质押授信，其所得的平均授信额度为7.6049万元，两者授信额度的平均差额为5.2012万元。也就是说，在基于粮食订单质押授信的供应链融资模式下，一个销售毛收入为10万元的种粮大户申请贷款，所获贷款额度比纯粹的信用贷款平均多5.2012万元。

9.3.2　信用能力

同样，为了显示基于粮食订单质押授信农户供应链融资模式对主体信用能力的影响，笔者对粮食订单质押授信前后主体信用能力差异，进行配对样本的 t 检验。检验结果如表9.3和表9.4所示。

表9.3　粮食订单质押授信前后信用能力的简单统计描述

	均值	样本数	标准差	均数标准误
信用能力 pre	2.5366	82	1.32586	0.14642
信用能力 pos	4.4146	82	0.88821	0.09809

表9.4　粮食订单质押授信前后信用能力差值的配对样本 t 检验

	配对差异					t	df	显著性水平（双侧）
	均值	标准差	均数标准误	95%置信区间差值				
				低	高			
信用能力 pre—信用能力 pos	−1.8780	1.5900	0.1756	−2.2274	−1.5287	−10.696	81	0.000

数据分析结果显示,双侧 t 检验显著性概率为 0.000,小于 0.001,说明与纯粹信用贷款相比,基于粮食订单质押授信的农户供应链融资模式下,借款申请人的信用能力具有显著性提高。结果还显示,粮食订单质押授信的供应链融资模式下,主体信用能力的认同度比无抵押担保下纯粹信用贷款的信用能力要高,两者认同度的平均差额为 1.8780。也就是说,如果用五点量表中的关于"农户有能力及时归还贷款本息"测量选项中"完全同意=5"代表完全具备信用能力,则以完全信用能力为基准,在粮食订单质押授信的供应链融资模式下,贷款申请人的信用能力可以提高 37.56%。

正因为具有相对较高的信用能力,在总体上,基于粮食订单质押授信的农户供应链融资模式可以较为显著地提高农户贷款的授信额度。

9.3.3 信用风险

同样,为了显示基于粮食订单质押授信农户供应链融资模式对信用风险的影响,笔者对粮食订单质押授信前后信用风险的差异,进行配对样本的 t 检验。检验结果如表 9.5 和表 9.6 所示。

表 9.5 粮食订单质押授信前后信用风险的简单统计描述

	均 值	样本数	标准差	均数标准误
信用风险 pre	3.5976	82	1.36861	0.15114
信用风险 pos	1.5854	82	1.00556	0.11104

表 9.6 粮食订单质押授信前后信用风险差值的配对样本 t 检验

	配 对 差 异					t 值	自由度	显著性水平(双侧)
	均 值	标准差	均数标准误	95%置信区间差值				
				低	高			
信用风险 pre—信用风险 pos	2.0122	1.6139	0.17823	1.6576	2.3668	11.290	81	0.000

数据分析结果显示,双侧 t 检验显著性概率为 0.000,小于 0.001,说明与纯粹信用贷款相比,基于粮食订单质押授信的农户供应链融资模式下,信用风险有显著性降低。结果还显示,在供应链融资模式下,对银行信贷具有信用风险的认同度比无抵押担保下纯粹信用贷款的信用风险要低,两者认同度的平均差额为 2.0122。也就是说,如果用五点量表中的关于"银行不能保证能及时收回贷款本息"测量选项中"完全同意=5"代表完全信用风险,则以完全信用风险为基准,基

161

于粮食订单质押授信的供应链融资模式比无抵押担保下纯粹信用贷款,贷款申请人的信用风险可以降低40.244%。正因为具有相对较低的信用风险,在总体上,基于粮食订单质押授信的农户供应链融资模式可以较为显著地提高农户贷款的授信额度。

9.4 交易伙伴信用能力、价值控制水平与农户信用水平

9.4.1 交易伙伴信用能力与农户信用水平

为了显示在农户供应链融资模式中,交易伙伴信用能力对农户信用水平的影响,首先,笔者运用现场实验后测271个样本数据,对交易伙伴信用能力与供应链融资模式下农户的授信额度、农户信用能力与信用风险进行相关性分析,进行配对样本的t检验,结果如表9.7所示。

表 9.7　交易伙伴信用能力与农户信用水平相关性分析

		交易伙伴信用能力	X 授信额度 pos	D 信用能力 pos	G 信贷风险 pos
交易伙伴信用能力	Pearson 相关系数	1	0.193**	0.428**	−0.292**
	显著性水平(双侧)		0.001	0.000	0.000
	样本数	271	271	271	271
X 授信额度 pos	Pearson 相关系数	0.193**	1	0.226**	−0.133*
	显著性水平(双侧)	0.001		0.000	0.029
	样本数	271	271	271	271
D 信用能力 pos	Pearson 相关系数	0.428**	0.226**	1	−0.568**
	显著性水平(双侧)	0.000	0.000		0.000
	样本数	271	271	271	271
G 信贷风险 pos	Pearson 相关系数	−0.292**	−0.133*	−0.568**	1
	显著性水平(双侧)	0.000	0.029	0.000	
	样本数	271	271	271	271

**. 相关系数 在 0.01 水平上均值差显著,双尾检验。
*. 相关系数在 0.05 水平上均值差显著,双尾检验。

数据分析结果显示,交易伙伴信用能力与农户授信额度、农户信用能力及农户信用风险相关系数的显著性概率水平均为 0.01。显然,交易伙伴信用能力与农户授信额度、农户信用能力及农户信用风险是高度相关的。

其次,笔者将基于粮食订单质押授信的农户供应链融资与基于担保授信农户供应链融资下交易伙伴信用能力进行了独立样本 t 检验,以比较两种授信模式下交易伙伴信用能力的差异。分析结果如表 9.8 与表 9.9 所示。

表 9.8 粮食订单质押授信与交易伙伴担保授信中交易伙伴信用能力简单统计描述

	模 式	样本数	均 值	标准差	均数标准误
交易伙伴 信用能力	粮食订单质押	82	4.3293	1.00683	0.11119
	交易伙伴担保	103	4.0971	0.72104	0.07105

表 9.8 是粮食订单质押授信与交易伙伴担保授信中交易伙伴信用能力的简单统计描述。均值是指两种模式下交易伙伴信用能力的均值,在粮食订单质押授信情况下,交易伙伴信用能力均值为 4.3293;在交易伙伴担保授信情况下,交易伙伴信用能力均值为 4.0971。

表 9.9 粮食订单质押授信与交易伙伴担保授信中交易伙伴信用能力独立样本 t 检验

		方差齐性检验 (Levene 检验)		均值齐性 t 检验						
		F 值	显著性 水平	t 值	自由度	显著性 水平 (双侧)	均值 差异	标准差 差异	95% 置信 区间差值	
									高	低
交易 伙伴 信用 能力	假设方差 相等	7.123	0.008	1.826	183	0.070	0.23218	0.12718	−0.01875	0.48311
	假设方差 不相等			1.760	141.867	0.081	0.23218	0.13195	−0.02865	0.49302

表 9.9 是粮食订单质押授信与交易伙伴担保授信中交易伙伴信用能力独立样本 t 检验。表中显示,方差齐性检验的结果,F 值为 7.123,显著性概率为 $P = 0.008 > 0.001$,因此结论是两组方差差异不显著,t 检验的结果中应该选择假设方差相等的一行数据。

双侧 t 检验的显著性概率 $0.070 > 0.05$,可以得出结论,在两种不同授信模式下,交易伙伴信用能力不具显著性差异。也就是说,与担保授信相同,订单质押授信模式也要求交易伙伴具有较高的信用能力。

9.4.2　交易伙伴价值控制水平与农户信用水平

为了显示在农户供应链融资模式中,交易伙伴价值控制水平对农户信用水平的影响,首先,笔者运用现场实验后测 271 个样本数据,用现金流控制来测量交易伙伴价值控制水平,对交易伙伴价值控制水平与供应链融资模式下农户的授信额度、农户信用能力与信用风险进行相关性分析,进行配对样本的 t 检验。检验结果如表 9.10 所示。

表 9.10　交易伙伴价值控制水平与农户信用水平相关性分析

		C2 现金流控制	X 授信额度 pos	D 信用能力 pos	G 信贷风险 pos
C2 现金流控制	Pearson 相关系数	1	0.052	0.267**	−0.226**
	显著性水平(双侧)		0.391	0.000	0.000
	样本数	271	271	271	271
X 授信额度 pos	Pearson 相关系数	0.052	1	0.226**	−0.133*
	显著性水平(双侧)	0.391		0.000	0.029
	样本数	271	271	271	271
D 信用能力 pos	Pearson 相关系数	0.267**	0.226**	1	−0.568**
	显著性水平(双侧)	0.000	0.000		0.000
	样本数	271	271	271	271
G 信贷风险 pos	Pearson 相关系数	−0.226**	−0.133*	−0.568**	1
	显著性水平(双侧)	0.000	0.029	0.000	
	样本数	271	271	271	271

**.相关系数在 0.01 水平上均值差显著,双尾检验。

*.相关系数在 0.05 水平上均值差显著,双尾检验。

数据分析结果显示,交易伙伴价值控制水平与农户信用能力、农户信用风险相关系数的显著性概率水平均为 0.01,与农户授信额度相关系数大于 0.05。显然,交易伙伴价值控制水平与农户信用能力及农户信用风险是高度相关的,与农户授信额度具有一定相关性,但相关程度不是很高。

其次,笔者将基于粮食订单质押授信的农户供应链融资与基于农产品质押授信的农户供应链融资下交易伙伴价值控制水平进行了独立样本 t 检验,以比较两种授信模式下,交易伙伴价值控制水平的差异。分析结果如表 9.11 与表 9.12 所示。

表 9.11 是粮食订单质押授信与农产品质押授信中交易伙伴价值控制水平简单统计描述。均值是指两种模式下交易伙伴价值控制水平的均值,在粮食订单质押授信情况下,交易伙伴价值控制水平均值为 4.2378;在农产品质押授信情况下,交易伙伴价值控制水平均值为 4.2791。

表 9.11　粮食订单质押授信与农产品质押授信中交易伙伴价值控制水平简单统计描述

	模式	样本数	均 值	标准差	均数标准误
C2 现金流控制	粮食订单质押	82	4.2378	0.69932	0.07723
	农产品质押	86	4.2791	0.63526	0.06850

表 9.12 是粮食订单质押授信与农产品质押授信中交易伙伴价值控制水平独立样本 t 检验。表中显示,方差齐性检验的结果,F 值为 0.625,显著性概率为 $P = 0.432 > 0.001$,因此结论是两组方差差异不显著,t 检验的结果中应该选择假设方差相等的一行数据。

双侧 t 检验的显著性概率 $0.689 > 0.05$,可以得出结论,在两种不同授信模式下,交易伙伴价值控制水平不具显著性差异。也就是说,与农产品质押授信相同,订单质押授信模式也要求交易伙伴具有较高的价值控制水平。

表 9.12　粮食订单质押授信与农产品质押授信中交易伙伴价值控制水平独立样本 t 检验

		方差齐性检验 (Levene 检验)		均值齐性 t 检验					95% 置信区间差值	
		F 值	显著性水平	t 值	自由度	显著性水平(双侧)	均值差异	标准差差异	高	低
C2 现金流控制	假设方差相等	0.625	0.430	−0.401	166	0.689	−0.04126	0.10299	−0.24461	0.16208
	假设方差不相等			−0.400	162.653	0.690	−0.04126	0.10323	−0.24511	0.16258

9.5 供应链金融教育与农户信用水平

9.5.1 供应链金融教育与授信额度测算

为了显示供应链金融教育对主体授信额度的影响,笔者对不同供应链金融认识水平下,粮食订单质押农户供应链融资模式授信额度的差异,进行独立样本的 t 检验,检验结果如表 9.13 和表 9.14 所示。

表 9.13 不同供应链金融认识水平下授信额度变化的简单统计描述

	模式细分 2	样本数	均 值	标准差	均数标准误
授信额度 INC	相对了解	63	6.2460	1.99490	0.25133
	相对不了解	19	1.7368	1.44692	0.33195

表 9.13 是不同供应链金融认识水平下授信额度的简单统计描述。均值为两种模式下授信额度相对于纯粹信用贷款的平均增加值,对供应链金融"相对了解"的情况下,授信额度的平均增加值为 6.2460 万元;在"相对不了解"的情况下,授信额度的平均增加值为 1.7368 万元。

表 9.14 不同供应链金融认识水平下授信额度变化的独立样本 t 检验

		方差齐性检验(Levene 检验)		均值齐性 t 检验					95%置信区间差值	
		F 值	显著性水平	t 值	自由度	显著性水平(双侧)	均值差异	标准差差异	高	低
授信额度 INC	假设方差相等	1.219	0.273	9.137	80	0.000	4.5092	0.4935	3.5271	5.4913
	假设方差不相等			10.830	40.673	0.000	4.5092	0.4164	3.6681	5.3503

表 9.14 是不同供应链金融认识水平下授信额度变化的独立样本 t 检验。表中显示,方差齐性检验的结果,F 值为 1.219,显著性概率为 $P=0.273>0.001$,因此结论是两组方差差异不显著,t 检验的结果中应该选择假设方差相等的一行数据。

双侧 t 检验的显著性概率 $0.000<0.05$,可以得出结论,对供应链金融"相对了解"与"相对不了解"两种情况下,授信额度变化具有显著性差异。两者均值之差值为 4.5092,即所获平均授信额度增长值对供应链金融"相对了解"高于"相对不了解"4.5092 万元。

9.5.2　供应链金融教育与信用能力评价

对借款申请人信用能力的评价,是影响银行授信的主要因素之一。为了显示供应链金融教育对主体信用能力评价的影响,笔者对不同供应链金融认识水平下,粮食订单质押农户供应链融资模式主体信用能力评价的差异,进行独立样本的 t 检验,检验结果如表 9.15 和表 9.16 所示。

表 9.15　不同供应链金融认识水平下对信用能力评价变化的简单统计描述

	模式细分 2	样本数	均　值	标准差	均数标准误
信用能力 INC	相对了解	63	2.2222	1.50745	0.18992
	相对不了解	19	0.7368	1.32674	0.30437

表 9.15 是不同供应链金融认识水平下信用能力的简单统计描述。均值为两种情况下信用能力相对于纯粹信用贷款的平均增加值,在对供应链金融"相对了解"情况下,访问对象对"农户有能力及时归还贷款本息"认同度的平均增加值为 2.2222;在对供应链金融"相对不了解"情况下,访问对象对"农户有能力及时归还贷款本息"认同度的平均增加值为 0.7368。也就是说,在粮食订单质押供应链融资过程中,对供应链金融的认识程度往往会影响对借款人信用能力的评价,数据显示,对供应链金融"相对了解"的访问对象,对借款农户信用能力评价往往会相对较高。

表 9.16 是不同供应链金融认识水平下主体信用能力变化的独立样本 t 检验。表中显示,方差齐性检验的结果,F 值为 4.807,显著性概率为 $P=0.031>0.001$,因此结论是两组方差差异不显著,t 检验的结果中应该选择假设方差相等的一行数据。

双侧 t 检验的显著性概率 $0.000<0.05$,可以得出结论,在对供应链金融"相对了解"与"相对不了解"两种情况下,访问对象对主体信用能力变化的评价具有显著性差异。访问对象对两者变化态度均值之差值为 1.4854。也就是说,在

"相对了解"的情况下,访问对象对粮食订单质押供应链融资下借款农户信用能力评价往往显著高于"相对不了解"的情况。

表 9.16 不同供应链金融认识水平下主体信用能力评价变化的独立样本 t 检验

		方差齐性检验（Levene 检验）		均值齐性 t 检验					95％置信区间差值	
		F 值	显著性水平	t 值	自由度	显著性水平（双侧）	均值差异	标准差差异	高	低
信用能力 INC	假设方差相等	4.807	0.031	3.864	80	0.000	1.4854	0.3844	0.7204	2.2504
	假设方差不相等			4.140	33.280	0.000	1.4854	0.3588	0.7557	2.2151

9.5.3　供应链金融教育与信用风险评价

对借款申请人信用风险的评价,也是影响银行授信的主要因素之一。为了显示供应链金融教育对主体信用风险评价的影响,笔者对不同供应链金融认识水平下粮食订单质押农户供应链融资模式主体信用风险评价的差异,进行独立样本的 t 检验,检验结果如表 9.17 和表 9.18 所示。

表 9.17 是不同供应链金融认识水平下对信用风险评价变化的简单统计描述。均值是指两种情况下信用能力相对于纯粹信用贷款的平均增加值,在对供应链金融"相对了解"情况下,访问对象对"银行不能保证能及时收回贷款本息"认同度的平均降低值为 2.4921;在对供应链金融"相对不了解"情况下,访问对象对"农户有能力及时归还贷款本息"认同度的平均增加值为 0.4211。也就是说,在粮食订单质押供应链融资过程中,对供应链金融的认识程度,往往会影响对借款人信用能力的评价,数据显示,对供应链金融"相对了解"的访问对象,对借款农户信用风险评价往往会相对较低。

表 9.17 不同供应链金融认识水平下对信用风险评价变化的简单统计描述

	模式细分 2	样本数	均 值	标准差	均数标准误
信用风险 DEC	相对了解	63	2.4921	1.43542	0.18085
	相对不了解	19	0.4211	1.07061	0.24561

表 9.18 是不同供应链金融认识水平下主体信用风险评价变化的独立样本 t 检验。表中显示,方差齐性检验的结果,F 值为 11.570,显著性概率 P 为 0.001,因此结论是两组方差差异不显著,t 检验的结果中应该选择假设方差相等的一行数据。

双侧 t 检验的显著性概率 0.000<0.05,可以得出结论,在对供应链金融"相对了解"与"相对不了解"两种情况下,访问对象对主体信用风险变化的评价具有显著性差异。访问对象对两者变化态度均值之差值为 2.0710。也就是说,在"相对了解"的情况下,访问的象往往会认为粮食订单质押供应链融资的信用风险评价,会较"相对不了解"的情况下显著性地降低。

表 9.18 不同供应链金融认识水平下主体信用风险评价变化的独立样本 t 检验

		方差齐性检验 (Levene 检验)		均值齐性 t 检验						
		F 值	显著性水平	t 值	自由度	显著性水平 (双侧)	均值差异	标准差差异	95%置信区间差值	
									高	低
信用风险 DEC	假设方差相等	11.570	0.001	5.810	80	0.000	2.0710	0.3565	1.3617	2.7804
	假设方差不相等			6.790	39.442	0.000	2.0710	0.3051	1.4543	2.6877

9.6 本章小结

本章运用担保授信、农产品质押授信及订单质押授信等不同授信模式下农户供应链融资模式现场实验的 271 个后测样本数据,通过相关性分析与独立样本 t 检验,将三种模式下交易伙伴信用能力、价值控制水平与主体信用水平进行相关分析与比较分析,以检验交易伙伴信用能力、价值控制水平与借款农户信用水平的相互关系。通过研究,得出了以下结论:

第一,交易伙伴信用能力与农户授信额度、农户信用能力及农户信用风险高度相关。在担保授信与订单质押授信两种不同授信模式下,交易伙伴信用能力不具显著性差异。也就是说,与担保授信相同,订单质押授信模式也要求交易伙伴具有较高的信用能力。

第二,交易伙伴价值控制水平与农户授信额度、农户信用能力及农户信用风险高度相关。在农产品质押授信与订单质押授信两种不同授信模式下,交易伙伴价值控制水平不具显著性差异。也就是说,与农产品质押授信相同,订单质押授信模式也要求交易伙伴具有较高的价值控制水平。

同时,采用等组单因素两层次现场实验获得的 82×2 个样本数据,通过配对样本 t 检验,对基于订单质押授信的农户供应链融资与无抵押担保模式下借款农户的信用水平的差异,以及不同供应链金融教育水平对基于订单质押授信模式下借款农户信用水平的影响进行分析。通过研究,得出了以下结论:

第一,总体上,基于订单质押授信农户供应链融资模式可以显著地提高借款农户授信水平。具体而言,与无抵押担保模式相比,在订单质押授信供应链融资模式下,借款农户的授信额度、信用能力均有显著性提高,信用风险显著降低。

第二,在粮食订单质押授信的供应链融资模式中,不同供应链金融教育水平(对粮食订单质押融资模式相对了解与相对不了解)是影响银行信贷员对贷款申请人授信水平的关键因素。因此,银行信贷员对供应链金融的认知水平也是信用形成的一个必要条件。无论对粮食订单质押融资模式认知水平高低,相对无抵押担保模式而言,农产品质押供应链融资模式下借款农户授信水平均有显著提高。但是,在不同的认知水平下,信贷员对农户授信额度的测算、信用能力与信用风险评价具有一定的差异性。

首先,在授信额度测算上,对供应链金融"相对了解"与"相对不了解"两种情况下,授信额度变化具有显著性差异。具体而言,授信额度增加值"相对了解"要显著高于"相对不了解"。

其次,在信用能力评价上,在对供应链金融"相对了解"与"相对不了解"两种情况下,访问对象对主体信用能力变化的评价具有显著性差异。具体而言,在"相对了解"的情况下,访问对象对粮食订单质押供应链融资下借款农户信用能力评价往往显著高于"相对不了解"的情况。

最后,在信用风险上,在对供应链金融"相对了解"与"相对不了解"两种情况下,访问对象对主体信用风险变化具有显著性差异。具体而言,在"相对了解"的情况下,访问对象往往会认为粮食订单质押供应链融资的信用风险评价,较"相对不了解"的情况下显著性地降低。

10 研究结论与研究展望

10.1 研究结论

我国农户面临信贷约束,农村金融的主要问题是农民贷款难。究其原因,主要是由信息不对称引发逆向选择、道德风险、高审查成本及高实施成本等问题而导致的农村信贷市场失灵。同时,由于我国市场机制不健全、产权制度缺陷及法律体系不完善,农户往往缺乏银行所能够接受的抵押品,使得农户无法提供各种抵押品来解决农村信贷市场失灵问题,从而导致农户难以获得正规金融的融资。因此,如何在信息约束及抵押约束条件下,通过信贷交易治理创新,建立可行的授信管理机制与负债履约机制,防范农村金融市场的机会主义行为,有效控制银行信贷风险,成了农村金融制度与机制设计的首要命题。作为典型的信用弱势群体,中小企业与农户等主体往往由于信息非对称及抵押物缺乏,而面临着严重的信贷约束。因此,中小企业往往也与农户一样面临着同样的问题。

供应链融资为中小企业提供了一种有效的融资解决方案。但是,现有研究并没有对这种融资模式的内在机理、外部效应及其对农户的适用性给出令人满意的解答。本书在吸收国内外相关研究成果及总结现有供应链金融实践的基础上,从产业组织演进视角阐述了供应链金融产生发展的必然性,分析了供应链网络治理与供应链金融深化的关系,提出了动态信用理论模型及其相关假说,从理论与实践的角度回答了供应链融资如何解决农户融资难的几个关键性问题:

(1)理论上,供应链融资信用形成机理怎样?在信用能力不足的情况下,供应链融资如何对农户进行授信？如何在司法制度不完善与信用体系不健全的情况下，建立负债履约机制以控制信用风险？动态信用的基础与条件是什么？

（2）实践中，农户供应链融资的可行模式有哪些？应用效果如何？影响借款农户授信水平的关键因素有哪些？

本书采用现场实验研究方法，运用浙江常山县、绍兴市和兰溪市所获取的观测数据，对理论模型及相关假设进行了验证，并对实践中几种不同授信模式下农户供应链融资的应用效果及关键因素进行了检验。以下分两个部分概括本研究所做的工作及得到的主要结论。

第一部分，运用现场实验所获的 271×2 个样本数据，对动态信用的机理模型及相关研究假设进行了验证，得出了以下结论：

（1）供应链网络治理可以将交易主体间基于交易互动关系所形成的动态信用转换成银行信用，从而提高主体的信用等级，并最终达到提高授信额度的目标。由于自身交易特征的限制，农户等供应链主体往往存在信用能力不足及外在履约机制不完善、信贷风险无法控制等问题，不利于银行对其开展授信。但是，在一定的供应链网络治理条件下，可以通过建立授信准入、结构授信、信用捆绑、团体授信等授信管理机制及贷前甄别、现金流控制、担保替代、贷款再清偿等负债履约机制，将交易主体之间通过交易互动关系所形成的动态信用转换成银行信用，来提高主体的信用等级，并最终达到提高授信额度的目标。

（2）供应链网络治理可以在一定程度上转变主体的交易特征，直接或间接提高授信额度。首先，供应链网络治理可以通过转变主体的交易特征，提高主体的交易嵌入性，促进授信管理机制与负债履约机制的建立，达到提高信用等级并间接提高授信额度的目的。其次，供应链网络治理可以通过转变主体的交易特征，而主体交易特征的转变可以直接提高授信额度。

（3）供应链网络治理是动态信用形成的外部条件，只有具备一定的供应链治理机制，才能建立供应链融资下相应的授信管理机制与负债履约机制。

现有对供应链融资的研究主要侧重于实务操作，本研究对供应链融资的信用基础、授信管理与风险控制机制、缓解信贷约束的机理等理论问题进行了初步的研究与探讨，其可能的理论意义主要体现在以下几个方面：

（1）本研究证明：在供应链产业组织模式中，通过供应链的网络治理机制，农户等主体完全有可能实现激励完全相容的约束。激励相容条件是借款人归还借款的充要条件。但是，现有绝大多数研究往往分散地、孤立地考察农户与中小企业，其研究前提假设是主体的单一性与分散性，因此，对于企业与农户来说，内部激励完全相容都是一个较强的约束条件。因为中小企业的自身特点，决定了其较难满足内部激励完全相容的约束；农户也是如此，很难期望通过道德规范来实现自我约束的目的(周中胜和罗正英,2007)。但是,通过供应链视角来研究上述问题,本研究得出结论:在供应链融资中,网络治理替代了中小企业内部约束与农户的自我约束,可以满足激励完全相容约束,使银行可以通过供应链网络治理降低贷款风险和缓解信贷配给的作用。

(2)本研究证明:在一定的供应链网络治理机制下,基于交易伙伴互动关系所形成的动态信用完全可以转化为银行信用。现有研究大多基于完全理性的假设前提、采用静态的或者是比较静态的研究方法来研究信用问题。银行也侧重于通过静态授信的方式来满足借款申请人的融资需求。本研究则通过构筑动态信用理论,运用动态信用来考察授信对象的信用状况,解决农户等信贷群体普遍存在的"授信难"的问题。但是,动态信用是一种基于关系互动的熟悉人信用,由于其动态均衡特点,决定了其会产生间断性的均衡效应,很难达到银行信用所要求的单向、高位均衡的要求。本研究证明:在一定的供应链网络治理机制下,基于交易伙伴互动关系所形成的动态信用可以实现银行信用的单向、高位均衡的要求,完全可以转化为银行信用。

(3)本研究证明:借贷双方完全可以在不进行关系专用性投资的情况下,充分利用现有的供应链网络来进行信贷交易治理,供应链融资在某种意义上,是关系型融资的一种拓展。现有研究认为,借贷双方的关系及其对共有信息的建设是一种专用性投资,这种专用性投资只有当借款者续借时才有价值,一旦离开了特定的放款者就变得毫无价值(周中胜和罗正英,2007)。但是,本研究证明:在不进行关系专用性投资的情况下,借贷双方完全可以利用现有的供应链网络来进行信贷交易治理。在供应链融资中,融资主体已经与上下游企业通过长期交易互动建立起了稳定的业务关系。也就是说,融资相关主体事先已经在长期交易关系中,通过对信息共享及内部交易治理进行了一定的专用性投资,这种专用性投资不但可以用于今后产品交易活动的开展,而且可以为供应链中的经济主体向银行融资服务。因此,从某种意义上说,供应链融资是关系型融资的一种拓展。

(4)本研究证明了供应链融资对农户的适应性,并构筑了供应链融资的动态信用理论。关于农户供应链融资,学术界尚缺乏深入研究。对于供应链融资对农户的适应性问题(刘少波,2008)以及供应链融资信用基础、信用形成内在机理等理论问题尚未进行深入研究。本研究不但证明了供应链融资对农户完全适用,而且通过构筑供应链融资的动态信用理论,对供应链融资的理论问题作出了初步的解答。

第二部分,利用各地现场实验所得的数据,分别对基于担保授信的农户供应链融资模式、基于农产品质押授信的农户供应链融资模式及基于订单质押授信的农户供应链融资的应用效果及关键因素进行了检验。得出了以下结论：

（1）基于担保授信农户供应链融资模式可以显著地提高借款农户授信水平。具体而言，与无抵押担保模式相比，在担保授信供应链融资模式下，借款农户的授信额度、信用能力均有显著性提高，信用风险显著降低。在基于担保授信的供应链融资模式中，不同的担保因素组合（即不同的担保主体及是否建立担保基金）是影响担保能力以至影响贷款申请人授信水平的关键因素。通过追加不同担保因素组合，相对无抵押担保模式而言，基于担保授信的供应链融资模式下借款农户的授信水平均有显著提高。因此，交易伙伴的担保能力是基于担保授信供应链融资信用形成的重要外部条件。但是，不同的担保因素组合对农户授信额度、信用能力与信用风险的影响具有一定的差异性。体现在：

第一，在授信额度上，不同的担保主体与是否建立担保基金，对于贷款申请人授信额度均有显著影响，担保主体与担保基金两个因素之间存在一定的交互效应，但交互效应不是非常显著。具体而言：龙头企业担保与专业合作社担保模式下，在授信额度上有显著差异，与专业合作社担保相比，龙头企业担保可以更显著地增加授信额度；是否建立担保基金，在授信额度上有显著差异，与没有担保基金相比，建立担保基金可以显著地增加授信额度。

第二，在信用能力上，不同的担保主体与是否建立担保基金，对于贷款申请人信用能力均有显著影响，且担保主体与担保基金之间对信用能力存在显著的协同作用。具体而言：龙头企业担保与专业合作社担保对贷款申请人信用能力影响有显著差异，与专业合作社担保相比，龙头企业担保可以更为显著地提高贷款申请人的信用能力；是否建立担保基金，贷款申请人在信用能力上有显著差异，与没有建立担保基金相比，建立担保基金可以显著提高贷款申请人的信用能力。

第三，在信用风险上，不同的担保主体对于信用风险没有显著影响，而是否建立担保基金对于信用风险则有显著影响。担保主体与担保基金之间对信用风险协同作用不显著。具体而言：龙头企业担保与专业合作社担保对贷款申请人信用风险的影响没有显著差异，即两者对借款申请人信用风险降低方面差距不明显；是否建立担保基金对贷款申请人信用风险的影响具有显著差异，与没有建立担保基金相比，建立担保基金后贷款申请人的信用风险可以显著降低。

研究表明：对借款农户而言，作为其交易伙伴的供应链农业龙头企业，往往比农村信用社更有信息优势，能够在信贷中较好地起到信号补充作用。现有研究认为，由于财富积累能力有限，中小企业及农户等主体可供抵质押的实物和权利较为匮乏，因此第三方信用担保的作用往往更为显著（李毅和向党，2008）。然而在信贷市场中，农村信用社与农户间的接触是最直接和充分的，具有信息的优势,很难证明作为第三方的担保机构在获取和处理借款人信息方面能比银行更具比较优势(周中胜和罗正英,2007)。本研究证明:作为农户或中小企业的业务伙伴的供应链核心企业,往往比农村信用社更有信息优势,由其提供第三方信用担保,能较好地起到信号补充作用。

(2)基于农产品质押授信农户供应链融资模式可以显著地提高借款农户的信用能力,降低银行信用风险,并大幅度提高授信额度。具体而言,与无抵押担保模式相比,在农产品质押授信供应链融资模式下,借款农户的授信额度、信用能力均有显著性提高,信用风险显著降低。在基于农产品质押授信的供应链融资模式中,农产品价值控制方式(即农产品担保收购责任与农产品连带监管责任)是影响贷款申请人授信水平的关键因素。通过追加不同农产品价值控制方式,相对无抵押担保模式而言,农产品质押供应链融资模式下借款农户授信水平有显著提高。因此,通过不同价值控制方式嵌入供应链网络的产品价值流是基于农产品质押授信供应链融资信用形成的内在基础。但是,不同的价值控制方式对农户授信额度、信用能力与信用风险的影响具有一定的差异性。主要体现在:

第一,在授信额度上,不同价值控制方式,即农产品担保收购与农产品连带监管,对借款农户授信额度影响有显著差异。具体而言:在仅具有农产品担保收购责任的情况下,比仅具有农产品连带监管责任的情况下,授信额度有显著增加。

第二,在信用能力上,在两种不同的农产品价值控制方式下,借款农户信用能力变化没有显著性差异。具体而言:质押农产品价值实现与质押农产品价值保全,对提高信用能力的效果上差别并不明显。

第三,在信用风险上,两种不同价值控制方式下,对银行信用风险变化没有显著性差异。具体而言:质押农产品价值实现与质押农产品价值保全,对降低信用风险的效果上差别并不明显。

本研究证明:供应链融资通过提供嵌入交易网络的动产质押,可以有效弥补中小企业与农户抵押物不足的缺陷。现有研究认为,由于我国农户与中小企业的规模弱势,普遍缺乏有效、足够的抵押物(周中胜和罗正英,2007),加之我国现行的产权制度、法治环境,使与抵押物相关的交易成本居高不下(文远华,2005),因而无法实现抵押物的信号替代作用。虽然国内相关研究从农村不动产抵押(如农村住房抵押)视角来探索"扩大农村有效担保物范围"的可行办法,但农村住房抵押尚不能突破现有法律制度框架,且会带来诸多社会问题。本研究证明,嵌入交易网络的动产质押可以弥补中小企业与农户抵押物不足的缺陷,探索在一定供应链网络治理机理下的动产抵押,不失为一种扩大有效担保范围、提高农户信贷能力的有效办法。

（3）基于订单质押授信农户供应链融资模式可以显著地提高借款农户的授信水平。具体而言，与无抵押担保模式相比，在订单质押授信供应链融资模式下，借款农户的授信额度、信用能力均有显著性提高，信用风险显著降低。在粮食订单质押授信的供应链融资模式中，交易伙伴的信用能力、价值控制水平及不同供应链金融教育水平是影响银行信贷员对贷款申请人授信水平的关键因素。因此，银行信贷员对供应链金融的认知也是信用形成的一个必要条件。虽然相对无抵押担保模式而言，无论对粮食订单质押融资模式认知水平的高低，农产品质押供应链融资模式下借款农户的授信水平均有显著提高。但是，在不同的认知水平下，信贷员对农户授信额度的测算、信用能力与信用风险评价具有一定的差异。主要体现在：

第一，在授信额度测算上，对供应链金融"相对了解"与"相对不了解"两种情况，授信额度变化具有显著性差异。具体而言，授信额度增加值"相对了解"要显著高于"相对不了解"。

第二，在信用能力评价上，在对供应链金融"相对了解"与"相对不了解"两种情况下，访问对象对主体信用能力变化的评价具有显著性差异。具体而言，在"相对了解"的情况下，访问对象对粮食订单质押供应链融资下借款农户信用能力评价往往显著高于"相对不了解"。

第三，在信用风险上，在对供应链金融"相对了解"与"相对不了解"两种情况下，主体信用风险变化具有显著性差异。具体而言，在"相对了解"的情况下，访问对象往往会认为粮食订单质押供应链融资对信用风险评价，会较"相对不了解"的情况下显著性地降低。

本研究从供应链金融教育视角，证明由于银行自身原因而造成信贷约束及银行授信难的可能性。造成农户融资难困境的既有农户方面的原因，也有银行授信方面的原因。现有研究大都只从农户方面来研究，很难揭示银行信贷配给的内在机理。本研究从供应链金融教育视角，初步探讨了由于某些银行自身方面原因造成信贷约束及银行授信难的可能性，可以为缓解信贷配给提供一种新的视角与思路。

10.2　研究展望

本书基本上完成了预设的研究目标。尽管笔者想努力遵循规范的科学研究范式开展研究，但由于人力、物力以及研究范围所限，在研究中尚存一些局限与不足。这些局限或不足也是后续研究需要进一步探索与改进的方面，主要有以下几个方面：

一是金融机构的产业嵌入性及相关研究。现有研究认为，由于中小金融机构较大型金融机构具有信息上的优势，因而比较愿意为中小企业提供融资服务。这种观点的理论基础是"长期互动"假说。该假说认为，作为服务地方中小企业的地方性金融机构，中小金融机构可以通过长期的合作关系，增加对地方中小企业经营状况的了解，有助于解决存在于中小金融机构与中小企业之间的信息不对称问题（Banerjee 等，1994）。林毅夫（2001）也提倡大力发展和完善中小金融机构，以解决我国中小企业融资难的问题。周中胜和罗正英（2007）对这种观点提出了质疑，认为这种观点忽视了大银行与中小企业之间实际上已存在的种种联系，更多的是解释银行专业化分工的原因，而不是中小金融机构融资的信息优势。笔者也从实际观察中发现，无论是大型金融机构还是中小金融机构，是否具有信息优势取决于机构本身是否嵌入了产业的发展，是否嵌入了当地的人缘、地缘关系或其他商业关系。如果有，则自然具有信息获取优势；如果没有，则无论大小都不会具有信息获取优势。这种嵌入性实质上反映了银行社会资本的积累、社会关系网络的营造。供应链融资解决农户融资问题就是以金融机构对产业组织的嵌入性为基点的，通过嵌入供应链产业组织，金融机构与供应链成员可以建立"长期互动"关系，并利用供应链成员间的"同伴监督"，以获取信息优势并有效解决主体融资难的问题。笔者虽然从供应链金融教育视角，初步得出了金融机构及其信贷工作人员对供应链金融的认知程度会在一定程度上影响银行授信活动，对供应链金融的认知与金融机构的产业嵌入性相关的结论，但尚不足以反映金融机构的产业嵌入性问题。在后续研究中，如果从金融机构的产业嵌入性入手，可能有助于给上述问题一个圆满的解释。

二是供应链金融中的信贷配给逆转问题。Lensink 和 Sterken（2002）在考虑企业具有等待投资权利的基础上，建立了一个两期等待型期权模型，对 Stights 和 Weiss 的理论提出了质疑，并得到了截然相反的结论：高利率将使高风险企业离开信贷市场。章元（2005）也从现实中发现了与经典理论相悖的现象：在团体贷款中，一些高风险团体获得贷款后并没有降低还款率，对高风险企业加息反而提高了企业还款率。因此，当具有等待或贷款的选择权时可能会出现信贷配给逆转。笔者认为，在供应链中，借款者也具有等待或选择权，因此也会出现信贷配给的逆转。然而由于时间、精力与学识所限，笔者未能对此问题进行深入研究。

三是供应链金融中的信贷交易成本问题。现有研究虽然也提出了供应链融资有利于降低信贷的交易成本。但是，在笔者对农户供应链融资的调查与访谈中，发现许多信贷工作人员并不认同此观点，那么究竟农户供应链融资能否降低信贷交易成本？其原因何在？对此问题尚需进一步深入研究。

参考文献

[1] Adams D, Nehman G. Borrowing costs and the demand for rural credit [J]. Journal of Development Studies, 1979,15(2):165 – 176.

[2] Adler P, Kwon S. Social capital: Prospects for a new concept[J]. The Academy of Management Review, 2002, 27(1):17 – 40.

[3] Akerlof G. The market for "lemons": Quality uncertainty and the market mechanism[J]. The Quarterly Journal of Economics, 1970, 84(3): 488 – 500.

[4] Alchian A, Demsetz H. Production, information costs, and economic organization[J]. The American Economic Review, 1972(62):777 – 795.

[5] Anderson E, Weitz B. The use of pledges to build and sustain commitment in distribution channels[J]. Journal of Marketing Research, 1992(1):18 – 34.

[6] Banerjee A, Besley T. Thy neighbor's keeper: The design of a credit cooperative with theory and a test [J]. The Quarterly Journal of Economics, 1994, 109(2):491 – 515.

[7] Besanko D, Thakor A. Collateral and rationing: sorting equilibria in monopolistic and competitive credit markets[J]. International Economic Review, 1987, 28(3): 671 – 689.

[8] Besley T. Nonmarket institutions for credit and risk sharing in low-income countries[J]. The Journal of Economic Perspectives, 1995, (9): 115 – 127.

[9] Bester H. Screening vs. rationing in credit markets with imperfect information [J]. The American Economic Review, 1985, 75(4): 850 – 855.

[10] Bester H. The role of collateral in credit markets with imperfect information [J]. European Economic Review, 1987, 31(4): 887 – 899.

[11] Brookes N J. Social networks and supply chains. [J] POMS 19th Annual Conference, La Jolla, California, U. S. A May 9th-May 12th 2008.

[12] Brown M, Jappelli T. Information sharing and credit: firm-level evidence from transition countries[J]. Journal of Financial Intermediation, 2009, 18 (2): 151 – 172.

[13] Bruderl J, Preisendorfer P. Network support and the success of newly founded businesses[J]. Small Business Economics, 1998(10): 213 – 225.

[14] Cadilhon J J, Fearne A P. Modelling vegetable marketing systems in South East Asia: phenomenological insights from Vietnam[J]. Supply Chain Management, 2003, 8(5): 427 – 441.

[15] Cadilhon J J, Moustier P. Traditional vs. modern food systems? Insights from vegetable supply chains to Ho Chi Minh City (Vietnam) [J]. Development Policy Review, 2006, 24(1): 31 – 49.

[16] Chan Y, Thakor A. Collateral and competitive equilibria with moral hazard and private information[J]. Journal of Finance, 1987, 42(2): 345 – 363.

[17] Chen I, Paulraj A. Understanding supply chain management: critical research and a theoretical framework [J]. International Journal of Production Research, 2004, 42(1): 131 – 163.

[18] Chiadamrong N, Prasertwattana K. Using financial incentives as a coordinating mechanism to improve the supply chain network integration[J]. European Journal of Industrial Engineering, 2007, 1(3): 280 – 300.

[19] Christopher M, Lee H. Mitigating supply chain risk through improved confidence [J]. International Journal of Physical Distribution and Logistics Management, 2004(34): 388 – 396.

[20] Claro D, Zylbersztajn D. How to manage a long-term buyer-supplier relationship successfully? The impact of network information on long-term buyer-supplier relationships in the Dutch potted plant and flower industry[J]. Journal on Chain and Network Science, 2004,4(1):7 –24.

[21] Cook T, Campbell D. Quasi-experimentation: design & analysis issues for field settings [J]. Boston: Houghton Mifflin Company, 1979, 1 –401.

[22] Davies W P. Drivers for change in modern food supply[J]. Food Australia, 2004, 56(1 - 2): 25 - 32.

[23] Dionne G, Lasserre P. Adverse selection, repeated insurance contracts and annoucement strategy[J]. The Review of Economic Studies, 1985, 52(4): 719 - 723.

[24] Eccles R G, Crane D. Managing through networks in investment banking [J]. California Management Review, 1987(30): 176 - 195.

[25] Fried J, Howitt P. Credit rationing and implicit contract theory[J]. Journal of Money, Credit and Banking, 1980,12(3): 471 - 487.

[26] Friesz T L. Supply chain network economics: dynamics of prices, flows, and profits[J]. Journal of Regional Science, 2008, 48(3): 663 - 664.

[27] Gale D, Hellwig M. Incentive-compatible debt contracts: the one-period problem[J]. The Review of Economic Studies, 1985,52(4): 647 -663.

[28] Gary-Bobo R J, Larribeau S. A structural econometric modell of price discrimination in the French mortgage lending industry[J]. International Journal of Industrial Organization, 2004, 22(1): 101 -134.

[29] Granovetter M. Economic action and social structure: the problem of embeddedness[J]. American Journal of Sociology, 1985(91): 481 -510.

[30] Hanf J. Supply chain networks: analysis based on strategic management theories and institutionaleconomics//How effective is the invisible hand? [J]. Agricultural and Food Markets in Central and Eastern Europe, 214 -231.

[31] Hansen M, Mors M. Knowledge sharing in organizations: multiple networks, multiple phases[J]. Academy of Management Journal, 2005, 48(5): 776.

[32] Harland C. Supply chain management: relationships, chains and networks[J]. British Journal of management, 1996(7): 63 - 80.

[33] Harrigan K R. Joint ventures and competitive strategy[J]. Strategic Management Journal, 1988(9): 141 - 158.

[34] Hart O, Moore J. A theory of debt based on the inalienability of human capital[J]. The Quarterly Journal of Economics, 1994, 109(4): 841 - 879.

[35] Hart O, Moore J. Default and Renegotiation: a dynamic modell of debt

[J]. Quarterly Journal of Economics, 1998, 113(1): 1 – 41.

[36] Henchion M, McIntyre B. Market access and competitiveness issues for food SMEs in Europe's lagging rural regions (LRRs)[J]. British Food Journal, 2005, 107(6): 404 – 422.

[37] Hicks J. A theory of economic history[J]. Oxford: Oxford University Press, 1973: 60 – 81.

[38] Hoang H, Antoncic B. Network-based research in entrepreneurship A critical review[J]. Journal of Business Venturing, 2003(2): 165 – 187.

[39] Hummon N P. Utility and dynamic social networks [J]. Social Networks, 2000, 22(3): 221 – 249.

[40] Jack S, erson A. The effects of embeddedness on the entrepreneurial process[J]. Journal of Business Venturing, 2002, 17(5): 467 – 487.

[41] Jaffee D, Russell T. Imperfect information, uncertainty, and credit rationing[J]. The Quarterly Journal of Economics, 1976, 90(4): 651 – 666.

[42] Jappelli T, Pagano M. Information sharing, lending and defaults: cross-country evidence[J]. Journal of Banking & Finance, 2002, 26(10): 2017 – 2045.

[43] Jarosz L. Understanding agri-food networks as social relations[J]. Agriculture and Human Values, 2000, 17(3): 279 – 283.

[44] Jeffries F L, Reed R. Trust and adaptation in relational contracting[J]. Academy of Management Review, 2000, 25(4): 873 – 882.

[45] John G, Weitz B. Forward integration into distribution: an empirical test of transaction cost analysis[J]. Journal of Law, Economics and Organization, 1988(4): 337 – 355.

[46] Johnston D, McCutcheon D. Effects of supplier trust on performance of cooperative supplier relationships[J]. Journal of Operations Management, 2004, 22(1): 23 – 38.

[47] Jones C, Hesterly W. A general theory of network governance: exchange conditions and social mechanisms[J]. The Academy of Management Review, 1997, 22(4): 911 – 945.

[48] Klapper L. The role of "reverse factoring" in supplier financing of small and medium sized enterprises. Background paper prepared by the Development Research Group for Rural Finance Innovations [J].

Washington, D. C. : World Bank, 2005, 1 – 32.

[49] La Porta R, Lopez-de-Silanes F. Legal determinants of external finance. Journal of Finance, 1997, 52(3): 1131 – 1150.

[50] Leat P, Revoredo-Giha C. Building collaborative agri-food supply chains. British Food Journal, 2008, 110(4 – 5): 395 – 411.

[51] Leland H. Quacks, lemons, and licensing: A theory of minimum quality standards. The Journal of Political Economy, 1979, 87(6): 1328 – 1346.

[52] Lensink R, Sterken E. Asymmetric information, option to wait to invest and the optimal level of investment. Journal of Public Economics, 2001, 79(2): 365 – 374.

[53] Lensink R, Sterken E. The option to wait to invest and equilibrium credit rationing. Journal of Money, Credit and Banking, 2002, 34(1): 221 – 225.

[54] Louw A, Jordaan D. Alternative marketing options for small-scale farmers in the wake of changing agri-food supply chains in South Africa. Agrekon, 2008, 47(3): 287 – 308.

[55] Mahoney J T. The choice of organizational form: vertical financial ownership versus other methods of vertical integration. Strategic Management Journal, 1992(13): 559 – 584.

[56] Maria A, Pérez G, Martínez MG, et al. From supply chain network orientation to supply chain network management//Adding value to the agro-food supply chain in the future euromediterranean space[J]. I Mediterranean Conference of Agro-Food Social Scientists, Barcelona, Spain, 2007, 1 – 27.

[57] McDonald R, Siegel D. The value of waiting to invest[J]. The Quarterly Journal of Economics, 1986, 101(4): 707 – 727.

[58] Narrod C, Roy D, et al. Public-private partnerships and collective action in high value fruit and vegetable supply chains[J]. Food Policy, 2009, 34 (1): 8 – 15.

[59] Noorderhaven N. Opportunism and trust in transaction cost economics[J]. Groenewegen, J. Transaction cost economics and beyond. London: Kluwer Academic Publishers, 1996: 105 – 129.

[60] Omta S, Trienekens J. Chain and network science: a research framework [J]. Journal on Chain and Network Science, 2001, 1(1): 1 – 6.

[61] Padilla A, Pagano M. Sharing default information as a borrower discipline device[J]. European Economic Review, 2000, 44(10): 1951 – 1980.

[62] Petersen M, Rajan R. The effect of credit market competition on lending relationships[J]. The Quarterly Journal of Economics, 1995, 110(2): 407 – 443.

[63] Punnett B J. Design field experiments for management research outside North America[J]. International Studies of Management & Organization, 1988, 18 (3): 44 – 54.

[64] Rabin M. Psychology and economics[J]. Journal of Economics Literature, 1998, 6(1): 11 – 46.

[65] Rindfleisch A, Heide J. Transaction cost analysis: past, present, and future applications[J]. The Journal of Marketing, 1997, 61(4): 30 – 54.

[66] Ring P S, Van de Ven A H. Structuring cooperative relationships between organizations[J]. Strategic Management Journal, 1992(13): 483 – 498.

[67] Sauvée L. Efficiency, effectiveness and the design of network governance[J]. 5th International Conference on Chain Management in Agribusiness and the Food Industry, Noordwijk an Zee, The Netherlands, June 7 – 8, 2002: 1 –10.

[68] Schmidt-Mohr U. Rationing versus collateralization in competitive and monopolistic credit markets with asymmetric information[J]. European Economic Review, 1997, 41(7): 1321 – 1342.

[69] Shane S, Cable D. Network ties, reputation, and the financing of new ventures[J]. Management Science, 2002(3): 364 – 381.

[70] Spence M. Job market signaling[J]. The quarterly journal of economics, 1973, 87(3): 355 – 374.

[71] Stiglitz J, Weiss A. Credit rationing in markets with imperfect information[J]. The American Economic Review, 1981, 71(3): 651 – 666.

[72] Townsend R. Optimal contracts and competitive markets with costly state verification [J]. Journal of Economic theory, 1979, 21 (2): 265 –293.

[73] Varian Hal R. Monitoring agents with other agents [J]. Journal of Institutional and Theoretical Economics, 1990(146): 153 – 174.

[74] Wette H. Collateral in credit rationing in markets with imperfect

information：Note[J]. The American Economic Review，1983，73(3)：442-445.

[75] Williamson O E. Comparative economic organization：the analysis of discrete structural alternatives[J]. Administrative Science Quarterly，1991(36)：269-296.

[76] Williamson O E. The Economic Institutions of Capitalism[J]. New York：Free Press，1985：1-442.

[77] Williamson O E. The mechanisms of governance[J]. Oxford：Oxford University Press，1996，1-437.

[78] Woolthuis R，Hillebrand B. Trust and formal control in interorganizational relationships[J]. Eries Research in Management，Erim Report Series No. ERS-2002-13-ORG，2002.

[79] Wu J B，Hom P W，Tetrick L E，et al. The norm of reciprocity scale development and validation in the Chinese context[J]. Management and Organization Review，2006，2(3)：377-402.

[80] Zaheer A，Venkatraman N. Relational governance as an interorganizational strategy：an empirical test of the role of trust in economic exchange[J]. Strategic Management Journal，1995(16)：373-392.

[81] Zimmer C，Aldrich H. Resource mobilization through ethnic networks：kinship and friendship ties of shopkeepers in England[J]. Sociological Perspectives，1987(30)：422-445.

[82] Zucker L. Production of trust：institutional sources of economic structure[J]. Research in organizational behavior，1986，8(1)：53-111.

[83] 陈军,曹远征.农村金融深化与发展评析[M].北京:中国人民大学出版社,2008:1-219.

[84] 陈舜.不同信息结构下银行统一授信额的确定分析[J].经济师,2006(5)：246-247.

[85] 陈祥锋,石代伦,朱道立.金融供应链与融通仓服务[J].中国物流与采购,2006(3):93-95.

[86] 陈祥锋,石代伦,朱道立等.融通仓的由来、概念和发展[J].中国物流与采购,2005(11):134-137.

[87] 陈祥锋,石代伦,朱道立等.融通仓系统结构的研究[J].中国物流与采购,2005(12):103-106.

[88] 陈祥锋,石代伦,朱道立等.融通仓运作模式研究[J].中国物流与采购,

2006(1):97-99.

[89] 陈祥锋.供应链金融服务创新论[M].上海:复旦大学出版社,2008:1-270.

[90] 陈晓红,陈建中.中小企业供应链融资[M].北京:经济科学出版社,2008:1-182.

[91] 陈晓红,杨怀东.中小企业集群融资[M].北京:经济科学出版社,2008:1-257.

[92] 陈晓萍等.组织与管理研究的实证方法[M].北京:北京大学出版社,2008:1-200.

[93] 陈兴荣.商业银行授信管理实务[J].中国金融,2000(11):53-57.

[94] 陈雪松.商品融资与物流监管实务[M].北京:中国经济出版社,2008:1-138.

[95] 董晓林,吴昌景.四大担保模式化解农民贷款难题[J].农业经济问题,2008(9):35-39.

[96] 供应链导讯网(SCLead).企业经营中不可缺失的链条:财务供应链[J].http://www.sc-lead.cn/article/article.asp?category_id=502&page_no=1/2007.

[97] 韩俊.信贷约束下农户借贷需求行为的实证研究[J].农业经济问题,2007(2):44-52.

[98] 韩廷春,雷颖絜.金融生态环境对金融主体发展的影响[J].世界经济,2008(3):71-79.

[99] 胡川.产业组织演进与产权制度变迁的关联研究[M].武汉:武汉大学出版社,2007:1-254.

[100] 胡士华,李伟毅.农村民间金融:变迁路径与政府的行为选择[J].农业经济问题,2004(11):28-31.

[101] 胡士华.农村非正规金融发展问题研究[D].重庆:西南大学,2007:1-163.

[102] 胡小良.对农村金融产品创新缺位的调查与思考[J].金融与经济,2007(4):65-66.

[103] 胡雄勇.对支持中小企业发展信贷模式的探索与思考[J].金融经济,2009(9):114-115.

[104] 黄季焜,马恒运.从资金流动看改革20年农业的基础作用[J].改革,1998(5):36-39.

[105] 金雪军,杨晓兰.实验经济学[M].北京:首都经济贸易大学出版社,

2006:1-345.

[106] 克劳斯·E.海因里希,鲍勃·贝茨.适者生存——把供应链转化为适应性商务网络[M].王天扬,解旭东,译.北京:东方出版社,2005:18-23.

[107] 李怀祖.管理研究方法[M].西安:西安交通大学出版社,2004:1-346.

[108] 李建勇,基于生命周期理论的中小企业授信管理研究[J].金融经济,2008(12):92-94.

[109] 李庆胜,郑方敬.从信息不对称到权责不对等:和兴牧农业担保案例研究[J].金融发展研究,2008(11):43-45.

[110] 李锐,朱喜.农户金融抑制及其福利损失的计量分析[J].经济研究,2007(2):146-155.

[111] 李心丹.行为金融——理论及中国的证据[J].上海:上海三联书店,2004:1-405.

[112] 李毅,向党.中小企业信贷融资信用担保缺失研究[J].金融研究,2008(12):179-192.

[113] 李正辉等.金融生态国际竞争力促进经济增长的实证分析[J].金融研究,2008(4):199-206.

[114] 梁鸿飞.企业融资与信用能力[M].北京:清华大学出版社,2007:1-343.

[115] 梁鸿飞.信贷融资与民营中小企业的信用能力[J].北京大学学报(哲学社会科学版),2005(2):129-138.

[116] 林聚胜.社会网络分析:理论、方法与应用[J].北京:北京师范大学出版社,2009:117-120.

[117] 林毅夫,李永军.中小金融机构发展与中小企业融资[J].经济研究,2001(5):10-93.

[118] 林毅夫.推广龙头企业担保公司缓解三农问题[J].http://business.sohu.com/20050330/n224932660.shtml(2005.3.3).

[119] 林永军.金融生态建设:一个基于系统论的分析[J].金融研究,2005(8):44-52.

[120] 龙游宇.信用的博弈演化研究[D].成都:西南财经大学,2004:1-222.

[121] 卢纹岱.SPSS for Windows 统计分析[M].3版,北京:电子工业出版社,2007:1-700.

[122] 罗伯特·吉本斯.博弈论基础[M].高峰,译.北京:中国社会科学出版社,1999:1-199.

[123] 罗杰·B.迈尔森.博弈论:矛盾冲突分析[M].费剑平,于寅,译.北京:中国经济出版社,2001:1-3.

[124] 马九杰.社会资本与农户经济:信贷融资·风险处置·产业选择·合作行动[M].北京:中国农业科学出版社,2008:1-286.

[125] 马克·格兰诺维特.镶嵌:社会网与经济行动[M].罗家德,译.北京:社会科学出版社,2007:1-191.

[126] 马庆国.管理统计学——数据获取、统计原理、SPSS工具与应用研究[M].北京:科学出版社,2002:1-393.

[127] 苗青.管理学研究方法的新思路:基于准实验设计的现场研究[J].浙江大学学报(人文社会科学版),2007(6):74-75.

[128] 培顿·扬(Young,H.P.).个人策略与社会结构:制度的演化理论[M].杨勇,译.上海:上海三联书店,2004:1-236.

[129] 奇达夫,蔡文琳.社会网络与组织[M].王凤彬,朱超威等,译.北京:中国人民大学出版社,2007:1-208.

[130] 青木昌彦.比较制度分析[M].周黎安,译.上海:上海远东出版社,2001:1-439.

[131] 邱皓政,林碧芳.结构方程模型的原理与应用[M].北京:中国轻工业出版社,2009:1-437.

[132] 荣泰生.AMOS与研究方法[M].重庆:重庆大学出版社,2003:1-192.

[133] 阮建青.基于产业集群模式的农村工业化萌芽与成长机制研究[D].杭州:浙江大学,2009:1-162.

[134] 芮明杰.网状产业链的构造与运行:基于模块化分工与知识创新的研究[J].上海:格致出版社,2009:1-223.

[135] 深圳发展银行与中欧国际工商学院"供应链金融"课题组[M].供应链金融:新经济下的新金融.上海:上海远东出版社,2009:3-167

[136] 石伟.社会资本与企业行为选择——一个理论框架及其在中国情境中的实证检验[M].北京:北京大学出版社,2006:1-216.

[137] 宋炳方.商业银行供应链融资业务[M].北京:经济管理出版社,2008:1-304.

[138] 宋辅良.泰安:信用共同体的金融生态驱动力[J].金融时报,2008-11-13.

[139] 宋胜洲.基于知识的演化经济学:对基于理性的主流经济学的挑战[M].上海:上海世纪出版集团,2008:1-271.

[140] 速水佑次郎[日].发展经济学:从贫穷到富裕[M].李周,译.北京:社会科学文献出版社,2003:283-300.

[141] 唐秀芳,唐永习.仓单质押贷款——冀州市联社支农服务的新亮点[J].

http://www.hebnx.com/jingyingguanli/2010/0728/4328.html.

[142] 王凡.现场实验的内部和外部效度——兼与实验室实验的效度比较[J].心理科学,2008(7):932-935.

[143] 王光石,马宁,李学伟.供应链金融服务模式的探讨[M].可持续发展的中国交通——2005全国博士生学术论坛(交通运输工程学科)论文集(上册).北京:中国铁道出版社,2005:588-592.

[144] 王景新,李玲.苏浙农村资金互助合作组织的调查与思考[M].中国集体经济,2009(11):14-16.

[145] 王霄,张捷.银行信贷配给与中小企业贷款——一个内生化抵押品和企业规模的理论模型[J].经济研究,2007(7):68-92.

[146] 王重鸣.心理学研究方法[M].北京:人民出版社,2001:1-313

[147] 文远华.中国经济转型时期信贷配给问题研究[D].北京:中国社会科学院研究生院,2003:1-166.

[148] 闻喻.农产品供应链案例研究[M].北京:中国农业科学出版社,2008:1-137.

[149] 吴明隆.结构方程模型——AMOS的操作与应用[J].重庆:重庆大学出版社,2009:1-520.

[150] 谢德仁,张高菊.金融生态环境、负债的治理效应与债务重组:经验证据[J].金融研究,2007(12):43-97.

[151] 谢敏,李冬.对中国农业信贷风险问题的探究[J].农业经济问题,2001(8):27-31.

[152] 辛德树,刘学忠,兰澄世.农村信贷"中介—担保人"问题的制度经济学解说[J].农业经济问题,2005(12):46-47.

[153] 熊学萍,阮红新,汪晓银.农户金融行为与融资需求的实证分析——基于湖北省天门市198个样本农户的调查[J].农业技术经济,2007(7):85-94.

[154] 徐诺金.论我国的金融生态问题[J].金融研究,2005(2):35-45.

[155] 徐晓萍,李猛.商业信用的提供:来自上海市中小企业的证据[J].金融研究,2009(6):161-174.

[156] 闫俊宏.供应链金融融资模式及其信用风险管理研究[D].西安:西北工业大学,2007:1-84.

[157] 严进.信任与合作——决策与行动的视角[M].北京:航空工业出版社,2007:1-306.

[158] 杨静.供应链内企业间信任的产生机制及其对合作的影响[D].杭州:浙

江大学,2006:1-3.

[159] 杨连波.现代农村经济呼唤金融产品创新[M].农村经济,2007(7):57-58.

[160] 杨瑞龙,杨其静.企业理论:现代观点[M].北京:中国人民大学出版社,2005:1-268.

[161] 杨绍辉.从商业银行的业务模式看供应链融资服务[J].物流技术,2005(10):179-182.

[162] 姚莉.全球化和网络化下的金融服务革命[J].上海金融,2005(6):8-10.

[163] 叶蜀君.信用风险的博弈分析与度量模型[M].北京:中国经济出版社,2008:1-290.

[164] 约翰·斯科特[英].社会网络分析法[M].刘军,译.重庆:重庆大学出版社,2007:1-176.

[165] 张杰.中国农村金融制度:结构、变迁与政策[M].北京:中国人民大学出版社,2003:79.

[166] 张敏.基于核心企业的农产品供应链分析[J].物流技术,2004(5):91-93.

[167] 张维迎,邓峰.信息、激励与连带责任——对中国古代连坐、保甲制度的法和经济学解释[J].中国社会科学,2003(3):99-112.

[168] 张维迎.博弈论与信息经济学[M].上海:上海人民出版社,2004:1-2.

[169] 张忠根.农业经济学[M].杭州:浙江大学出版社,2010:73-260.

[170] 章元.非对称信息下的团体贷款研究[D].上海:复旦大学,2004:15-30.

[171] 章元.团体贷款为何如此成功[J].农村金融研究,2004(5):27-30.

[172] 赵建,霍佳震.不依赖于核心企业的订单融资模式研究[J].昆明理工大学学报(社会科学版),2009(12):62-65.

[173] 赵祥.产业集群与中小企业融资机制——基于广东产业集群的制度分析[M].北京:经济科学出版社,2008:1-198.

[174] 中国人民银行张家界市中心支行课题组.金融生态的层次结构与金融资源均衡配置:张家界个案分析[J].金融研究,2005(11):162-163.

[175] 中国银行业协会与全国地方金融论坛办公室.服务中小企业与三农特色金融产品[M].北京:中国金融出版社,2009:38-259.

[176] 钟颉.融通仓在外贸交易中的应用[J].中国物流与采购,2006(2):92-94.

[177] 周立.三次农村金融改革评述[J].银行家,2006(3):35-39.

[178] 周小川.完善法律制度,改进金融生态[J].金融时报,2004-12-7.

[179] 周中胜,罗正英.企业家异质性特征对信贷融资影响的实证研究——基于非国有控股的中小企业的检验[J].财贸经济,2007(13):75-84.

[180] 朱·弗登博格,让·梯若尔.博弈论[M].黄涛等,译.北京:中国人民大学出版社,2002:1-504.

[181] 朱娟,胡定寰.现代化的农产品供应链对我国小农户贷款行为的影响[J].农业经济问题,2007(1):140-143.

[182] 左臣明,王莉.信息不对称,非正规金融与农村金融改革[J].调研世界,2006(2):32-34.

附　　录

附录1:现场实验前测问卷

您好!

首先感谢您能抽出时间参与本次问卷调查。调查主要目的是为了开发适合农户的新型的金融产品。本调查并不涉及银行内部机密,请您凭个人信贷工作经验填写即可。调查所得数据纯属科学研究之用。本次调查问卷不记名,不会泄露您的个人信息,希望您能如实回答。感谢您的支持和帮助!

X. 主体信用水平 PRE					
X0.无抵押担保(必填)					
X01.通常情况,一个农户没有任何抵押与担保,申请10万元短期借款,你认为能够贷给他多少钱			万元		
X02. 在没有任何抵押与担保的情况下,如果将资金贷给农户的话,可以相信农户有能力及时归还贷款本息	①完全不同意	②比较不同意	③不确定	④比较同意	⑤完全同意
X03. 在没有任何抵押与担保的情况下,如果将资金贷给农户的话,不能保证能及时收回贷款本息	①完全不同意	②比较不同意	③不确定	④比较同意	⑤完全同意

——本问卷到此结束——
再次感谢您的积极参与和合作! 祝愿您身体健康、万事如意!

附录 2:现场实验后测问卷

您好!

首先感谢您能抽出时间参与本次问卷调查。调查主要目的是为了开发适合农户的新型的金融产品。本调查并不涉及银行内部机密,请您凭个人信贷工作经验填写即可。调查所得数据纯属科学研究之用。本次调查问卷不记名,不会泄露您的个人信息,希望您能如实回答。感谢您的支持和帮助!

X. 主体信用水平 POS(以下选择一种模式填写!!)					
X1.粮食订单质押模式					
X11.第①种模式(粮食订单质押模式)申请10万元短期借款,你认为能够贷给他多少钱	万元				
X12. 第①种模式(粮食订单质押模式),如果将资金贷给农户的话,可以相信农户有能力及时归还贷款本息	①完全不同意	②比较不同意	③不确定	④比较同意	⑤完全同意
X13. 第①种模式(粮食订单质押模式),如果将资金贷给农户的话,不能保证能及时收回贷款本息	①完全不同意	②比较不同意	③不确定	④比较同意	⑤完全同意
X2.交易伙伴担保模式					
X21.第②种模式(交易伙伴担保模式)申请10万元短期借款,你认为能够贷给他多少钱	万元				
X22. 第②种模式(交易伙伴担保模式),如果将资金贷给农户的话,可以相信农户有能力及时归还贷款本息	①完全不同意	②比较不同意	③不确定	④比较同意	⑤完全同意
X23. 第②种模式(交易伙伴担保模式),如果将资金贷给农户的话,不能保证能及时收回贷款本息	①完全不同意	②比较不同意	③不确定	④比较同意	⑤完全同意
X3.农产品质押模式					

X31. 第③种模式（农产品质押模式）申请10万元短期借款，你认为能够贷给他多少钱	万元				
X32. 第③种模式（农产品质押模式），如果将资金贷给农户的话，银行可以相信农户有能力及时归还贷款本息	①完全不同意	②比较不同意	③不确定	④比较同意	⑤完全同意
X34. 第③种模式（农产品质押模式），如果将资金贷给农户的话，不能保证能及时收回贷款本息	①完全不同意	②比较不同意	③不确定	④比较同意	⑤完全同意

附录3：访谈调查问卷

A. 信贷交易治理

A1.互惠程度					
A11. 即使目前农户不能给交易伙伴（龙头企业、合作社或政府相关部门）做更多贡献，合作伙伴也会帮助农户发展	①完全不同意	②比较不同意	③不确定	④比较同意	⑤完全同意
A12. 交易伙伴（龙头企业、合作社或政府相关部门）愿意为农户的发展投资	①完全不同意	②比较不同意	③不确定	④比较同意	⑤完全同意
A13. 交易伙伴（龙头企业、合作社或政府相关部门）愿意为农户无条件的做一些事	①完全不同意	②比较不同意	③不确定	④比较同意	⑤完全同意
A14. 交易伙伴（龙头企业、合作社或政府相关部门）关心农户的程度超过农户对交易伙伴的贡献	①完全不同意	②比较不同意	③不确定	④比较同意	⑤完全同意
A15. 交易伙伴（龙头企业、合作社或政府相关部门）对自身的利益与农户利益一样注重	①完全不同意	②比较不同意	③不确定	④比较同意	⑤完全同意

A16. 农户为交易伙伴(如龙头企业、合作社或政府相关部门)付出的努力和得到的补偿相当	①完全不同意	②比较不同意	③不确定	④比较同意	⑤完全同意
A17. 如果农户有出色完成订单或交易任务会得到一定的奖励	①完全不同意	②比较不同意	③不确定	④比较同意	⑤完全同意

A2.连带责任

A21. 根据相关法律或契约规定,对农户的发展,交易伙伴(如龙头企业、合作社或政府相关部门)有责任帮助、扶植	①完全不同意	②比较不同意	③不确定	④比较同意	⑤完全同意
A22. 根据相关法律或契约规定,如果从农户那里收购的农产品有质量安全问题,交易伙伴(如龙头企业、合作社或政府相关部门)负有一定的相关责任	①完全不同意	②比较不同意	③不确定	④比较同意	⑤完全同意

A3.自我选择

A31. 在交易过程中,交易伙伴(如龙头企业、合作社或政府相关部门)会选择优质或信誉较好的农户作为自己的交易对象	①完全不同意	②比较不同意	③不确定	④比较同意	⑤完全同意
A32. 交易伙伴(如龙头企业、合作社或政府相关部门)会根据借款农户还款意愿、还款能力等信息,为银行推荐一些优质或信誉较好农户作为贷款对象	①完全不同意	②比较不同意	③不确定	④比较同意	⑤完全同意

A4.横向监督

A41. 交易伙伴(如龙头企业、合作社或政府相关部门)愿意协助银行对受信农户进行的监督	①完全不同意	②比较不同意	③不确定	④比较同意	⑤完全同意
A42. 交易伙伴(如龙头企业、合作社或政府相关部门)具有协助银行对借款农户进行的监督便利条件,或比银行更容易掌握借款农户的情况	①完全不同意	②比较不同意	③不确定	④比较同意	⑤完全同意

A5.内部约束

A51. 交易伙伴对合作农户可以采用一定控制手段以预防农户违规行为（如销售渠道的控制，产品质量控制，物流、信息流及资金流控制）	①完全不同意	②比较不同意	③不确定	④比较同意	⑤完全同意
A52. 交易伙伴可以通过一定的奖励（如价值优惠、销售奖金）和惩罚措施（如成员资格的排斥、订单规模），对合作农户的行为结果进行奖励或惩罚	①完全不同意	②比较不同意	③不确定	④比较同意	⑤完全同意

B. 授信管理机制

B1. 授信准入					
B11. 授信农户必须与交易伙伴（如龙头企业、合作社、政府部门）有建立了稳定的交易关系	①完全不同意	②比较不同意	③不确定	④比较同意	⑤完全同意
B12. 授信农户与交易伙伴（如龙头企业、合作社、政府部门）建立稳定的交易关系必须具备一定的信誉条件	①完全不同意	②比较不同意	③不确定	④比较同意	⑤完全同意
B13. 如果借款农户以前的信用记录不好，贷款时，就不可能得到交易伙伴（如龙头企业、合作社、政府部门）推荐	①完全不同意	②比较不同意	③不确定	④比较同意	⑤完全同意
B14. 如果农户的交易项目本身没有可靠的收入来源，银行也不会考虑给农户贷款	①完全不同意	②比较不同意	③不确定	④比较同意	⑤完全同意
B2. 结构化授信					
B21. 如果交易伙伴（如龙头企业、合作社、政府部门）的不守信用或信用水平不高，就不会考虑给农户贷款	①完全不同意	②比较不同意	③不确定	④比较同意	⑤完全同意
B22. 如果银行给农户贷款，事实上会让交易伙伴（如龙头企业、合作社、政府部门）减少资金投入或减轻资金压力（如提前预付订金、按期支付货款）	①完全不同意	②比较不同意	③不确定	④比较同意	⑤完全同意

B3. 信用捆绑

B31. 如果农户不能及时归还的贷款本息时,交易伙伴(如龙头企业、合作社、政府部门)有责任代银行进行追讨或代农户偿还	①完全不同意	②比较不同意	③不确定	④比较同意	⑤完全同意
B32. 交易伙伴(如龙头企业、合作社、政府部门)有责任按照银行的要求,将与农户的交易款定向支付到农户在贷款银行开立的账户上	①完全不同意	②比较不同意	③不确定	④比较同意	⑤完全同意

B4. 团体授信

B41. 在授信过程中,农户与交易伙伴(如龙头企业、合作社、政府部门)的利益与信用联成一体	①完全不同意	②比较不同意	③不确定	④比较同意	⑤完全同意
B42. 交易伙伴(如龙头企业、合作社、政府部门等)对农户的欠银行的债务存在履行存在一定的连偿责任	①完全不同意	②比较不同意	③不确定	④比较同意	⑤完全同意

C. 负债履约机制

C1. 贷前甄别

C11. 贷款过程中,银行自己可以将能够将"信用好"的借款农户与"信用差"的借款农户区别开	①完全不同意	②比较不同意	③不确定	④比较同意	⑤完全同意
C12. 贷款过程中,银行可以通过与借款农户相关的第三方(如龙头企业、合作社、政府部门)将"信用好"的借款农户与"信用差"的借款农户区别开。	①完全不同意	②比较不同意	③不确定	④比较同意	⑤完全同意

C2. 现金流控制

C21. 在这种贷款方式中,贷款的用途是特定,资金贷给农户后能够保证专款专用	①完全不同意	②比较不同意	③不确定	④比较同意	⑤完全同意

C22. 在这种贷款方式中,借款农户的销售收入或还款现金流自动进入授信银行的特定账户,进而归还贷款或作为归还保证	①完全不同意	②比较不同意	③不确定	④比较同意	⑤完全同意

C3. 担保替代

C31. 在这种贷款方式中,农户实际是用动产质押的方式替代了银行平常所用的抵押与担保方式获取贷款	①完全不同意	②比较不同意	③不确定	④比较同意	⑤完全同意
C32. 在这种贷款方式中,农户实际是用交易伙伴担保的方式替代了银行平常所用的抵押与担保方式获取贷款。	①完全不同意	②比较不同意	③不确定	④比较同意	⑤完全同意

C4. 贷款再清偿

C41. 农户因故不能偿还贷款,有供应链上下游的交易伙伴代为偿还	①完全不同意	②比较不同意	③不确定	④比较同意	⑤完全同意
C42. 农户因故不能偿还贷款,会有供应链之外的其他第三方主体(如保险公司、担保公司)代为偿还	①完全不同意	②比较不同意	③不确定	④比较同意	⑤完全同意

F. 主体特征

F1. 资产交易专用性

F11. 为了给交易伙伴(如政府部门、龙头企业、合作社)提供产品,农户需要投入大量的前期资本投入	①完全不同意	②比较不同意	③不确定	④比较同意	⑤完全同意
F12. 如果不再与交易伙伴(如政府部门、龙头企业、合作社)做生意,以前所掌握的大量的专门技术与技能都不能用了	①完全不同意	②比较不同意	③不确定	④比较同意	⑤完全同意

F2. 相互投资

F21. 农户与交易伙伴(如政府部门、龙头企业、合作社)维持订单或交易关系,需要投入大量时间与精力;	①完全不同意	②比较不同意	③不确定	④比较同意	⑤完全同意

F22. 会为农户提供技术支持与服务,以帮助农户解决生产过程中出现的技术问题	①完全不同意	②比较不同意	③不确定	④比较同意	⑤完全同意
F23.交易伙伴(如政府部门、龙头企业、合作社)会为农户提供技术或技能培训	①完全不同意	②比较不同意	③不确定	④比较同意	⑤完全同意

F3. 不确定性

F31. 本行业中现有产品的价格变化具有可预测性	①完全不同意	②比较不同意	③不确定	④比较同意	⑤完全同意
F32.本行业中新品种的引入具有可预测性	①完全不同意	②比较不同意	③不确定	④比较同意	⑤完全同意
F33.本行业中自然灾害的发生可能性具有可预测性	①完全不同意	②比较不同意	③不确定	④比较同意	⑤完全同意

F4. 信任

F41. 农户与合作伙伴(如政府部门、龙头企业、合作社)间有高度的信任关系	①完全不同意	②比较不同意	③不确定	④比较同意	⑤完全同意
F42. 交易伙伴(如政府部门、龙头企业、合作社)与农户做交易时一向都很公平	①完全不同意	②比较不同意	③不确定	④比较同意	⑤完全同意
F43. 交易伙伴(如政府部门、龙头企业、合作社)是会信守诺言的	①完全不同意	②比较不同意	③不确定	④比较同意	⑤完全同意
F44. 交易伙伴(如政府部门、龙头企业、合作社)是具有较强的兑现诺言的信用能力	①完全不同意	②比较不同意	③不确定	④比较同意	⑤完全同意

F5. 权威

F51. 为了达到一定的目的,合作伙伴(如政府部门、龙头企业、合作社)可以通过一定的手段让农户服从其安排	①完全不同意	②比较不同意	③不确定	④比较同意	⑤完全同意
F52.农户对交易伙伴(如政府部门、龙头企业、合作社)有很强的依赖性(如信息、资源、销售渠道)	①完全不同意	②比较不同意	③不确定	④比较同意	⑤完全同意

G. 个人背景资料

说明:本部分是关于您个人和所在单位的一些基本信息。请在相应的选项上打"√",相应的横线上填写相关内容。

I1. 您的性别:①男　②女

I2. 您的年龄:_____岁

I3. 您的学历:①小学以下　②小学　③初中　④高中、中专　⑤大专　⑥本科及以上

I4. 您的信贷工作年数:①半年以内　②0.5—1 年　③1—2 年　④2—3 年　⑤3—5 年　⑥5—7 年　⑦7—9 年　⑧9—11 年　⑨11 年以上

I5. 您目前岗位:①信贷员　②一线管理　③中层管理　④高层管理　⑤其他

——本问卷到此结束,请您再检查一遍有无漏答的题目——
再次感谢您的积极参与和合作! 祝愿您身体健康、万事如意!

图书在版编目（CIP）数据

供应链融资与农户信贷 / 陈志新著. —杭州：浙
江大学出版社，2016.9
ISBN 978-7-308-14909-9

Ⅰ.①供… Ⅱ.①陈… Ⅲ.①中小企业—企业融资—
研究—中国 ②农业信贷—信贷管理—研究—中国 Ⅳ.
①F279.243 ②F832.43

中国版本图书馆 CIP 数据核字（2015）第 168768 号

供应链融资与农户信贷

陈志新　著

责任编辑	王　波	
责任校对	朱　玲	
封面设计	续设计	
出版发行	浙江大学出版社	
	（杭州市天目山路 148 号　邮政编码 310007）	
	（网址：http://www.zjupress.com）	
排　　版	杭州金旭广告有限公司	
印　　刷	浙江省良渚印刷厂	
开　　本	710mm×1000mm　1/16	
印　　张	13	
字　　数	240 千	
版 印 次	2016 年 9 月第 1 版　2016 年 9 月第 1 次印刷	
书　　号	ISBN 978-7-308-14909-9	
定　　价	39.00 元	
